高等院校网络教育系列教材

刑法专论

XINGFA ZHUANLUN

刘　源//主编

U0952056

華東理工大學出版社
EAST CHINA UNIVERSITY OF SCIENCE AND TECHNOLOGY PRESS

图书在版编目(CIP)数据

刑法专论/刘源主编.—上海：华东理工大学出版社，2010.8(2020.3重印)
(高等院校网络教育系列教材)
ISBN 978-7-5628-2850-1

Ⅰ.①刑...　Ⅱ.①刘...　Ⅲ.①刑法-中国-高等教育：远距离教育-教材　Ⅳ.①D924

中国版本图书馆CIP数据核字(2010)第124606号

高等院校网络教育系列教材

刑法专论

主　　编/刘　源
责任编辑/刘　军
责任校对/李　晔
封面设计/戚亮轩
出版发行/华东理工大学出版社
社　址：上海市梅陇路130号，200237
电　话：(021)64250306(营销部)
传　真：(021)64252707
网　址：www.ecustpress.cn
印　　刷/上海展强印刷有限公司
开　　本/787 mm×1092 mm　1/16
印　　张/16.5
字　　数/409千字
版　　次/2010年8月第1版
印　　次/2020年3月第10次
书　　号/ISBN 978-7-5628-2850-1
定　　价/35.00元

联系我们：电子邮箱　zongbianban@ecustpress.cn
官方微博　e.weibo.com/ecustpress
天猫旗舰店　http://hdlgdxcbs.tmall.com

序 /PREFACE/

网络教育是依托现代信息技术进行教育资源传播、组织教学的一种崭新形式,它突破了传统教育传递媒介上的局限性,实现了时空有限分离条件下的教与学,拓展了教育活动发生的时空范围。从1998年9月教育部正式批准清华大学等4所高校为国家现代远程教育第一批试点学校以来,我国网络教育历经了8年发展期,目前全国已有67所普通高等学校和中央广播电视大学开展现代远程教育,注册学生超过300万人,毕业学生100万人。网络教育的实施大大加快了我国高等教育的大众化进程,使之成为高等教育的一个重要组成部分;随着它的不断发展,也必将对我国终身教育体系的形成和学习型社会的构建起到极其重要的作用。

华东理工大学是国家"211工程"重点建设高校,是教育部批准成立的现代远程教育试点院校之一。华东理工大学网络教育学院凭借其优质的教育教学资源、良好的师资条件和社会声望,自创建以来得到了迅速的发展。但网络教育作为一种不同于传统教育的新型教育组织形式,如何有效地实现教育资源的传递,进一步提高教育教学效果,认真探索其内在的规律,是摆在我们面前的一个新的、亟待解决的课题。为此,我们与华东理工大学出版社合作,组织了一批多年来从事网络教育课程教学的教师,结合网络教育的学习方式,陆续编撰出版一批包括图书、课程光盘等在内的远程教育系列教材,以期逐步建立以学科为先导的、适合网络教育学生使用的教材结构体系。

掌握学科领域的基本知识和技能,把握学科的基本知识结构,培养学生在实践中独立地发现问题和解决问题的能力是我们组织教材编写的一个主要目的。系列教材包括了计算机应用基础、大学英语等全国统考科目,也将涉及管理、法学、国际贸易、化工等多学科领域的专业教材。

根据网络教育学习方式的特点编写教材,既是网络教育得以持续健康发展的基础,也是一次全新的尝试。本套教材的编写凝聚了华东理工大学众多在学科研究和网络教育领域中有丰富实践经验的教师、教学策划人员的心血,希望它的出版能对广大网络教育学习者进一步提高学习效率予以帮助和启迪。

华东理工大学副校长

涂善东 教授

前言

刑法是我国社会主义法律体系中十分重要的部门法之一，刑法学是研究犯罪、刑事责任与刑罚的科学。因此，刑法学的学习对于全面了解和把握我国现阶段的法律体系以及法律知识而言，具有不言而喻的重要意义。目前，刑法学教科书种类繁多，大多数面向法学本科和自学考试教育为主。考虑到网络教育的特点，华东理工大学网络教育学院安排我们编写了这本刑法学教科书，作为网络远程教育的教材。在本书中，我们继续坚持了刑法学教科书体系上的完整性，同时又根据网络教育的特点，在内容上进行了必要的简化。这样可以更有利于网络教育学生对知识进行有重点性、有针对性地掌握。

在编写过程中，我们参考了相关的专著和教材，汲取了其中的精华。本书从拟订到立项得益于华东理工大学网络教育学院的领导和相关教师的帮助，同时也离不开华东理工大学出版社的大力支持。在此，我们深表谢意。

参与本书编写的人员包括：

刘源：法学博士，华东理工大学法学院教师；

吴波：法学博士，上海市杨浦区人民检察院研究室主任；

曾兆辉：法学硕士，江苏省常州市武进区人民检察院干部；

唐秋骏：法学硕士，华东理工大学法学院教师；

陈华：法学硕士，华东理工大学法学院教师。

本书由刘源负责对全书进行统稿，吴波协助统稿，法学院唐伟芳老师参与了教材的资料整理工作。

在编写中如有错漏之处，恳请读者多加批评和指正。

编　者

2010年6月

目录 /CONTENTS/

第一章　刑法概述

刑法学是研究刑法及其所规定的犯罪、刑事责任和刑罚的科学，它属于部门法学的范畴，是部门法学中最重要的学科之一。刑法概述涉及的主要内容包括刑法的概念和性质、我国刑法的制定和修改情况以及我国刑法的体系与解释等。

第一节　刑法的概念和性质

一、刑法的概念

一般来说，刑法是以国家名义颁布的，规定犯罪、刑事责任和刑罚的法律，也就是统治阶级为了维护本阶级在政治上的统治和经济上的利益，根据自己的意志，规定哪些行为是犯罪、是否应负刑事责任，以及应给予犯罪人何种刑罚处罚的法律。刑法有广义和狭义之分。在我国，狭义的刑法是指刑法典，即国家以刑法名义颁布的，系统规定犯罪、刑事责任和刑罚的法律。广义的刑法指一切规定犯罪、刑事责任和刑罚的法律规范的总和，包括刑法典、单行刑法和附属刑法。与广义刑法和狭义刑法相联系，刑法还可以区分为普通刑法与特别刑法。普通刑法是指具有普遍适用效力的刑法，实际上即指刑法典；特别刑法是指仅适用于特定的人、时、地、事的刑法，在我国也就是指单行刑法和附属刑法。

二、刑法的性质

刑法的性质具有两层含义：一是刑法的阶级性质；二是刑法的法律性质。

（一）刑法的阶级性质

刑法和其他法律一样，不是一直以来就有的。它是一个历史范畴，是随着私有制、阶级和国家的产生而产生的。刑法是统治阶级根据自己的意志和利益制定的，是统治阶级对被统治阶级实行专政的工具。刑法的阶级性质是由国家性质决定的。在一切剥削阶级国家里，刑法以生产资料私有制为基础，反映剥削阶级意志并为其服务，它是镇压人民的工具，这就是剥削阶级国家刑法的共同阶级本质。我国的刑法则是社会主义类型的刑法，它建立在生产资料公有制为主体、多种经济成分共同发展的经济基础之上，反映工人阶级和广大人民群众的意志，保卫社会主义的根本制度，保护广大公民的根本利益，这就是我国刑法的社会主义本质。

（二）刑法的法律性质

刑法属于部门法，与其他部门法相比，具有特有的属性，主要表现为以下两个方面：其一，调整社会关系的广泛性。刑法所保护的是所有受到犯罪侵害的社会关系，这些社会关系涉及社会生活的各个方面，而包括民法、行政法等在内的其他部门法一般只调整某一方面的社会关系。比如，民法所调整的只是财产关系及部分与财产有关的人身关系，婚姻法所调整的是婚姻家庭关系等。还必须指出，所有这些部门法所保护和调整的社会关系也都同时需要借助刑法的保护和调整。比如，一般性的走私、交通违法、假冒注册商标、偷税等行为，分别属于违反海关法、行政处罚法、商标法、税收征收管理法的行为，但如果数量大、情节严重，则分别构成走私罪、交通肇事罪、假冒注册商标罪、偷税罪，应由司法机关依照刑法的有关规定论处。我们通常说将刑法作为“最后一道防线”，主要就是针对刑法这一特点而言的。其二，制裁手段的严厉性。任何法律都具有强制性，但就其程度而言，它们与刑法规定的刑罚方法相距甚远。刑罚是国家最为严厉的强制方法，其内容不仅包括剥夺财产、剥夺权利，还包括限制自由、剥夺自由，甚至包括剥夺生命。可见，就其严厉程度而言，其他任何部门法的强制方法均无法与刑罚相比。

三、刑法的任务

刑法的任务是由刑法的性质决定的，并依靠刑法的功能完成。我国刑法第 2 条规定：“中华人民共和国刑法的任务，是用刑罚同一切犯罪行为作斗争，以保卫国家安全，保卫人民民主专政的政权和社会主义制度，保护国有财产和劳动群众集体所有的财产，保护公民私人所有的财产，保护公民的人身权利、民主权利和其他权利，维护社会秩序、经济秩序，保障社会主义建设事业的顺利进行。”据此，我国刑法的任务就是同一切犯罪行为作斗争，具体体现在以下四个方面。

（一）保卫国家安全、人民民主专政的政权和社会主义制度

这是我国刑法的首要任务，这一任务是由国家的性质和刑法的基本职能决定的。国家安全、人民民主专政的政权和社会主义制度，是国家和人民群众利益的根本保证，因此，我国刑法明确将保卫这一制度作为首要任务，并在刑法分则中将危害国家安全罪列为第一章，从而突出了我国刑法利用刑罚同危害国家安全的犯罪行为作斗争的首要任务。

（二）保障社会主义经济基础

经济基础决定上层建筑，上层建筑为经济基础服务。我国刑法属于社会主义上层建筑的一部分，必然要承担起保护社会主义经济基础的任务，通过惩罚经济犯罪和财产犯罪，保护社会主义的物质基础。根据这一任务，我国刑法分则分别在第三章和第五章规定了“破坏社会主义市场经济秩序罪”和“侵犯财产罪”，并对其中的严重犯罪规定了较重的刑罚。

（三）保护公民的人身权利、民主权利和其他权利

我国宪法规定：“中华人民共和国的一切权利属于人民。”“人民依照法律规定，通过各种途径和形式，管理国家事务，管理经济和文化事业，管理社会事务。”“国家尊重和保障人权。”

刑法作为部门法，必须以宪法为依据，通过刑罚惩罚侵犯公民人身权利、民主权利的各种犯罪行为，切实保护公民的各项权利。根据刑法的这一任务，我国刑法分则第四章专门规定了“侵犯公民人身权利、民主权利罪”，并规定了相应的刑罚，对其中严重的犯罪还规定了较重的刑罚。

(四) 维护社会秩序、经济秩序

当前我国以经济建设为中心任务，要完成这一任务，需要良好的政治环境和社会秩序。但是，大量的刑事犯罪严重影响了公民的生活安全，扰乱了社会秩序，破坏了各项活动的正常进行。因此，刑法的任务之一是通过惩罚危害社会治安、破坏经济秩序的犯罪，维护社会的正常秩序，从而保障社会主义物质文明和精神文明建设的顺利进行。

总之，我们要运用刑罚同各种犯罪行为作斗争，维护国家和公民的合法权益，努力实现刑法的任务，使刑法在建设中国特色的社会主义事业中多作贡献。

第二节　我国刑法的制定和颁布

一、《中华人民共和国刑法(草案)》的拟订和修改

我国刑法典的起草工作早在建国初期就已经开始了。1950 年，中央人民政府法制委员会先后起草了《中华人民共和国刑法大纲草案》、《中华人民共和国刑法指导原则草案》。1954 年《中华人民共和国宪法》的颁布，标志着我国法制建设进入了一个新的阶段，这大大地推动了刑法的起草工作。1954 年 10 月，全国人大常委会办公厅法律室负责《中华人民共和国刑法草案》起草工作，到 1957 年 6 月已经完成 22 稿。其中，第 22 稿分为总则、分则两编，共计 215 条。总则共 5 章 96 条，包括刑法的任务和适用范围、犯罪、刑罚、刑罚的具体运用、附则；分则共 8 章 119 条，包括反革命罪、危害公共安全罪、妨害社会经济秩序罪、侵犯人身权利罪、侵犯财产罪、妨害婚姻家庭罪、妨害其他管理秩序罪、渎职罪等。第 22 稿经全国人大常委会讨论审议，并在 1957 年 7 月召开的第一届全国人大第四次会议上发给全体代表征求意见。根据中央的指示精神，全国人大常委会法律室自 1962 年 5 月开始对刑法草案第 22 稿进行全面修改，于 1963 年 10 月完成了第 33 稿——《中华人民共和国刑法草案(修正稿)》。这一草案修正稿后经中共中央政治局常委审查，考虑交由全国人大第四次会议决定公布试行，但是由于形势的变化，这一刑法草案最终并未付诸实施。

二、《中华人民共和国刑法》的颁布

1978 年粉碎“四人帮”之后，全社会要求恢复和加强社会主义民主和法制的呼声甚高。1979 年 2 月下旬，全国人大常委会法制委员会宣告成立，并着手抓紧刑事立法工作。5 月 29 日，刑法草案获得中共中央政治局原则通过，并于 6 月 7 日提交第五届全国人大常委会第八次会议进行审议，之后第五届全国人大第二次会议于 7 月 1 日通过了《中华人民共和国

刑法》,7 月 6 日以全国人大常委会委员长第 5 号令公布,决定自 1980 年 1 月 1 日起施行。这部刑法分为总则和分则两编,共 13 章计 192 条。

三、《中华人民共和国刑法》的补充与完善

1979 年制定的刑法的特点是罪名较少、刑罚较为宽缓,因此,自 1981 年以后,随着社会转型的加快,犯罪现象日趋猖獗,为了适应惩罚犯罪的需要,截至 1997 年 3 月,我国先后又通过了 23 个单行刑法,并在一百余个行政法规中规定有罪刑条款。由全国人大常委会先后通过的单行刑法包括:《中华人民共和国惩治军人违反职责罪暂行条例》、《关于处理逃跑或者重新犯罪的劳改犯和劳教人员的决定》、《关于严惩严重破坏经济的罪犯的决定》、《关于严惩严重危害社会治安的犯罪分子的决定》、《关于惩治走私罪的补充规定》、《关于惩治贪污罪贿赂罪的补充规定》、《关于惩治泄露国家秘密犯罪的补充规定》、《关于惩治捕杀国家重点保护的珍贵、濒危野生动物犯罪的补充规定》、《关于惩治侮辱中华人民共和国国旗国徽罪的决定》、《关于禁毒的决定》、《关于惩治走私、制作、贩卖、传播淫秽物品的犯罪分子的决定》、《关于惩治盗掘古文化遗址古墓葬犯罪的补充规定》、《关于严禁卖淫嫖娼的决定》、《关于严惩拐卖、绑架妇女、儿童的犯罪分子的决定》、《关于惩治偷税、抗税犯罪的补充规定》、《关于惩治劫持航空器犯罪分子的决定》、《关于惩治假冒注册商标犯罪的补充规定》、《关于惩治生产、销售伪劣商品犯罪的决定》、《关于严惩组织、运送他人偷越国(边)境犯罪的补充规定》、《关于惩治侵犯著作权的犯罪的决定》、《关于惩治违反公司法的犯罪的决定》、《关于惩治破坏金融秩序的犯罪分子的决定》、《关于惩治虚开、伪造和非法出售增值税专用发票犯罪的决定》等。此外,全国人大及其常委会还在一些民事、经济、行政法律中规定了“依照”、“比照”刑法的有关规定追究刑事责任的附属性的刑法规范 130 条。

四、《中华人民共和国刑法》的修订

早在 1982 年国家有关部门就作出了研究修改刑法的决定,至 20 世纪 90 年代,根据第八届全国人大常委会的立法规划,全国人大常委会法工委在广泛征求有关部门意见的基础上,于 1996 年 10 月 10 日起草了《中华人民共和国刑法》(修订草案)的征求意见稿,共 403 条。1996 年 11 月,法工委召开了由各方面人士参加的刑法修订座谈会,用了 12 天的时间对征求意见稿逐条进行论证,12 月中旬法工委在集中各方面意见后,写出了《中华人民共和国刑法》(修订草案),共 384 条。之后,提交第八届全国人大常委会第二十三次会议进行第一次审议,并形成了修订草案修改稿,共 446 条;此后,又提交全国人大常委会第二十四次会议进行第二次审议,完成修订草案第三稿,共 449 条。1997 年 3 月正式提交第八届全国人大第五次会议审议并经最终修订后,于 3 月 14 日通过。修订后的《中华人民共和国刑法》共 452 条,自 1997 年 10 月 1 日起施行。

1997 年新刑法生效后,司法实践中又出现了许多新的问题,刑法在适用过程中也暴露出一些不完善的地方。为此,在新刑法生效之后,全国人大常委会于 1998 年颁布了《关于惩治骗购外汇、逃汇和非法买卖外汇犯罪的决定》,并在此后颁布了 7 个修正案(截至目前)。这些补充和修正案中既有新类型犯罪的增加,也有对原来规定的犯罪的构成要件和法定刑的调整。同时,全国人大常委会在长期摸索和经验累积的基础上,确定将通过适时颁布修正

案的方式作为今后对刑法补充和修正的主要模式。

第三节 刑法的体系和解释

一、刑法的体系

刑法的体系是指刑法的组成和结构。我国刑法典以“编、章、节”为基本组成要素,编下设章,章下设节,节下由条、款、项等层次组成。我国刑法典共分为总则和分则两编,第三部分为附则。总则编分设五章,即刑法的任务、基本原则和适用范围,犯罪,刑罚,刑罚的具体运用,其他规定。分则编分为十章,即危害国家安全罪,危害公共安全罪,破坏社会主义市场经济秩序罪,侵犯公民人身权利、民主权利罪,侵犯财产罪,妨害社会管理秩序罪,危害国防利益罪,贪污贿赂罪,渎职罪,军人违反职责罪。附则仅一个条文,规定了修订后的刑法典的施行日期、生效后某些单行刑法的废止以及某些单行刑法中有关刑事责任内容的生效。

二、刑法的解释

刑法的解释实质上是对刑法规范的法律术语的含义及其在司法工作中的具体应用问题的阐释。按照不同的标准,可以将刑法的解释进行分类。比如,从解释的效力分类,可以将刑法的解释分为有权解释和学理解释,其中有权解释又可分为立法解释和司法解释;从解释的方法分类,可以分为文理解释和论理解释,其中论理解释又包括扩张解释和限制解释。

第二章　刑法的基本原则

刑法的基本原则，是指在刑法的创制与适用中应当严格遵循的准则。刑法基本原则虽然涉及一些理论上的问题，但它对于刑事立法和刑事司法都具有重要的指导意义。贯彻刑法基本原则，既有利于惩罚犯罪，又有利于保护人民；既有利于维护刑法的公平正义形象，又有利于推进刑事法治进程；既有利于实现刑法的目的，又有利于实现刑法达到最佳的社会效果。

第一节　罪刑法定原则

一、罪刑法定原则的概念

罪刑法定原则的基本含义是法无明文规定不为罪、法无明文规定不处罚。刑法第 3 条规定了罪刑法定原则："法律明文规定为犯罪行为的，依照法律定罪处刑；法律没有明文规定为犯罪行为的，依照法律定罪处刑。"这一规定无疑从刑法典的高度确立了罪刑法定原则，具有历史进步意义。

罪刑法定原则的基本要求是：

(1) 罪刑法定化，即犯罪和刑罚必须事先由法律作出明文规定，不允许法官随意擅断。

(2) 罪刑实定化，即对于构成犯罪的行为和犯罪所产生的法律后果，刑法应作出实体性的规定。

(3) 罪刑明确化，即刑法的条文必须文字表达确切，意思清楚，不得含糊其辞或模棱两可。

二、罪刑法定原则的立法体现

我国 1979 年刑法没有明文规定罪刑法定原则，相反却在该法第 79 条规定了类推制度。对于当时我国刑法是否采用罪刑法定原则，理论上存在争议。事实上，我国在 1997 年刑法典修订之前基本上实行的是罪刑法定原则，虽然不可否认对该原则的重视和贯彻程度上存在不足之处。新刑法第 3 条明文规定了罪刑法定原则，这一原则的价值内涵和基本要求在 1997 年刑法典中得到了全面系统的体现。

(1) 1997 年刑法实现了犯罪的法定化和刑罚的法定化。明确规定了犯罪的概念，犯罪构成的共同要件等，明确了刑法的种类、量刑的原则以及各种法定犯罪的刑种和刑度。

(2) 1997 年刑法废除了类推制度，为罪刑法定原则得以彻底贯彻和实施扫除了障碍。

(3) 1997 年刑法典重申了在刑法溯及力上采用从旧兼从轻原则。

(4) 1997 年刑法典在分则罪名规定上相当详备。分则条文中的罪名个数从原来的 130 个增至 413 个。

(5) 1997 年刑法典在个罪的构成要件上增强了可操作性，立法更趋细密化、明确化和技术化。

三、罪刑法定原则的司法适用

罪刑法定原则的实现，不仅需要罪刑法定原则的立法化，还有赖于罪刑法定原则的司法化。

1. 正确的定罪量刑

在罪刑法定原则的司法适用中，首先面临的就是准确地理解法的明文规定。司法机关必须以事实为根据，以法律为准绳，认真把握个罪的本质特征和具体的构成要件，严格区分罪与非罪、此罪和彼罪的界限，做到定性准确，不枉不纵。在量刑上，严格按照个罪法定性和法定情节，参考酌定情节准确量刑。

2. 正确进行司法解释

司法解释是沟通立法与司法的桥梁，对于刑法适用具有重要意义。为弥补刑事立法的不足，统一规范和指导司法实务，最高司法机关应适时颁布司法解释，以指导具体的定罪量刑活动。但在罪刑法定原则的制约下，司法解释是有限度的，超越这种限度的司法解释是越权的，也是违反罪刑法定原则的。

第二节　适用刑法人人平等原则

一、适用刑法人人平等原则的基本含义

法律面前人人平等是我国宪法确立的一般原则。刑法第 4 条明确规定："对任何人犯罪，在适用法律上一律平等。不允许任何人有超越法律的特权。"这就是刑法人人平等原则。适用刑法人人平等原则的基本含义是：就犯罪人而言，任何人犯罪都应当受到法律的追究；任何人不得享有超越法律的特权；不论犯罪人的社会地位、家庭出身、职业状况、财产状况、政治面貌如何，都一律平等地适用刑法，在定罪量刑时一视同仁，平等对待。就被害人而言，任何人受到犯罪侵害，都应当依法追究犯罪、保护被害人的权益；被害人同样的权益，应当受到刑法同样的保护；不得因为被害人身份、地位、财产等情况的不同而对犯罪人定罪量刑上有所区别。

二、适用刑法人人平等原则的立法体现

适用刑法人人平等原则在刑法中体现在定罪、量刑和行刑这三个方面：

1. 定罪上的平等

定罪上的平等，是指任何人犯罪，无论其地位多高，功劳多大，都应当受到刑事追究而不得例外，定罪上的平等具有重要意义。刑法在具体规定中体现了定罪上的平等原则，这些规定表明在适用我国刑法上一律平等，不存在任何超越法律的特权。此外，我国刑法分则关于具体犯罪的规定，同样体现了罪刑平等原则，尤其是适应我国经济格局的变化，由过去仅重视对公有财产的法律保护，发展到对公私财产的同等保护。

2. 量刑上的平等

量刑上的平等，是指除具有法定的从重、从轻或者减轻处罚的情节以外，对犯相同的罪的行为人应当处以相同的刑。因此，量刑上的平等并非是指不考虑犯罪情节的、绝对的同罪同罚。刑法第 61 条规定："对于犯罪分子决定刑罚的时候，应当根据犯罪的事实、犯罪的性质、情节和对于社会的危害程度，依照本法的有关规定判处。"这一量刑原则体现了以事实为根据，以法律为准绳的精神，同时也包含着对一切犯罪人都应当公正、平等地依法处刑的内容。

3. 行刑上的平等

行刑上的平等，是指在行为人刑罚执行上应当受到相同的处遇，不因身份、地位而有所特殊。以往论及罪刑平等原则，往往注重定罪与量刑上的平等，忽视行刑上的平等。在现实生活中，行刑上的不平等现象是客观存在的，尤其是有些人通过各种手段获得非法减刑和假释，极大地损害了判决的严肃性。为此，刑法严格地规定了减刑和假释的程序，体现了行刑上的平等。

三、刑法人人平等原则的司法适用

适用刑法人人平等原则不仅应当体现在立法中，而且应当贯彻在司法活动中。司法适用中贯彻适用刑法人人平等原则，应当注意以下问题。

1. 正确理解平等的含义

适用刑法人人平等原则体现在司法适用上，是指依法裁量而使不同的人受到平等的待遇。当然，适用刑法人人平等原则并不意味着绝对的同罪同罚，因此，在司法活动中应当正确地协调平等与差别的关系。平等并不完全否认差别，而恰恰是建立在对不同情况的正确区别的基础之上的，没有差别也就不可能存在平等。平等的要旨在于公正，只要是有助于实现刑法公正性的差别都是应当承认的，都不违背适用刑法人人平等原则。

2. 反对特权思想

由于传统等级思想的影响，加之现实生活中多方面因素对公平执法的干扰，以及司法水平、司法意识和司法人员素质等方面的原因，应当承认目前我国司法实践中仍然存在着刑法的适用有悖于适用刑法人人平等原则的特权现象。因此，坚持刑法面前人人平等，在刑事司法活动中就必须反对形形色色的特权思想，做到只要是犯罪，就要平等地适用刑法，追究其刑事责任并予以惩处，不允许任何人有超越法律的特权。

第三节 罪责刑相适应原则

一、罪责刑相适应原则的基本含义

罪责刑相适应原则的基本含义是：犯多大的罪，便应该承担多大的刑事责任，法院也应判处其轻重相当的刑罚；做到重罪重罚、轻罪轻罚、罪刑相称、罚当其罪。分析罪轻罪重和刑事责任大小，应结合考虑犯罪的社会危害性和行为人的人身危险性，从而确定其刑事责任程度，适应相应轻重的刑罚。

我国刑法第5条规定："刑罚的轻重，应当与犯罪分子所犯罪行和承担的刑事责任相适应。"由此可见，我国刑法中的罪责刑相适应原则，实际上包含了刑事立法对具体犯罪处罚的原则性规定，对刑罚裁量、执行制度及个罪法定刑的设置，不仅要考虑犯罪的社会危害性，而且要考虑行为人的人身危险性。在司法实践中刑罚的裁量上，不仅要考虑犯罪行为及其危害结果，而且还应结合分析整个犯罪事实和犯罪分子个体的各方面因素，力求刑罚个别化。

二、罪责刑相适应原则的立法体现

我国刑法除明文规定罪刑均衡原则外，在立法上也始终贯穿着罪刑均衡的思想。这一原则在刑法中的具体表现是：

1. 科学严密的刑罚体系

我国刑法总则确定了一个科学的刑罚体系。此刑罚体系按照刑罚方法的轻重次序分别加以排列，各种刑罚方法相互区别又互相衔接，能够根据犯罪的各种情况灵活运用，从而为刑事司法实现罪刑均衡奠定了基础。

2. 区别对待的处罚原则

我国刑法总则根据各种行为的社会危害性程度和人身危险性的大小，规定了轻重有别的处罚原则。例如对于防卫过当、避险过当而构成犯罪者应当减轻或免除处罚；预备犯可以比照既遂犯从轻、减轻或者免除处罚；未遂犯可以比照既遂犯从轻或者减轻处罚等。此外，刑法总则还侧重于刑罚个别化的要求，规定了一系列刑罚裁量与执行制度，例如累犯制度、假释制度等。

3. 轻重不同的量刑幅度

我国刑法分则不仅根据犯罪的性质和危害程度建立了一个犯罪体系，而且还为各种具体犯罪规定了可以分割、能够伸缩、幅度较大的法定刑。这就使得司法机关可以根据犯罪的性质、罪行的轻重、犯罪人主观恶性的大小，对犯罪人判处适当的刑罚。

三、罪责刑相适应原则的司法适用

根据罪责刑相适应原则的基本要求，结合我国刑事司法的实际情况，司法机关在贯彻这一原则时，应当着重解决下列问题。

1. 重视量刑活动

在司法实践中贯彻罪责刑相适应原则，首先必须纠正重定罪轻量刑的错误倾向，要把量刑与定罪置于同等重要的地位。长期以来在刑事审判活动中，对于量刑工作的重要性存在着错误认识，比如认为由于我国刑法对犯罪规定的量刑幅度颇大，只要定性准确即可，至于多判几年或少判几年则无关紧要。基于这种认识，在处理上诉、申诉案件时，就形成了一个不成文的规则，即确属定性错误或量刑畸轻畸重的才予以改判，而对于量刑偏轻偏重的则维持原判。针对这种错误倾向，为了切实贯彻罪刑相适应原则，必须把准确定性和合理量刑作为检验刑事审判工作质量好坏的统一标准。

2. 纠正重刑主义

在司法实践中贯彻罪责刑相适应原则，还必须纠正重刑主义的错误思想，强化量刑公正的执法观念。由于种种复杂的历史和现实的原因，我国深受封建刑法观念的影响，作为封建刑法思想重要表现之一的重刑主义传统，至今在一部分法官头脑中根深蒂固。尤其是在社会治安不好的时期，重刑主义观念表现得尤为突出。必须指出，重刑主义是一种野蛮落后的刑法思想，是与罪责刑相适应原则直接对立的刑法观念。因此，我们必须清醒地认识重刑主义的危害，促使每一个法官都树立起量刑公正的思想，切实做到罚当其罪，不枉不纵。

3. 实现量刑的平衡

在司法实践中贯彻罪责刑相适应原则应当纠正量刑轻重悬殊的现象，实现量刑平衡。按照罪责刑相适应原则的要求，类似的案件在处理的轻重上应基本相同。但是，从我国的实际情况来看，不同法院在对类似案件的处理上往往存在轻重悬殊的现象。造成这种现象的原因，既有立法上的粗疏，也有司法活动中没有统一标准可循以及法官个人业务素质不同等各种复杂因素。为解决量刑不平衡的问题，应当进一步加强司法解释工作，为准确适用刑罚提供明确具体的标准；同时加强刑事判例的编纂工作，重视判例对刑事审判工作的指导作用；此外，还应当改进量刑方法，逐步实现量刑的规范化、科学化和现实化。

第三章 刑法的效力

刑法的效力是指刑法自何时开始、在什么地方、对什么人有效的问题，包括刑法的空间效力、时间效力以及对人的效力三方面的内容。刑法的效力问题是刑法学的基础内容之一。

第一节 刑法的空间效力

一、刑法空间效力的概念和原则

刑法的空间效力，是指刑法对地和对人的效力，它解决的是国家刑事管辖权的范围问题。由于各国社会政治情况和历史传统习惯的差异，在解决刑事管辖权范围问题上所主张的原则不尽相同。

1. 属地原则

属地原则即单纯以地域为标准，凡是发生在本国领域内的犯罪，无论是本国人还是外国人，都适用本国刑法；反之，在本国领域外犯罪，都不适用本国刑法。

2. 属人原则

属人原则即单纯以人的国籍为标准，凡是本国人犯罪，不论是发生在本国领域内还是在本国领域外，都适用本国刑法。

3. 保护原则

保护原则即以保护本国利益为出发点，凡侵害本国国家或者本国公民利益的犯罪，不论犯罪人是本国人还是外国人，也无论犯罪地在本国领域内还是在本国领域外，都适用本国刑法。

4. 普遍原则

普遍原则即从保护国际社会共同利益出发，凡发生侵害由国际公约、条约保护的国际社会共同利益的犯罪，不论犯罪人是本国人还是外国人，也不论犯罪地在本国领域内还是在本国领域外，都适用本国刑法。

从历史传统上看，英美法系国家大多采取属地原则，大陆法系国家大多采取属人原则。但及至近代，世界大多数国家的刑法都是以属地原则为主，兼采其他原则。我国刑法关于空间效力的规定采取的是以属地原则为主、兼采其他原则的刑事管辖体制。

二、我国刑法的属地管辖

我国刑法第6条第1款规定:“凡在中华人民共和国领域内犯罪的,除法律有特别规定的以外,都适用本法。”这是我国刑法关于刑法空间效力的基本原则,它包括以下两方面内容。

(一) 中华人民共和国领域内的含义

所谓中华人民共和国领域内,是指中华人民共和国国境以内的全部空间区域,具体包括:第一,领陆,即国境线以内的陆地及其地下层。第二,领水,即国家领陆以内和与陆地邻接的一定宽度的水域,包括内水、领海及其地下层。内水包括内河、内湖、内海以及同外国之间界水的一部分,通常以河流中心线或主航道中心线为界。领海即与海岸或内水相邻接的一定范围的水域。包括海床和底土。根据我国政府1958年9月4日发表的声明,我国的领海宽度为12海里。第三,领空,即领陆、领水的上空。

此外,根据国际条约和惯例,以下两部分属于我国领土的延伸,适用我国刑法。

(1) 我国的船舶、飞机或其他航空器。我国刑法第6条第2款规定:“凡在中华人民共和国船舶或者航空器内犯罪的,也适用本法。”这里所说的船舶、航空器,既可以是民用的,也可以是军用的;既可以是处于停泊状态的,也可以是航行途中的;既可以是航行或停泊于我国领域内的,也可以是航行或停泊于我国领域外或公海及公海上空的。

(2) 我国驻外使领馆。根据我国承认的1961年的《维也纳外交关系公约》的规定,各国驻外大使馆、领事馆及其外交人员不受驻在国的司法管辖而受本国的司法管辖。这些地方亦视同为我国领域,在其内发生的任何犯罪都适用我国刑法。

另外,我国刑法第6条第3款规定:“犯罪的行为或者结果有一项发生在中华人民共和国领域内的,就认为是在中华人民共和国领域内犯罪。”这里包括三种情况:(1) 犯罪行为与犯罪结果均发生在我国境内,这是通常的情况;(2) 犯罪行为在我国领域内实施,但犯罪结果发生于国外;(3) 犯罪行为在国外实施,但犯罪结果发生在我国境内。根据刑法的规定,上述三种情况均适用我国刑法。

(二) 法律有特别规定的含义

我国刑法第6条在确立属地管辖基本原则的同时,还特别规定了例外情况。这些例外情况主要是指:

1. 享有外交特权和豁免权的外国人的刑事责任,通过外交途径解决(刑法第11条)

根据国际公约,在国家间互惠的基础上,为保证驻在本国的外交代表机构及其工作人员享有外交特权和豁免权,1961年在联合国主持下签订了《维也纳外交关系公约》。我国于1986年9月5日通过了《中华人民共和国外交特权与豁免条例》,详细规定了外交特权与豁免权的具体内容。但这里需要注意的是:

(1) 外交代表和非中国公民的与外交代表共同生活的配偶及未成年子女所享有的豁免权,可以由派遣国政府明确表示放弃。在这种情况下,将可以适用我国刑法。

(2) 享有外交特权和豁免权的有关人员承担着尊重我国法律、法规的义务,不得侵犯我国国家主权,违反我国法律。一旦发生违法犯罪现象,我们当然不能听之任之,而应通过外交途径加以解决，诸如要求派遣国召回、宣布其为不受欢迎的人、限期离境等。

2. 民族自治地方不能全部适用本法规定的，可以由自治区或者省人民代表大会根据当地民族的政治、经济、文化的特点和本法规定的基本原则，制定变通或者补充的规定，报请全国人民代表大会常务委员会批准施行（刑法第 90 条）

这是为了照顾少数民族的风俗习惯和文化传统，切实保证民族自治权的行使，巩固多民族国家的团结、稳定与发展。但在实施这一例外规定时，应注意以下几点：

（1）少数民族地区对刑法效力的限制不同于外交特权和豁免权，它不是完全排斥刑法的适用，而仅仅是不适用其中的一部分，即与少数民族特殊的风俗习惯、宗教文化传统相关的部分。

（2）免于适用刑法的部分必须有明确的法律依据，即由自治区或者省的国家权力机关制定变通或补充规定，并报请全国人民代表大会常务委员会批准。

（3）变通或者补充规定不能与刑法的基本原则相冲突。

3. 刑法施行后国家立法机关制定的特别刑法的规定，包括单行刑法和附属刑法

4. 香港特别行政区和澳门特别行政区基本法中作出的例外规定

由于政治历史的原因，我国刑法的效力还无法及于港澳地区，这属于对刑法属地管辖权的一种事实限制。

三、我国刑法的属人管辖

刑法第 7 条第 1 款规定："中华人民共和国公民在中华人民共和国领域外犯本法规定之罪的，适用本法，但是按本法规定的最高刑为 3 年以下有期徒刑的，可以不予追究。"第 7 条第 2 款规定："中华人民共和国国家工作人员和军人在中华人民共和国领域外犯本法规定之罪的，适用本法。"

根据上述规定，我国公民在我国领域外犯罪的，原则上都适用我国刑法。只是按照我国刑法的规定，该中国公民所犯之罪的法定最高刑为 3 年以下有期徒刑的，才可以不予追究。所谓"可以不予追究"，不是绝对不追究，而是保留追究的可能性。此外，如果我国国家工作人员或者军人在域外犯罪的，不论其所犯之罪按照我国刑法的规定法定最高刑是否为 3 年以下有期徒刑，我国刑法一律追究其刑事责任。

刑法第 10 条规定："凡在中华人民共和国领域外犯罪，依照本法应当负刑事责任的，虽然经过外国审判，仍然可以依照本法追究，但是在外国已经受过刑罚处罚的，可以免除或者减轻处罚。"这条规定充分体现了原则性与灵活性的统一，较为合理。

四、我国刑法的保护管辖

刑法第 8 条规定："外国人在中华人民共和国领域外对中华人民共和国国家或者公民犯罪，而按本法规定的最低刑为 3 年以上有期徒刑的，可以适用本法，但是按照犯罪地的法律不受处罚的除外。"这一规定明确了对于外国人在我国领域外对我国国家或者公民犯罪，我国在行使刑事管辖权上有一定的限制，具体包括：一是这种犯罪按我国刑法规定最低刑必须为 3 年以上有期徒刑；二是按照犯罪地的法律也应受刑罚处罚。作出这样的规定，对于保护我国国家利益，保护我国驻外工作人员、考察访问人员、留学生、侨民的利益，是完全必

要的。

五、我国刑法的普遍管辖

刑法第9条规定:“对于中华人民共和国缔结或者参加的国际条约所规定的罪行,中华人民共和国在所承担条约义务的范围内行使刑事管辖权的,适用本法。”这条规定对国际犯罪确立了普遍管辖权原则。

适用普遍管辖权,应当注意掌握我国缔结或者参加的国际条约的有关内容,确定我国所承担的义务。只要我国缔结或者加入了某一规定有国际犯罪及其惩处的公约,我国便承担了对犯有条约规定罪行的罪犯行使刑事管辖权的义务。当然,在司法实践中,普遍管辖权的行使会受到一定的限制。只有当犯有国际条约规定的罪行的罪犯在我国境内,我国刑法才能适用。

第二节　刑法的时间效力

刑法的时间效力,是指刑法的生效时间、失效时间以及对刑法生效前所发生的行为是否具有溯及力的问题。

一、刑法的生效时间

刑法的生效时间主要有两种方式:一是从公布之日起生效,这种方式通常为单行刑法施行时采用;二是公布之后经过一段时间再施行,这是世界上多数国家关于刑法生效时间的通行作法。这样做是考虑人们对新法较为生疏,通过一定时间的宣传、教育,便于做好实施新法的心理、组织及准备工作。

二、刑法的失效时间

法律的失效时间,即法律终止效力的时间,通常包括两种方式:一是由立法机关明确宣布某些法律失效;二是自然失效,即新法施行后代替了同类内容的旧法,或者由于原来特殊的立法条件已经消失,旧法自行废止。

三、刑法的溯及力

刑法的溯及力,是指刑法生效以后,对于其生效以前未经审判或者判决尚未确定的行为是否适用的问题。如果适用,就是有溯及力;如果不适用,就是没有溯及力。

(一)刑法溯及力的原则

对刑法的溯及力问题,各国采用的原则有所不同。概括起来,大致包括以下几种。

1. 从旧原则

按照行为时的旧法处理，新法对生效前的行为一律没有溯及力，完全适用旧法。

2. 从新原则

新法对于其生效前未经审判或判决尚未确定的行为，一律适用，即新法具有溯及力。

3. 从新兼从轻原则

新法原则上有溯及力，但旧法不认为是犯罪或者处刑较轻时，则按照旧法处理。这一原则弥补了绝对从新原则的不足，既充分发挥了新法适应当前形势的优点，又认真考虑了旧法当时的具体规定，但为了避免事后刑法之嫌，采用的国家不多。

4. 从旧兼从轻原则

原则上适用旧法，新法没有溯及力，但新法不认为是犯罪或者处刑较轻时，则按照新法处理。这一原则弥补了绝对从旧原则的缺陷，既符合罪刑法定原则，又适应当前需要，因而为绝大多数国家所采纳。

（二）我国刑法溯及力的规定

我国刑法第 12 条第 1 款规定："中华人民共和国成立以后本法施行以前的行为，如果当时的法律不认为是犯罪的，适用当时的法律；如果当时的法律认为是犯罪的，依照本法总则第四章第八节的规定应当追诉的，按照当时的法律追究刑事责任，但是如果本法不认为是犯罪或者处刑较轻的，适用本法。"第 12 条第 2 款规定："本法施行以前，依照当时的法律已经作出的生效判决，继续有效。"根据这一规定，对于 1949 年 10 月 1 日中华人民共和国成立至 1997 年 10 月 1 日新刑法施行前这段时间内发生的行为，应按如下不同情况分别处理：

第一，当时的法律不认为是犯罪，而修订后的刑法认为是犯罪的，适用当时的法律，即修订后的刑法没有溯及力。对于这种情况，不能以修订后的刑法规定为犯罪为由而追究行为人的刑事责任。

第二，当时的法律认为是犯罪，但修订后的刑法不认为是犯罪的，只要这种行为未经审判或者判决尚未确定，就应当适用修订后的刑法，即修订后的刑法具有溯及力。

第三，当时的法律和修订后的刑法都认为是犯罪，并且按照修订后的刑法总则第四章第八节的规定应当追诉的，原则上按当时的法律追究刑事责任，即修订后的刑法不具有溯及力；但是，如果修订后的刑法处刑较轻的，则应适用修订后的刑法，即修订后的刑法具有溯及力。根据最高人民法院作出的司法解释的规定，刑法第 12 条规定的"处刑较轻"是指刑法对某种犯罪规定的刑罚（法定刑）比修订前刑法轻。法定刑较轻是指法定最高刑较轻；如果法定最高刑相同，则指法定最低刑较轻。如果刑法规定的某一犯罪只有一个法定刑幅度，法定最高刑或者最低刑是指该法定刑幅度的最高刑或者最低刑；如果刑法规定的某一犯罪有两个以上的法定刑幅度，法定最高刑或者最低刑是指具体犯罪行为应当适用的法定刑幅度的最高刑或者最低刑。

第四，如果依照当时的法律已经对行为作出了生效判决，该判决继续有效，即使按新刑法的规定，其行为不构成犯罪或处刑较当时的法律为轻，也应如此，这主要是为了维护生效判决的严肃性和稳定性的需要。

第四章　犯罪概念与犯罪构成

犯罪概念与犯罪构成不仅是犯罪论的基础，而且在整个刑法学体系中也占有极其重要的地位。一方面，犯罪概念回答“什么是犯罪”的问题，犯罪构成回答“犯罪怎样才能成立”的问题，这两个问题都是犯罪论的基本问题；另一方面，由于犯罪是刑事责任的前提，刑罚是刑事责任的基本承担方式，因而犯罪论成为刑事责任论和刑罚论的逻辑前提，这就从根本上决定了犯罪概念与犯罪构成在整个刑法学体系中的重要性。

第一节　犯 罪 概 念

一、犯罪概念的类型

犯罪概念，是犯罪基本特征的高度抽象与概括。现代各国学者和立法对犯罪概念的表述多种多样，归纳起来，主要表现为以下 3 种类型。

（一）犯罪的形式概念

犯罪的形式概念，是指仅从法律形式上对犯罪下定义，而不涉及犯罪的社会政治本质的犯罪概念类型。

（二）犯罪的实质概念

犯罪的实质概念，是指仅揭示犯罪的社会政治本质而不涉及其法律特征的犯罪概念类型。

（三）犯罪的混合概念

犯罪的混合概念，即犯罪的实质与形式相统一的概念，是指从犯罪的社会政治本质和法律形式特征两个角度对犯罪进行界定。

二、我国刑法中的犯罪概念

我国刑法第 13 条规定了犯罪概念。根据该条规定，概括地说，犯罪是指违反我国刑法、应受刑罚惩罚的、危害社会的行为。可以看出，犯罪具有以下三个基本特征：

(1) 社会危害性，即犯罪是危害社会的行为。

(2) 刑事违法性，即犯罪是触犯刑法的行为。
(3) 应受刑罚处罚性，即犯罪是应受刑罚处罚的行为。
犯罪的上述三个基本特征是相互联系、紧密结合的，是区分罪与非罪的根本标准。

第二节 犯罪构成

一、犯罪构成的概念和特征

犯罪构成是刑法所规定的、决定某一具体行为的社会危害性及其程度，而为该行为构成犯罪所必需的一切主观要件和客观要件的有机统一。它具有以下三个特征：

(1) 犯罪构成是一系列主客观要件的有机统一。

(2) 犯罪构成决定某一具体行为的社会危害性及其程度。任何一种犯罪都可以用很多事实特征来说明，但并非每一个事实特征都是犯罪构成的要件。只有对行为的社会危害性及其程度具有决定意义而为该行为成立犯罪所必需的那些事实特征，才是犯罪构成的要件。

(3) 犯罪构成是刑法所规定的，具有法定性。换言之，行为成立犯罪所需的构成要件，必须由我国刑法加以规定或包含。只有经过法律选择的案件事实特征才能成为犯罪构成要件。

二、犯罪构成的一般要件

我国刑法分则规定了四百余种犯罪，这些具体犯罪的犯罪构成各不相同，但是概括起来说，任何一种犯罪的成立都必须具备四个方面的构成要件，即犯罪客体、犯罪客观方面、犯罪主体、犯罪主观方面。这是因为要追究任何犯罪的刑事责任，司法机关都要回答"该犯罪侵犯了什么"、"是怎样侵犯的"、"是谁侵犯的"、"是由于什么侵犯的"这四个问题，在各种具体犯罪中带有共性的这些问题，经过理论的提升，就成为犯罪构成的上述四个一般要件。犯罪客体，是指我国刑法所保护而为犯罪所侵犯的社会关系。犯罪客观方面，是指犯罪活动的客观外在表现，包括危害行为、危害结果以及危害行为与危害结果之间的因果关系等。犯罪主体，是指实施危害社会的行为并且承担刑事责任的自然人或单位，有的犯罪构成还要求特殊主体，即具备特定职务或身份的自然人或性质有所限定的单位。犯罪主观方面是指犯罪主体对其实施的行为及其结果所持的心理态度，有些犯罪的犯罪构成还要求有特定的犯罪目的。

三、犯罪构成的分类

在社会现实生活中，犯罪行为的表现形式和危害程度是多种多样、十分复杂的，因而刑法中规定的犯罪行为的犯罪构成也是多种多样、不一而足。为了深入研究犯罪构成，需要将多种多样的犯罪构成加以分类。一般来说，以不同标准，从不同角度，可以将我国刑法中的犯罪构成作以下分类。

(一) 基本的犯罪构成与修正的犯罪构成

所谓基本的犯罪构成,是指刑法条文就某一种故意犯罪的既遂状态所规定的犯罪构成。所谓修正的犯罪构成,是指以基本的犯罪构成为前提,适应犯罪过程中的未完成形态和共同犯罪的形式变通而成的犯罪构成。

(二) 普通的犯罪构成与派生的犯罪构成

所谓普通的犯罪构成,是指刑法条文就某种犯罪行为的通常危害程度所规定的犯罪构成。所谓派生的犯罪构成,是指刑法条文以普通的犯罪构成为基础,就同种犯罪行为的较重或较轻危害程度所规定的犯罪构成,这一犯罪构成与普通的犯罪构成有着内在的有机联系。派生的犯罪构成包括加重的犯罪构成和减轻的犯罪构成。

(三) 叙述的犯罪构成与空白的犯罪构成

所谓叙述的犯罪构成,是指刑法条文对犯罪构成的要件予以详细的或简单的叙述的犯罪构成。所谓空白的犯罪构成,是指刑法条文没有明示某种犯罪的构成要件,而是有待援引其他法律来说明构成要件的犯罪构成。

(四) 简单的犯罪构成与复杂的犯罪构成

所谓简单的犯罪构成,是指刑法条文规定的某一犯罪的构成要件均单一化的犯罪构成。所谓复杂的犯罪构成,是指刑法条文规定的某一犯罪的构成要件并非都单一化的犯罪构成。

第五章　犯罪客体

犯罪客体作为犯罪构成必须具备的一般要件之一，集中体现了犯罪的社会危害性。任何一种行为，如果不侵害刑法所保护的某种客体，就不可能构成犯罪。行为侵害的客体越重要，它对社会的危害性就越大。可见，犯罪客体是决定犯罪的社会危害性及其程度的首要条件。

第一节　犯罪客体概述

一、犯罪客体的概念

犯罪客体是我国刑法所保护的、为犯罪行为所侵害的社会关系，是构成犯罪的一般要件之一。它的主要特征是：

1. 犯罪客体是一种社会关系

社会关系是人们在共同活动过程中所结成的以生产关系为基础的相互关系的总称，包括物质关系和思想关系两个方面。

2. 犯罪客体是刑法所保护的社会关系

社会关系涉及社会生活和政治生活的方方面面，其内容、范围极其丰富、广泛。并非所有社会关系都能作为犯罪客体来对待。作为犯罪客体的社会关系，不是一般的社会关系，而是我国刑法所保护的社会关系。刑法之所以保护这些社会关系，乃是因为这些社会关系是各种社会关系中最重要的一部分。

3. 犯罪客体是被犯罪行为侵犯的社会关系

犯罪客体是社会关系，这不意味着社会关系就是犯罪客体。除了那部分并非最重要的社会关系不能成为犯罪客体外，即使是最重要的社会关系，如果它没有受到犯罪行为的侵犯，也还不能称作犯罪客体。这就是说，犯罪客体是被犯罪行为所侵犯的社会关系。这说明，犯罪客体与犯罪是密不可分的。

二、犯罪客体的立法形式

我国刑法对犯罪客体的规定，采取了多种多样的方式。

（1）直接明确规定犯罪客体的立法方式。

（2）通过规定犯罪客体的物质形态而表明犯罪客体的立法方式。

(3) 通过指明犯罪所违反的非刑事法律、法规而表明犯罪客体的立法方式。
(4) 通过指明犯罪所侵犯的社会关系的主体而表明犯罪客体的立法方式。
(5) 通过描述犯罪的行为特征而揭示犯罪客体的立法方式。

三、研究犯罪客体的意义

(1) 有助于认识犯罪的社会政治本质。
(2) 有助于划分犯罪的类别,建立刑法分则的科学体系。
(3) 有助于准确定罪,分清此罪与彼罪的界限。
(4) 有助于准确评估犯罪行为的社会危害程度,正确量刑。

第二节 犯罪客体分类

一、犯罪客体的一般分类

对犯罪客体进行分类具有重要意义。通过分类,我们可以进一步认识犯罪客体的结构和层次,正确看待犯罪客体在刑事立法和司法中的作用。按照犯罪行为侵害的社会关系的层次的不同,刑法理论将犯罪客体划分为三类:犯罪的一般客体、犯罪的同类客体、犯罪的直接客体。这三者之间是一般与特殊、共性与个性的关系。犯罪的一般客体,是指我国刑法所保护的、为犯罪行为所侵害的社会关系的整体。犯罪的一般客体反映着犯罪的一般本质和共同属性。犯罪的同类客体,是指某一类犯罪行为所共同侵害的、我国刑法所保护的社会关系的某一部分或某一方面。犯罪的同类客体与犯罪的一般客体是特殊与一般、个性与共性的关系。犯罪的直接客体,是指某一犯罪行为所直接侵害的、我国刑法所保护的某种具体社会关系。犯罪的直接客体的意义在于,它作为具体犯罪构成的一个要件,深刻展现了具体犯罪的社会危害性状,因而是司法实践中区分罪与非罪、此罪与彼罪等界限的关键。

二、犯罪直接客体的分类

鉴于犯罪的直接客体的重要意义,刑法理论对其作了进一步分类研究。

(一) 简单客体与复杂客体

根据具体犯罪行为侵犯的具体社会关系的多少,可以分为简单客体和复杂客体。简单客体,又称单一客体,是指某一种犯罪只直接侵害一种具体的社会关系。复杂客体,是指犯罪行为所直接侵害的客体包括两种以上的具体社会关系。

(二) 主要客体与次要客体

主要客体,是指某一具体犯罪所侵害的复杂客体中程度较严重的、刑法予以重点保护的具体社会关系。次要客体，是指某一具体犯罪所侵害的复杂客体中程度较轻的、刑法予以一般保护的社会关系，也称辅助客体。次要客体虽不决定犯罪的法律性质，但也对犯罪的具体特征产生重要影响。在同类犯罪中区分此罪与彼罪，次要客体有时还起着决定性的作用。

（三）必要客体与选择客体

必要客体，是指某种具体犯罪构成所必需的直接客体。选择客体，也称随意客体，是指某一具体犯罪构成所不必要，但为具体犯罪行为所偶然侵犯的具体社会关系。一般情况下，选择客体往往是从严进行刑事处罚的原因和根据。

第三节　犯罪客体与犯罪对象

一、犯罪对象的概念

犯罪对象，是指刑法分则条文规定的犯罪行为直接作用的具体的人或物。许多具体的犯罪行为都直接作用于一定的人或物，从而使刑法所保护的社会关系受到侵害，阻碍、影响社会的正常运行。在这种情况下，人们对犯罪行为所直接作用的人或物的感知，是他们进而认识犯罪行为的社会危害性的必经阶段和重要媒介。犯罪对象的主要特征是：首先，犯罪对象是具体的人或物；其次，犯罪对象是犯罪行为直接作用的人或物；最后，犯罪对象是刑法规定的人或物。

犯罪对象在犯罪构成中的作用，主要表现为：其一，有些犯罪只能由特定的对象才能构成；其二，在某些犯罪中，犯罪对象是决定犯罪构成整体性质的一个十分重要的要素，不同的犯罪对象构成不同性质的犯罪；其三，在某些犯罪中，犯罪对象的数量是划分罪与非罪、轻罪与重罪的界限。

二、犯罪对象与犯罪客体的联系与区别

犯罪对象与犯罪客体是两个既有联系又有区别的概念。二者的联系在于：首先，犯罪对象中具体的人是刑法保护的而为犯罪所侵害的社会关系的主体，即社会关系的承担者；而犯罪对象中具体的物，则是刑法所保护的而为犯罪所侵害的社会关系的物质体现，即社会关系的承受者。其次，在有犯罪对象的许多犯罪中，犯罪行为对犯罪客体的侵犯是通过对犯罪对象的直接作用来实现的。在这种情况下，犯罪行为如果离开了对犯罪对象的直接作用，也就谈不上侵犯了一定的社会关系。但是，犯罪对象与犯罪客体是有着显著区别的，不可将二者混淆。它们的区别主要是：

（1）犯罪客体决定犯罪的性质，而犯罪对象一般不决定犯罪的性质。

（2）犯罪客体是任何犯罪构成的必备要件，而犯罪对象并非如此。

（3）任何犯罪都必然使犯罪客体受到一定的侵害，但却不一定损害犯罪对象。

（4）犯罪客体是犯罪分类的基础，犯罪对象则不是。

第六章 犯罪客观方面

犯罪是人的主客观相统一的行为，它包括两类基本要件，即主观的要件和客观的要件。在犯罪构成的四个一般要件中，犯罪主体和犯罪主观方面属于主观的要件，犯罪客体和犯罪客观方面属于客观的要件。研究犯罪客观方面是犯罪构成理论的基本内容之一，对司法实践准确定罪量刑具有重要意义。

第一节 犯罪客观方面概述

一、犯罪客观方面的概念与特征

犯罪客观方面，是指刑法规定的、成立犯罪所必须的、人的外在行为表现。它具有以下几个特征：外在性、必须性、法定性。

二、犯罪客观方面的内容

犯罪客观方面的内容，包括危害行为、危害结果、危害行为与危害结果之间的因果关系、犯罪时间、犯罪地点和犯罪方法等说明犯罪客观方面的客观外在特征。根据它们在犯罪构成中的地位不同，可以分为必要要件与选择要件两类：必要要件，是指所有犯罪构成都必须具备的要件；选择要件，是指某些犯罪构成所必须具备的要件。危害行为是所有犯罪构成都不可缺少的要件，没有危害行为也就没有犯罪；但是对危害结果、因果关系是必要要件还是选择要件的问题，却有争议。

根据我国刑法的规定，刑法意义上的危害结果，有广义与狭义之分。所谓广义的危害结果，是指由行为人的危害行为所引起的一切对社会的侵害事实，它包括属于犯罪构成要件的结果和不属于犯罪构成要件的结果。所谓狭义的危害结果，仅指属于构成要件的结果。

我国刑法理论通常是从狭义的角度去理解危害结果的。从这个意义上说，危害结果是选择要件，而不是必要要件，但是根据刑法的规定，危害结果是某些犯罪成立的构成要件。因此，它是犯罪构成的选择要件。犯罪的时间、地点与方法也是如此。

三、研究犯罪客观方面的意义

在犯罪构成的诸要件中，犯罪客观方面处于基础地位，它既是连接犯罪主体与犯罪客体

的纽带,也是认定犯罪主观方面的客观依据。因此,研究犯罪客观方面,对定罪量刑具有极其重要的意义:

(1) 犯罪客观方面是区分罪与非罪的尺度。

(2) 犯罪客观方面是划分此罪与彼罪的界限。

(3) 犯罪客观方面是正确分析和认定犯罪主观方面的客观基础。

(4) 犯罪客观方面是确定刑罚轻重的依据。

第二节 危害行为

一、危害行为的概念和特征

危害行为是我国刑法中犯罪客观方面的首要因素,在犯罪构成中居于基础地位。

(一) 行为的含义

我国刑法是在三种不同的意义上使用"行为"一词的:一是指最广义的行为,即泛指人的一切行为,而不限于犯罪行为;二是指广义的行为,即指犯罪行为;三是指狭义的行为,即危害行为,这里的"行为"专指犯罪客观方面的行为。上述三类行为虽然都称为"行为",但意义不同,不能混淆。

(二) 危害行为的含义和特征

我国刑法中的危害行为是指犯罪构成客观方面的行为,即由行为人的意志支配的违反刑法规定的危害社会的身体动作或静止。它不同于犯罪行为,更不同于合法行为。危害行为具有以下三个基本特征:首先,危害行为是人的活动;其次,危害行为是人的身体动作或静止;再次,危害行为是行为人的意志支配的结果;复次,危害行为是对社会有危害的行为;最后,危害行为是触犯刑法的行为。

根据危害行为的基本特征,下列行为不属于犯罪客观方面的危害行为:欠缺主体性的自然现象、欠缺有体性的思想活动、欠缺有意性的行为、欠缺有害性的行为、欠缺法定性的行为。

二、危害行为的基本形式

刑法上规定的危害行为,其客观表现是多种多样、千差万别的,但是我国刑法理论从不同角度对危害行为作了基本的类别划分,从而揭示了危害行为的基本形式。

(一) 作为与不作为

将形形色色的危害行为分为作为与不作为,是我国刑法理论对危害行为最重要的分类,因此,有的学者称作为与不作为是危害行为的基本形态。需要指出,作为与不作为这种划分,是我国刑法理论的通说。

1. 作为

所谓作为，就是行为人用积极的身体动作去实施为我国刑法所禁止的危害社会的行为。按照行为人是否借助于外力来划分，作为可分为两种：一是自身的作为，即行为人只依靠自身的一系列积极的动作与举止所进行的作为；二是借力的作为，即行为人借助工具、利用动物和自然力，甚至利用别人的行为帮助自己所实施的作为。

2. 不作为

所谓不作为，是指消极地不实施刑法要求实施的行为，是人的消极行为。也就是说，从行为状态上看，不作为是一种消极的身体静止，它表现为行为人应为而不为，即消极地不实施一定行为；从主体上看，不作为是负有特定行为义务的人的行为。

构成刑法上的不作为，客观方面必须具备三个条件：第一，行为人负有实施某种积极行为的特定义务，这是不作为成立的前提。一般认为，特定义务有三个来源，包括法律的明文规定、职务或业务上的要求、行为人的先行行为引起的义务。第二，行为人有履行特定义务的实际可能，这是不作为成立的条件。第三，行为人未履行特定义务，即行为人负有特定义务，而且能够履行，但没有履行，就引起刑事法律后果，从而构成不作为犯罪。这是区别作为与不作为的根本标志。

为正确理解犯罪的作为与不作为问题，还应明确以下几点：其一，不能把作为与不作为的划分同故意与过失的划分相混淆；其二，应当正确认识作为犯罪与不作为犯罪的危害程度；其三，要正确认识研究犯罪的作为与不作为形式的重要意义。

（二）实行行为与非实行行为

除作为与不作为这种最重要的划分外，刑法理论还根据刑法总则与分则对危害行为在犯罪构成中的不同规定，将危害行为分为实行行为与非实行行为。

1. 实行行为

实行行为是指刑法分则规定的具体犯罪构成客观方面的行为，它是继犯罪的预备行为之后的行为，始于犯罪着手之时，止于犯罪的结束。实行行为在犯罪构成中具有十分重要的地位，是具体犯罪构成客观方面的基本内容，是我国刑法中危害行为的主要内容，是大多数具体犯罪所必须具备的行为要件。

2. 非实行行为

非实行行为是指刑法总则规定的对刑法分则规定的实行行为起补充作用的行为。非实行行为包括犯罪的预备行为、犯罪的组织策划行为、指挥行为、教唆行为、帮助行为等。非实行行为作为危害行为的一部分，同实行行为一起构成了我国刑法规定的危害行为的总体，对认定犯罪有重要意义。

第三节　危害结果

一、危害结果的含义

如前所述，危害结果有广义与狭义之分，我国刑法理论通常是从狭义上理解危害结果的。因此，所谓危害结果，是指危害行为对犯罪直接客体造成的法定的实际损害或现实危险状态。其含义是：

（1）危害结果具有客观性，它是一种客观存在的事实；

（2）产生危害结果的原因只能是危害行为；

（3）危害结果可以是实际损害，也可以是现实危险状态；

（4）危害结果具有法定性。

二、危害结果对定罪量刑的作用

我国刑法关于危害结果的规定，有以下几种不同情况，反映了在不同犯罪中危害结果的不同意义。

（1）以对直接客体造成某种有形的、物质性危害结果，作为某些故意犯罪既遂的标准。

（2）以发生某种特定的现实危险状态，作为某些故意犯罪既遂的标准。

（3）以发生严重的物质性危害结果，作为罪与非罪的标准。

（4）以发生某种特定的严重危害结果，作为此罪与彼罪区分的界限。

（5）以造成物质性危害结果的轻重程度，作为适用轻重不同的法定刑幅度的标准。

第四节　危害行为与危害结果之间的因果关系

一、刑法上的因果关系的概念

危害行为与危害结果之间的因果关系，又称刑法上的因果关系，是指犯罪构成客观方面要件中的危害行为同危害结果之间存在的引起与被引起的关系。按照现代刑法的个人责任原则，一个人只能对自己的危害行为所造成的危害结果负刑事责任。因此，当危害结果已经发生，要使某人对这一结果负责任，就必须查明这一结果是他的危害行为所造成的。正确理解刑法上的因果关系问题，对于正确解决刑事责任问题有着重要意义。

（一）刑法上的因果关系与哲学上的因果关系的联系

这种联系在于：首先，因果关系具有客观性；其次，因果关系具有相对性；再次，因果关系具有顺序性；复次，因果关系具有条件性；最后，因果关系具有复杂性。因果关系的形式是复杂的，刑法因果关系亦然。犯罪形式的复杂性决定了刑法因果关系的复杂性。可分为以下三种：（1）单独的因果关系；（2）竞合的因果关系；（3）介入的因果关系。

（二）刑法上的因果关系与哲学上的因果关系的区别

刑法上的因果关系的特殊性主要表现为以下两点：首先，范围的特定性；其次，内容的法定性。

二、刑法上的因果关系的认定

不能将刑法因果关系与刑事责任混为一谈。如何认定刑法上的因果关系，是自19世纪中叶以来，刑法理论长期争论的焦点之一，至今尚无定论。大陆法系刑法因果关系学说主要有条件说、原因说、相当因果关系说等。英美法系刑法因果关系理论主要有近因说、预见说、刑罚功能说等。我国刑法因果关系理论主要有五种观点：

一是“必然因果关系说”。

二是“两个因果关系说”。

三是“必然因果关系与偶然因果关系统一说”。

四是“实质性联系说”。

五是“高概率因果关系说”。

秉持传统观点的学者坚持“必然因果关系说”，否定“偶然因果关系”的存在。但是目前，“两个因果关系说”较为通行，一般认为，这种观点既有哲学根据，又有刑法依据。

不作为犯罪因果关系的特殊性在于：它以行为人负有特定的行为义务为前提。除此以外，它的因果关系应与作为犯罪一样认定。否认不作为犯罪因果关系的客观性，实质上也就是否认了不作为犯罪负刑事责任的客观基础。

第五节 犯罪客观方面的其他要件

一、犯罪客观方面的其他要件概述

犯罪客观方面的其他要件，是指刑法规定的构成某些犯罪必须具备的特定的时间、地点和方法(手段)等客观要件。任何犯罪都是在一定的时间、地点，采取一定的方法实施的，但仅有极少数犯罪把它们作为构成犯罪的必备要件。

一般来说，犯罪时间是指犯罪从预备开始到结果发生所持续的时间，是犯罪客观方面的选择要件。对于没有预备阶段的犯罪而言，犯罪时间始于实行行为的着手，终于危害结果的发生。对于具有非物质性危害结果的犯罪来说，犯罪时间仅指犯罪的预备行为和实行行为所实施的时间，因为这种犯罪一经实施，非物质性危害结果即行产生。

犯罪地点是指犯罪发生的场所与位置，它也是犯罪客观方面的选择要件。刑法理论通常将犯罪地点分为犯罪行为地与犯罪结果地，前者是犯罪行为的实施地点，后者是犯罪结果的发生地点。犯罪行为地与犯罪结果地既可能是分离的，也可能是合一的。

犯罪方法，又称犯罪手段，是指行为人在实施犯罪时所采用的具体方式和手法，它也是犯罪客观方面的选择要件。犯罪方法属于刑法上的危害行为的范畴，但它并不等于危害行为，而只是危害行为的一部分。刑法理论根据不同标准，将犯罪方法分为徒手的犯罪方法与借力的犯罪方法、暴力性犯罪方法与非暴力性犯罪方法、智能性犯罪方法与非智能性犯罪方法等。

二、犯罪的时间、地点、方法对定罪量刑的意义

在法律把特定的时间、地点和方法明文规定为某些犯罪构成必备的要件时，即构成要件的时间、地点、方法对某些行为是否构成该种犯罪具有决定性作用。应当指出，虽然对大多数犯罪来说，犯罪的时间、地点、方法等并非犯罪构成要件，但是往往影响到犯罪行为本身社会危害程度的大小，因而对正确量刑具有重要意义。

第七章　犯罪主体

犯罪主体是犯罪构成的四个一般要件之一，即任何犯罪的成立都需要犯罪主体的存在。犯罪主体是犯罪行为的实施者，只有实施了犯罪行为的人，才是犯罪主体，没有实施犯罪行为的人不是犯罪主体。犯罪主体又是刑事责任的承担者，凡是实施了犯罪行为的人，都应当承担刑事责任，而刑事责任的基本实现形式是承受刑罚，因而犯罪主体也是刑罚的对象。因此，研究犯罪构成和刑事责任，都离不开对犯罪主体的研究。

第一节　犯罪主体概述

一、犯罪主体的概念

根据我国刑法规定和刑法理论，我国刑法中的犯罪主体是指实施危害社会的行为、依法应当负刑事责任的自然人和单位。自然人主体是我国刑法中最基本的、具有普遍意义的犯罪主体，单位主体在我国刑法中则不具有普遍意义。有鉴于此，本章第四节专门对单位犯罪加以阐述，其余各节均限于研究自然人犯罪主体问题。

自然人犯罪主体（简称犯罪主体），是指具备刑事责任能力、实施危害社会的行为并且依法应负刑事责任的自然人。

我国刑法中犯罪主体的一般要件有两个：首先，犯罪主体必须是自然人；其次，犯罪主体必须具备刑事责任能力。

二、研究犯罪主体的意义

研究犯罪主体对于司法实践中准确定罪量刑具有重要的意义。

（一）犯罪主体在定罪方面的意义

首先，犯罪主体是区分罪与非罪的重要标准；其次，犯罪主体是区分此罪与彼罪的重要界限。

（二）犯罪主体在量刑方面的意义

犯罪主体除具有区分罪与非罪、此罪与彼罪界限的意义之外，还影响到量刑。这是因为，在具备犯罪主体要件同样的情况下，犯罪主体的具体情况也可能不同，而不同的具体情况又影响到刑事责任的大小程度。我国刑法对于未成年人犯罪、又聋又哑的人和盲人犯罪、限制责任能力的精神病人犯罪、国家机关的工作人员犯罪的处罚问题等,都规定了有别于一般人的刑罚。因此,研究我国刑事立法与司法中有关犯罪主体的问题,对刑罚的准确适用具有重要意义。

第二节 自然人犯罪主体的成立条件

一、刑事责任能力的概念

刑事责任能力,是指行为人构成犯罪和承担刑事责任所必须具备的刑法意义上辨认和控制自己行为的能力。简言之,刑事责任能力就是行为人辨认和控制自己行为的能力。

我国刑法理论认为,刑事责任能力的本质是人实施行为时具备的相对自由意志能力,即行为人实施刑法所禁止的严重危害社会的行为时,具备的相对自由的认识和抉择行为的能力。因此,刑事责任能力是行为人犯罪能力与承担刑事责任能力的统一,是辨认能力与控制能力的统一。通常而言,一定年龄的人只要智力发育正常,就自然具备了刑事责任能力。当然,即使达到一定年龄的人也可能因精神状况、生理功能缺陷等原因不具备、丧失或者减弱刑事责任能力。不具备刑事责任能力的人即使实施了客观上危害社会的行为,也不能成为犯罪主体,不能被追究刑事责任;刑事责任能力减弱的人,其刑事责任也相应减轻。刑事责任能力作为犯罪主体的核心和关键要件,对于犯罪主体的成立与否以及行为人应承担的刑事责任的轻重,具有至关重要的意义。

二、刑事责任能力的内容

刑事责任能力的内容,是指行为人对自己行为所具备的刑法意义上的辨认能力与控制能力。明确二者的含义及其相互关系,是正确把握刑事责任能力概念的前提。

刑法意义上的辨认能力,是指行为人对自己的行为在刑法上的性质、意义、后果的辨别认识能力。行为人有能力正确认识自己的行为是否被刑法所禁止和制裁,他才具有刑法意义上的辨认能力。刑法意义上的控制能力,是指行为人决定自己是否以行为触犯刑法的能力,也就是决定自己行为的方向、力度、方法、时间、地点等的能力。刑事责任能力的存在要求辨认能力与控制能力必须具备。

刑事责任能力中的辨认能力与控制能力之间,存在着不可分割的有机联系。一方面,辨认能力是刑事责任能力的基础;另一方面,控制能力是刑事责任能力的关键。

三、刑事责任能力的程度

决定和影响行为人的刑事责任能力的程度的因素有哪些呢?概括地说,有两个方面:一是智力发育程度;二是精神发育程度。

根据年龄、精神状况等因素影响刑事责任能力有无和大小的实际情况,各国刑事立法对刑事责任能力程度采用三分法或四分法。三分法将刑事责任能力分为完全刑事责任能力、完全无刑事责任能力和限定(减轻)刑事责任能力三种情况。四分法是除上述三种情况外，还有相对无刑事责任能力的情况。无论是三分法还是四分法，都承认在刑事责任能力的有无之间存在着中间状态的限定(减轻)刑事责任能力的情况。下面依据我国刑法采取的四分法，对刑事责任能力程度问题予以阐述。

(一) 完全刑事责任能力

完全刑事责任能力，是指行为人对刑法规定的所有犯罪都具有辨认和控制能力。根据我国刑法规定，凡年满 18 周岁、精神正常的人，都是完全刑事责任能力人。完全刑事责任能力人实施了犯罪行为的，应当依法负全部的刑事责任，不能因其责任能力因素减免刑事责任。

(二) 完全无刑事责任能力

完全无刑事责任能力是指行为人完全没有刑法意义上的辨认或控制自己行为的能力，也就是行为人对刑法规定的所有犯罪都没有辨认或控制能力。我国刑法第 17 条规定，不满 14 周岁的人都是完全无刑事责任能力的人。我国刑法第 18 条第 1 款规定："精神病人在不能辨认或者不能控制自己行为的时候造成危害结果，经法定程序鉴定确认的，不负刑事责任，但是应当责令他的家属或者监护人严加看管和医疗；在必要的时候，由政府强制医疗。"

(三) 相对无刑事责任能力

相对无刑事责任能力，亦称相对有刑事责任能力，是指行为人仅对刑法所明确限定的某些严重犯罪具有刑事责任能力，而对未明确限定的其他犯罪行为无刑事责任能力的情况。我国刑法第 17 条第 2 款规定："已满 14 周岁不满 16 周岁的人，犯故意杀人、故意伤害致人重伤或者死亡、强奸、抢劫、贩卖毒品、放火、爆炸、投毒罪的，应当负刑事责任。"

(四) 减轻刑事责任能力

减轻刑事责任能力是完全刑事责任能力和完全无刑事责任能力的中间状态，又称限定刑事责任能力、限制刑事责任能力、部分刑事责任能力，是指因年龄、精神状况等原因，而使行为人实施刑法所禁止的危害行为时，虽然具有刑事责任能力，但其辨认或控制自己行为的能力较完全刑事责任能力有一定程度的减弱、降低的情况。我国刑法明文规定的限制刑事责任能力人有四种情况：(1) 已满 14 周岁不满 18 周岁的未成年人不具备完全刑事责任能力；(2) 又聋又哑的人可能不具备完全刑事责任能力；(3) 盲人也可能不具备完全刑事责任能力；(4) 尚未完全丧失辨认或者控制能力的精神病人不具备完全刑事责任能力。

四、影响刑事责任能力的因素

(一) 刑事责任年龄

1. 刑事责任年龄的概念

刑事责任年龄，是指法律所规定的行为人对自己实施的刑法所禁止的危害行为负刑事责任必须达到的年龄。

我国刑法中的刑事责任年龄制度，主要解决不同年龄段的人刑事责任的有无问题，同时还规定了对未成年犯罪人的从宽处罚原则。因此，研究刑事责任年龄问题，对于从理论上认识责任年龄与责任能力的关系，把握犯罪主体要件的本质，对于司法实践中正确定罪量刑，都具有重要意义。

2. 刑事责任年龄阶段的立法划分

古今中外刑事立法都或多或少地涉及了刑事责任年龄问题。我国刑法以教育为主、惩罚为辅的青少年刑事政策为指导，从我国政治、经济、文化、教育、未成年人的成长规律以及现实犯罪结构等方面的国情出发，借鉴国外立法案例，以刑法第 17 条专门对刑事责任年龄作了全面规定。根据这一规定，刑法学界把刑事责任年龄划分为完全不负刑事责任年龄阶段、相对负刑事责任年龄阶段与完全负刑事责任年龄阶段。

(1) 完全不负刑事责任年龄阶段。完全不负刑事责任年龄阶段，亦称绝对无责任年龄时期，是自然人对自己实施的危害行为依法完全不负刑事责任的年龄阶段。根据我国刑法第 17 条的规定，不满 14 周岁的人，完全不负刑事责任。

(2) 相对负刑事责任年龄阶段。相对负刑事责任年龄阶段，亦称相对有责任年龄时期，是自然人对自己实施的部分危害行为依法负刑事责任的年龄阶段。根据我国刑法第 17 条第 2 款的规定，已满 14 周岁不满 16 周岁，对自己实施的故意杀人、故意伤害致人重伤或者死亡、强奸、抢劫、贩卖毒品、放火、爆炸、投毒罪负刑事责任。

(3) 完全负刑事责任年龄阶段。完全负刑事责任年龄阶段，又称完全负责任年龄时期，是自然人对自己实施的危害行为依法全部负刑事责任的年龄阶段。我国刑法第 17 条第 1 款规定："已满 16 周岁的人犯罪，应当负刑事责任。"

3. 未成年人犯罪案件的处理

我国刑法中刑事责任年龄制度，主要解决的是认定犯罪方面的问题。基于未成年人的生理、心理特征，既有容易被影响、被引诱走上犯罪道路的一面，又有可塑性大、容易接受教育和改造的一面，我国刑法从刑罚根本目的出发并结合未成年人违法犯罪的特点，对未成年人犯罪案件的处理采取了两条重要而特殊的处理原则：(1) 从宽处罚的原则；(2) 排除死刑的原则。

在司法实践中，依法处理未成年人犯罪案件，还应当注意以下三个问题：一是刑事责任年龄的计算问题，二是未成年人犯罪中的年龄界限问题，三是跨责任年龄阶段犯罪的认定问题。

（二）精神障碍

一般来说，一个人达到法律规定的刑事责任年龄，就具有相应的刑事责任能力。但是，如果这个人有精神障碍尤其是精神病性的精神障碍，其刑事责任能力则可能受到影响。近代各国刑事立法关于精神病者概念的规定极不一致。我国刑法第 18 条专门规定了精神病人的刑事责任问题，这为司法实践解决实施危害行为的精神病人和其他精神障碍人的刑事责任问题提供了基本的法律依据。

1. 完全无刑事责任的精神病人

我国刑法第 18 条第 1 款规定："精神病人在不能辨认或者不能控制自己行为的时候造成危害结果，经法定程序鉴定确认的，不负刑事责任，但是应当责令他的家属或者监护人严加看管和医疗；在必要的时候，由政府强制医疗。"这是确认精神障碍人无刑事责任能力的法律依据。刑法学界普遍认为，认定精神障碍人为无刑事责任能力，必须同时具备两个标准：(1) 生物学标准；(2) 心理学标准。

2. 完全负刑事责任的精神障碍人

责任能力完备而应完全负刑事责任的精神障碍人包括以下两类：(1) 精神正常时期的"间

歇性精神病人”。我国刑法第18条第2款规定：“间歇性的精神病人在精神正常的时候犯罪，应当负刑事责任。”(2) 大多数非精神病性的精神障碍人。非精神病性的精神障碍人，大多数并不因精神障碍使其辨认或者控制自己行为的能力丧失或减弱，而是具有完全的刑事责任能力，因而原则上对其危害行为依法负完全的刑事责任。但是，在少数情况下，非精神病性的精神障碍人也可成为限制刑事责任能力人甚至无刑事责任能力人，从而导致其刑事责任的减免。

3. 限制刑事责任的精神障碍人

我国刑法第18条第3款规定：“尚未完全丧失辨认或者控制自己行为能力的精神病人犯罪的，应当负刑事责任，但是可以从轻或者减轻处罚。”限制刑事责任的精神障碍人，亦称减轻(部分)刑事责任的精神障碍人，是介于无刑事责任的精神病人与完全负刑事责任的精神障碍人的中间状态的精神障碍人。

(三) 生理功能丧失

一般来说，达到刑事责任年龄的精神正常人，就开始具有刑事责任能力。但是，人的刑事责任能力也可能因重要的生理功能丧失而受到影响。刑法第19条规定：“又聋又哑的人或者盲人犯罪，可以从轻、减轻或者免除处罚。”又聋又哑的人，简称聋哑人。盲人是丧失视觉能力的人，即双目失明的人。

(四) 生理醉酒

我国刑法第18条第4款规定：“醉酒的人犯罪，应当负刑事责任。”这是确认醉酒状态者有刑事责任能力的法律依据。醉酒，医学上通常称为“酒精中毒”、“乙醇中毒”，是指由于饮酒所致的精神障碍。精神病学根据酒精造成人的精神障碍程度的不同，把醉酒划分为“急性酒精中毒”和“慢性酒精中毒”两大类。急性酒精中毒中又可以有生理性醉酒和病理性醉酒之分。刑法第18条第4款规定要负刑事责任的醉酒状态，通常被认为仅指生理性醉酒。而病理性醉酒则不同，它是一种由于少量饮酒即可引起的严重精神障碍。

对醉酒人犯罪案件处罚时，应当注意到行为人在醉酒前有无犯罪预谋，行为人对醉酒有无罪过心理，醉酒犯罪与行为人一贯品行的关系等予以轻重不同的处罚，以使刑罚与犯罪的醉酒人的责任能力程度及其犯罪的社会危害性相适应。

第三节　犯罪主体的特殊身份

一、犯罪主体特殊身份的概念

犯罪主体的特殊身份，是指刑法所规定的影响行为人刑事责任的行为人人身方面特定的资格、地位或状态。这些特殊身份不是自然人犯罪主体的一般要件，而只是某些犯罪的自然人主体必须具备的要件。

通过分析我国刑法分则规定的各种犯罪，可以看出犯罪主体按照法定的要件可分为两类：一类是只要求具备自然人和刑事责任能力这两个一般要件即可的犯罪主体；另一类是要求在具备上述两个一般要件的前提下还必须具备特殊身份的犯罪主体。因此，以是否要求特殊身份要件为标准，自然人犯罪主体可分为一般主体与特殊主体。在刑法理论上，通常还将以特殊身份作为主体构成要件作为刑罚加减根据的犯罪称为身份犯。身份犯可以分为真正身份犯与不真正身份犯。真正身份犯，是指以特殊身份作为主体要件，无此特殊身份该犯罪则根本不可成立的犯罪。不真正身份犯，是指特殊身份不影响定罪但影响量刑的犯罪。如果行为人不具有特殊身份，犯罪也成立；如果行为人具有这种身份，则刑罚的科处就比不具有这种身份的人要加重或减轻。

二、犯罪主体特殊身份的分类

对犯罪主体的特殊身份进行分类，有助于对它进行全面了解和认识。刑法理论往往从不同角度，对犯罪主体的特殊身份进行分类。主要有以下两种分类方式：

（一）自然身份与法定身份

从特殊身份的形成上考虑，犯罪主体的特殊身份有自然身份与法定身份之分。自然身份，是指行为人因自然事实而形成的身份。法定身份，是指行为人因法律事实而形成的身份。

（二）定罪身份与量刑身份

定罪身份是指决定刑事责任存在的身份，又称犯罪构成要件身份。此种身份是某些具体犯罪构成中犯罪主体要件的必备要素，缺此身份，犯罪主体要件就不具备，因而也就不构成该种犯罪。量刑身份，是指不影响犯罪的成立而只影响刑事责任程度的身份，又称刑罚加减身份。此种身份虽然不影响刑事责任的存在与否，但影响刑事责任的大小，表现为从重、从轻、减轻甚至免除处罚的根据。

三、研究犯罪主体特殊身份的意义

由于犯罪主体的特殊身份不仅反映了行为人的主观恶性程度，而且影响着行为产生的客观危害程度，现代各国刑法都以不同形式设立有关犯罪主体特殊身份的法律规范。刑法设立犯罪主体特殊身份规定的意旨在于：从犯罪主体角度调整犯罪行为与刑事责任的关系，以更加公正、有效地打击犯罪，从根本上维护统治阶级的利益和社会秩序。在我国刑事司法实践中，犯罪主体特殊身份对定罪量刑具有重要的意义。

第四节 单位犯罪

一、单位犯罪的概念和特征

我国刑法第30条规定："公司、企业、事业单位、机关、团体实施的危害社会的行为，法律规定为单位犯罪的，应当负刑事责任。”这是对单位犯罪成立范围的一般性规定。根据这一规定，所谓单位犯罪，是指由公司、企业、事业单位、机关、团体实施的依法应当承担刑事责任的危害社会的行为。单位犯罪具有如下基本特征：

1. 单位犯罪的主体包括公司、企业、事业单位、机关、团体

公司是指以营利为目的的从事生产和经济活动的经济组织，在我国，公司包括有限责任公司和股份有限公司。企业是指公司以外的，以从事生产、流通等活动为内容，以获取赢利和增加积累、创造社会财富为目的的营利性社会经济组织。事业单位是指依法成立的从事各种社会公益活动的组织。机关是指执行党和国家的领导、管理职能和保卫国家安全职能的机构，包括国家各级权力机关、行政机关、审判机关、检察机关、军事机关。在我国，党的组织也被视为机关。团体主要是指人民团体和社会团体。

2. 单位犯罪必须是在单位意志支配下由单位内部成员实施的犯罪

单位犯罪必须经单位集体研究决定或由其负责人员决定实施，单位集体研究决定或由其负责人员决定是单位整体犯罪意志的体现形式。所谓“单位集体研究决定”，是指经过根据法律和章程规定有权代表单位的机构研究决定，如职工代表大会、董事会、股东大会等；所谓“负责人员决定”，是指经过根据法律或章程规定有权代表单位的个人决定，如企业的厂长、公司的董事长或经理。如果单位内部人员未经单位授权擅用单位名义实施犯罪，除非事后得到单位认可，否则只能是个人犯罪而非单位犯罪。

3. 单位犯罪必须由刑法分则性条文明确规定

刑法分则性条文，包括刑法分则以及其颁行后国家最高立法机关又根据实际需要制定的单行刑法及有关附属刑法规范。从我国刑法分则的规定来看，单位犯罪主要存在于危害公共安全罪，破坏社会主义市场经济秩序罪，侵犯公民人身权利、民主权利罪，妨害社会管理秩序罪，危害国防利益罪和贪污贿赂罪等条文中。这些单位犯罪多数是故意犯罪，但也有少数属于过失犯罪。

二、单位犯罪的处罚原则

对单位犯罪的处罚，现代各国刑事立法和刑法理论上存在三种立法例：一是双罚制，即单位犯罪的，对单位和单位直接责任人员（代表人、主管人员及其他有关人员）均处以刑罚；二是转嫁制，即单位犯罪的，只处罚单位而对直接责任人员不予处罚；三是代罚制，即单位犯罪的，只处罚直接责任人员而不处罚单位。转嫁制和代罚制可统称为单罚制。

我国刑法第 31 条规定：“单位犯罪的，对单位判处罚金，并对其直接负责的主管人员和其他直接责任人员判处刑罚。本法分则和其他法律另有规定的，依照规定。”这是我国刑法关于单位犯罪处罚原则的规定。根据这一规定，对单位犯罪，一般采取双罚制原则，即单位犯罪的，对单位判处罚金，同时对单位直接负责的主管人员和其他直接责任人员判处刑罚。但是，当刑法分则和其他法律（单行刑法或附属刑法规范）另有规定不采取双罚制而采取单罚制的，则属例外。

第八章 犯罪主观方面

犯罪行为是罪过心理的客观反映，主客观相统一的刑事责任原则反对脱离罪过心理的客观归罪。在我国刑法规定和刑法理论中，犯罪的主观方面是犯罪构成的四个一般要件之一，是行为人对自己所实施的危害行为负刑事责任的主观基础。因此，犯罪的主观方面在犯罪构成中占有非常重要的地位。

第一节 犯罪主观方面概述

一、犯罪主观方面的概念

所谓犯罪的主观方面，是指犯罪主体对自己的危害行为及其危害结果所持的心理态度。犯罪主观方面作为犯罪构成的重要组成部分，具有以下两个特征：第一，它是行为人的心理态度；第二，这种心理态度针对的是一定的危害行为与危害结果。

犯罪的主观方面所涉及的问题，主要是犯罪的故意与犯罪的过失(统称为罪过)、犯罪的目的与动机等；除此之外，还包括某些与犯罪主观方面相关的问题，诸如意外事件和刑法上的认识错误等。行为人的罪过即其犯罪的故意或过失，是一切犯罪构成都必须具备的主观要件，因此被称之为犯罪主观方面的必要要件。犯罪的目的只是某些犯罪构成所必备的主观要件，因此也称为犯罪主观方面的选择要件。犯罪动机不是犯罪构成所必备的主观要件，它一般不影响定罪，但却影响量刑。至于意外事件与刑法上的认识错误，作为犯罪主观方面的相关问题，由于它们对行为人的行为是否构成犯罪以及构成何罪有一定的影响，因此，也有必要纳入犯罪的主观方面来阐述。

为了准确地理解和把握犯罪主观方面的概念，需要明确以下几个问题。

1. 罪过是行为人负刑事责任的主观基础

根据我国刑法第 14、15 条的规定，一种行为要构成犯罪必须具备犯罪的故意或者犯罪的过失这两种基本罪过形式之一。如果行为人的某种行为不是出于故意或者过失，尽管在客观上造成了危害社会的结果，也不构成犯罪。犯罪的故意与过失，不仅是认定行为人构成犯罪的法律依据，也是行为人对自己所实施的犯罪负刑事责任的主观基础。犯罪的故意表明了行为人对刑法规范及其所保护的社会关系持敌视或蔑视态度，而犯罪过失则表明行为人对刑法规范及其所保护的社会关系持漠视或忽视态度。行为人应当对自己自觉的有意识、有意志的活动承担相应的社会责任。

2. 犯罪主观方面与犯罪客观方面是对立统一的

犯罪的主观方面与犯罪的客观方面作为犯罪构成的两大要件，就其各自内容来看是相互对立的。这是因为，犯罪主观方面是用以说明行为人是在怎样的心理状态支配下实施危害行为的，它所揭示的是行为人内在的心理活动；犯罪客观方面是用以说明刑法所保护的社会关系是被什么样的行为所侵犯以及受到何种程度侵犯的，它所揭示的是行为人外在的行为表现。但是，从犯罪构成的整体性来看，犯罪的主观方面与犯罪的客观方面又是不可分割的统一体。根据我国刑法的规定，确认某人构成犯罪并追究其刑事责任，在客观上必须具备刑法所禁止的危害行为，同时在主观上也必须具有犯罪的故意或者过失。缺少前者，就失去了行为人构成犯罪的客观基础，导致“主观归罪”；缺少后者，就失去了行为人构成犯罪的主观基础，导致“客观归罪”。

3. 罪过在具体犯罪构成中有着不同的表现

我国刑法中所规定的犯罪，从罪过形式的角度看，主要包括故意和过失两种类型。但从其与某种犯罪的结合方式来说，又可分为以下三种情况：一是只能由故意构成的犯罪；二是只能由过失构成的犯罪；三是既可由故意构成，亦可由过失构成的犯罪。

二、犯罪主观方面的意义

深入研究和准确理解犯罪主观方面，对于司法实践中正确定罪量刑具有十分重要的意义。

（一）犯罪主观方面对定罪的意义

查明行为人行为时是否具备具体犯罪构成所要求的特定罪过形式与罪过内容，有助于准确区分罪与非罪、此罪与彼罪的界限。此外，对某些具体犯罪构成，法律还要求其主观方面具有特定的犯罪目的，查明这些特定犯罪目的是否具备，也有助于区分罪与非罪、此罪与彼罪的界限。

（二）犯罪主观方面对量刑的意义

罪过形式与罪过内容不同，它们所反映出的主观恶性程度也就不同，行为的社会危害性和行为人的人身危险性也就不同。一般来说，出于故意的危害行为，是一种自觉的反社会的行为，社会危害性和人身危险性大；出于过失的危害行为，不具有自觉的反社会的意识，社会危害性和人身危险性小。因此，法律对故意犯罪和过失犯罪规定了轻重不同的法定刑。通过查明主观方面，准确地定罪，就保障了准确适用各种轻重不同的法定刑。

第二节 犯罪故意

一、犯罪故意的概念

关于犯罪故意的学说，刑法理论上起初有“希望主义”与“认识主义”之争。前者认为，只有当行为人意欲实现构成要件的内容时或希望发生危害结果时，才成立故意；后者认为，只要行为人对构成要件事实有认识或认识到可能发生危害结果时，就成立故意。这两种学说被认为均是从一方面去区分故意与过失的，而且缩小或扩大了故意的范围。因而后来又出现了立足于希望主义的“容认说”与立足于认识主义的“盖然性说”。前者认为，行为人只有在有实现构成要件的意思时，才成立故意，而这里的故意，并不以意欲、目的和希望为必要，只要行为人容认或放任危害结果的发生，就成立故意。后者主张，对于故意只能依据行为人对构成要件事实的认识来确定。即行为人认识到危害结果的发生具有盖然性（可能性很大），还实施该行为，就足以表明行为人是容认或放任危害结果发生的；行为人认识到危害结果发生的可能性（可能性不很大）时，就表明行为人没有容认或放任危害结果的发生。显然，“盖然性说”是想通过认识因素解决意志因素问题。我国刑法采取的是“容认说”。我国刑法第 14 条规定：“明知自己的行为会发生危害社会的结果，并且希望或者放任这种结果发生，因而构成犯罪的，是故意犯罪。”需要注意，故意犯罪与犯罪故意虽然是两个密切相关的概念，但它们二者在本质上却有所差别。故意犯罪指的是一类犯罪的统称，而犯罪故意则指的是一种罪过形式。犯罪故意作为犯罪主观方面的罪过形式之一，包含以下两项内容：一是行为人明知自己的行为会发生危害社会的结果，即认识因素；二是行为人希望或者放任这种危害结果的发生，即意志因素。只有这两个因素有机统一起来，才能认定行为人具有犯罪故意。

（一）犯罪故意的认识因素

行为人明知自己的行为会发生危害社会的结果，这是构成犯罪故意的认识因素。虽然一个人的行为在客观上发生了危害结果，但其在行为时并不知道自己的行为会发生这种结果，就不构成犯罪故意。关于犯罪故意的认识因素，需要弄清以下两个方面的问题。

1. 认识的内容

认识的内容即“明知”的内容。这一问题在刑法理论上众说纷纭。根据我国刑法理论的通说，犯罪故意的认识因素中的“明知”，包含以下三方面内容：一是对行为本身的认识；二是对行为结果的认识；三是对危害行为和危害结果相联系的其他构成要件事实的认识。关于“明知”的内容，争议较大的是关于违法性认识是否属于犯罪故意的认识因素的问题。

2. 认识的程度

认识的程度，即明知自己的行为会发生危害社会的结果，也即“明知会发生”。所谓“明知会发生”，一般认为有两种情况：一是行为人明知自己的行为必然导致某种危害结果的发生；二是行为人明知自己的行为可能导致某种危害结果的发生。无论行为人认识到危害结果必然发生还是可能发生，均符合犯罪故意的认识特征。

（二）犯罪故意的意志因素

行为人对自己的行为将要引起的危害结果持有希望或者放任的心理态度，是构成犯罪故意的意志因素。所谓“希望危害结果发生的心理”，就是行为人在对自己的行为性质在明确认识的基础上，努力运用自己的意志来协调决定自己行为性质的各种主客观条件，使自己对行为的认识按自己的意愿转化为客观现实，促使危害结果发生的意志活动。所谓“放任危害结果发生的心理”，就是行为人在实施行为时，明知自己的行为会发生危害结果，但不是设法改变自己行为的性质或方向以避免这种结果的发生，而是以一种听之任之的态度，继续运用自己的意志控制决定行为性质的各种条件，最终导致危害结果发生的心理过程。

认识因素和意志因素是犯罪故意成立的两个有机联系的因素，缺一不可。

二、犯罪故意的类型

根据行为人对危害结果所持的心理态度不同，刑法理论一般将犯罪故意分为直接故意与间接故意两种类型。

1. 直接故意

犯罪的直接故意，是指行为人明知自己的行为必然或者可能发生危害社会的结果，并且希望这种结果发生因而构成犯罪的心理态度。直接故意的构成因素有：第一，其认识因素是行为人明知自己的行为必然或者可能发生危害社会的结果；第二，其意志因素是行为人希望危害结果的发生。

2. 间接故意

犯罪的间接故意，是指行为人明知自己的行为可能发生危害社会的结果，并且放任这种结果发生因而构成犯罪的心理态度。间接故意的构成因素有：第一，其认识因素是行为人明知自己的行为可能发生危害社会的结果；第二，其意志因素是放任危害结果的发生。

在司法实践中，间接故意的存在大致有以下三种情况：(1) 行为人为了实现某种犯罪意图而放任另一个危害结果发生；(2) 行为人为实现一个非犯罪的意图而放任某种危害结果的发生；(3) 在突发性犯罪中，行为人不计后果，放任严重后果的发生。

综上所述，直接故意与间接故意都是犯罪的故意，二者在认识因素上都要求行为人对自己的行为会发生危害社会的结果有明确的认识，在意志因素上都要求行为人对危害结果的发生不是持排斥、反对的态度。这是二者的相同点。二者的区别主要在于认识因素、意志因素以及特定危害结果是否发生的意义等方面。从我国刑法的规定来看，故意犯罪中的绝大多数犯罪只能由直接故意构成，只有少数故意犯罪如故意杀人罪、故意伤害罪、放火罪、爆炸罪等，则既可以由直接故意构成，也可以由间接故意构成。

应当指出，将犯罪故意分为直接故意与间接故意是一种最常见、最重要的分类方法，这种分类法也是刑法总则规定犯罪故意时所采取的方法。除了这种分类方法以外，刑法理论还常常根据其他各种标准对犯罪故意另行分类，了解这些类型有助于我们深化对犯罪故意的认识和理解。下面是要点：其一，根据认识内容及确定程度，将犯罪故意分为确定故意与不确定故意；其二，根据形成时间的长短，将犯罪故意分为预谋故意与突发故意。此外，有些学者根据行为人在行为时的意思，将犯罪故意分为事前故意与事后故意。

第三节　犯罪过失

一、犯罪过失的概念

我国刑法在规定犯罪过失方面采取的是避免结果说，这与其在犯罪故意问题上所采取的“容认说”是相协调的。我国刑法第15条规定：“应当预见自己的行为可能发生危害社会的结果，因为疏忽大意而没有预见，或者已经预见而轻信能够避免，以致发生这种结果的，是过失犯罪。”根据刑法的这一规定，所谓犯罪的过失，是指行为人应当预见自己的行为可能发生危害社会的结果，因为疏忽大意而没有预见，或者已经预见而轻信能够避免，以致发生这种结果因而构成犯罪的心理态度。

根据犯罪过失的上述概念，它与犯罪故意一样，也是认识因素与意志因素的统一体，只不过行为人的认识因素与意志因素的内容有所不同而已。根据犯罪过失的上述两方面的因素，犯罪的过失具有以下特征。

1. 行为人的实际认识与认识能力不一致

在过失犯罪的场合，行为人具备认识自己的行为可能发生危害结果的可能性，但事实上在行为时却没有认识到，或者虽然已经认识到，但对结果发生的可能性却作出了错误的估计和判断，认为危害结果可以避免。

2. 行为人的主观愿望与客观效果不一致

在过失犯罪的场合，行为人主观上不仅对某种危害结果的发生是不希望、不放任，而且反对、排斥这种危害结果发生，也就是对危害结果的发生持完全否定的态度。危害结果的发生，完全是由于行为人缺乏注意、轻率行事造成的，是与行为人的主观愿望是相违背的。

二、犯罪过失的类型

根据行为人的心理态度不同，刑法理论将犯罪过失分为疏忽大意的过失和过于自信的过失两种类型。

（一）疏忽大意的过失

疏忽大意的过失，亦称无认识过失，是指行为人应当预见自己的行为可能发生危害社会的结果，因为疏忽大意而没有预见，以致发生了这种结果因而构成犯罪的心理态度。它具有两个基本特征：

1. 行为人应当预见自己的行为可能发生危害社会的结果

这是疏忽大意的过失的认识因素。所谓“应当预见”，是指行为人在行为时对危害结果的发生既有预见的义务，又有预见的能力。这是疏忽大意的过失区别于意外事件的关键所在。所谓“预见的义务”，是指国家和社会向行为人提出的要求其在行为时预见危害结果发生的义务。预见的义务一般是由法律或者规章制度规定的；在没有相应的法律或者规章时，一般应根据共同生活准则或生活经验来确定。所谓“预见的能力”，是指行为人在行为时对危害结果的发生有预见的现实条件和实际可能性。一般来讲，预见的义务与预见的能力是有机的统一，法律只能对有条件可能预见的人才会提出预见的义务。因此，即使行为人对危害结果的发生负有预见义务，但在当时的情况下不具有预见的条件，不存在预见的能力，即使发生了严重的损害结果，也不能要求行为人对此负刑事责任。

2. 行为人由于疏忽大意没有预见到自己的行为可能发生危害社会的结果

所谓“没有预见到”，是指行为人在实施行为的当时没有认识到自己的行为可能发生危害社会的结果，而并不是说他平时就不了解所实施的行为可能造成什么样的结果。这种主观上对危害结果的无认识状态，是由于意志上的疏忽大意。疏忽大意的意志状态，就是没有集中必要注意力的意志状态。正是由于行为人没有集中必要的注意力去认识自己的行为可能发生危害结果,致使在毫无警觉的情况下引起危害结果的发生。

(二) 过于自信的过失

过于自信的过失,亦称有认识过失,是指行为人已经预见到自己的行为可能发生危害社会的结果,但轻信能够避免,以致发生这种结果因而构成犯罪的心理态度。它也有两个方面的特征:

1. 行为人已经预见到自己的行为可能发生危害社会的结果

这是过于自信的过失的认识因素。如果行为人在行为时根本没有预见到自己的行为将导致危害结果的发生,就不属于过于自信的过失,而可能是疏忽大意的过失或者意外事件。当然,对于过于自信的过失来说,行为人对自己行为的危害结果的预见,只能是预见到这种结果可能发生,而不是预见到这种结果必然发生,因为只有在预见危害结果可能发生的条件下,才谈得上"轻信能够避免这种结果发生"的意志态度。

2. 行为人轻信能够避免但未能避免,以致发生了危害结果

所谓"轻信能够避免",包含以下三层意思:(1) 行为人相信危害结果不会发生,即对危害结果的发生,行为人是持否定态度的。(2) 相信能够避免危害结果的发生有一定的实际根据。就是说行为人不是毫无根据地认为不会发生危害结果,而是有实际的根据才相信可以避免,如行为人熟练的技巧或较强的体力,行为人对客观环境或自然规律的熟悉等。(3) 相信能够避免危害结果的发生的根据并不充分、可靠。也就是行为人过高地估计了能够避免危害结果发生的根据,以至于最终还是发生了危害结果。正因如此,这种过失才称为过于自信的过失。

此外,在认定过于自信的过失时,还应将其与间接故意区别开来。

三、意外事件

(一) 意外事件的概念

我国刑法第 16 条规定:"行为在客观上虽然造成了损害结果,但是不是出于故意或者过失,而是由于不能抗拒或者不能预见的原因所引起的,不是犯罪。"刑法理论的通说认为,这条规定称之为广义的意外事件。广义的意外事件包括狭义的意外事件和不可抗力两种情况。所谓狭义的意外事件,就是指根据上述刑法规定,行为虽然在客观上造成了损害结果,但不是出于行为人的故意或者过失,而是由于不能预见的原因所引起的,因而不是犯罪。而所谓不可抗力,就是指根据该条规定,行为虽然在客观上造成了损害结果,但不是出于行为人的故意或者过失,而是由于不能抗拒的原因所引起的,因而也不是犯罪。广义意外事件的主要特征是:(1) 行为人的行为在客观上造成了损害结果;(2) 行为人在主观上对自己的行为造成的损害结果没有罪过;(3) 损害结果的产生是由于不能预见或者不能抗拒的原因引起的。

(二) 狭义的意外事件与疏忽大意过失的异同

二者都是行为人对损害结果的发生没有预见,并因此发生了这种结果,可见它们在主客观方面都有共同之处。但是它们更有着原则的区别,这种区别关涉到罪与非罪的界限。根

据行为人的认识能力和当时的情况，意外事件，是行为人对损害结果的发生不可能预见，不应当预见而没有预见；疏忽大意的过失，则是行为人对行为发生危害结果的可能性能够预见、应当预见，只是由于其疏忽大意而导致了未能预见。因此，根据行为人的实际能力和当时的情况，结合法律、职业等的要求来认真分析其是否预见的原因，对于区分意外事件与疏忽大意的过失犯罪至关重要。

第四节 犯罪目的和犯罪动机

一、犯罪目的和犯罪动机的概念

作为犯罪主观方面的因素之一，犯罪目的与犯罪动机不仅对危害行为的危害性质和危害程度有影响，而且对定罪与量刑也有一定影响。所谓犯罪目的，是指犯罪人希望通过实施犯罪行为达到某种危害结果的心理态度，也就是以观念形态在人脑中存在的、危害行为的预期结果。所谓犯罪动机，是指刺激、驱使行为人实施犯罪行为以达到犯罪目的的内心冲动或者内心起因。一般来讲，行为人某种犯罪目的的确立，绝不可能出自无缘无故，而始终是以一定的犯罪动机作指引的。

二、犯罪目的与犯罪动机的关系

犯罪的目的与犯罪的动机既密切联系，又互相区别。二者的密切联系表现在：第一，二者都是犯罪人实施犯罪行为过程中的主观心理活动，都反映了行为的主观恶性及犯罪的社会危害性。第二，犯罪目的以犯罪动机为前提和基础，它来源于犯罪动机，是犯罪动机的延伸和发展，而犯罪动机对犯罪目的的形成又具有促进作用，犯罪目的是犯罪动机进一步发展的结果。第三，二者有时表现为直接的联系，即它们所反映的行为人的需要是一致的，如出于贪财图利的动机而实施的以非法占有为目的的财产犯罪即是如此。

犯罪目的与犯罪动机虽有上述联系，但又有一定的区别，这主要表现在：第一，二者形成的时间先后不同；第二，同一种犯罪的目的相同，而犯罪动机则可能有所不同；第三，一种犯罪动机可以导致几种不同的犯罪目的；第四，犯罪动机与犯罪目的在某些情况下反映的需要并不一致；第五，犯罪目的与犯罪动机在定罪量刑中的作用不同。

三、研究犯罪目的与犯罪动机的意义

研究犯罪目的与犯罪动机，在司法实践中对于直接故意犯罪的定罪量刑，具有重要的意义。

（一）研究犯罪目的的意义

第一，在刑法规定的以特定犯罪目的为要件的犯罪（即目的犯）中，特定犯罪目的的存在

是行为构成犯罪所不可或缺的。在这种情况下，犯罪目的不仅可以成为区分罪与非罪的标准，也可以成为划分此罪与彼罪的标准。

第二，在刑法规定的不以特定犯罪目的为要件的犯罪（即非目的犯）中，犯罪目的也是影响犯罪主观方面的一个重要内容。总之，在分析具体犯罪构成的主观要件时，明确其犯罪目的的内涵并予以确切查明，对于定罪有重大意义。正因如此，研究犯罪目的对适当量刑也具有根本性的作用。

（二）研究犯罪动机的意义

犯罪动机是犯罪的重要情节之一，不仅对于量刑有突出影响，而且对于定罪在某种程度上也有一定影响。

第一，犯罪动机对量刑的意义。犯罪动机是反映行为人行为时的主观恶性及其人身危险性的一个重要指标，从而它也是衡量行为的社会危害程度和行为人承担刑事责任程度的一个重要指标，因此，不同的犯罪动机在司法实践中对量刑的轻重必然带来一定的影响。比如，同样是故意杀人罪，行为是出于为民除害的动机还是出于贪财图利，直接影响到犯罪的社会危害性和行为人的人身危险性，因而对它们的量刑应有明显区别。

第二，犯罪动机对定罪的意义。根据我国刑法总则第 13 条规定的“但书”的内容以及刑法分则中所规定的某些“情节犯”的要求，某些行为是否构成犯罪，除了必须具备犯罪构成要件外，还要视其情节是否轻微或是否显著轻微。这样，作为犯罪情节之一的犯罪动机，自然在一定程度上成为影响犯罪成立与否的一个因素。

第五节　认识错误

一、刑法中认识错误的概念

刑法中的认识错误，是指行为人对自己行为的法律性质、意义或者对有关事实情况的不正确认识。根据行为人认识错误产生的原因不同，刑法理论通常将刑法中的认识错误分为两种：一是行为人对法律的认识错误，二是行为人对事实的认识错误。

二、行为人对法律的认识错误

行为人对法律的认识错误，亦称法律认识错误，是指行为人对自己的行为在法律上是否构成犯罪、构成何种犯罪或者应当受到什么样的刑罚处罚的不正确认识。这类认识错误通常包括三种情况：

（一）假想的犯罪

即行为人误认自己无罪为有罪，具体说就是行为人的行为依照法律的规定并不构成犯罪，而行为人却误认为构成了犯罪。这种认识错误不影响对该行为认定无罪，司法实践中不能因为行为人假想的犯罪而认定其为有罪。

（二）假想的不犯罪

即行为人误认自己有罪为无罪，具体说就是行为人的行为依照法律的规定已构成了犯罪，而行为人却误认为不构成犯罪。这种认识错误一般不影响故意犯罪的成立。但是，在某些特殊情况下，如果行为人确实不了解国家法律的某种禁令，因而也不知道行为具有社会危害性的，就不能追究其故意犯罪的刑事责任。

（三）定罪量刑的误认

即行为人认识到自己的行为已经构成了犯罪，但对其行为触犯了刑法规定的何种罪名、应当被处以什么样的刑罚，存在不正确的理解。这种认识错误既不影响定罪，也不影响量刑。行为人对法律的错误认识，不影响其犯罪的性质和危害程度，应当按照其实际构成的犯罪及其危害程度依法定罪量刑。

三、行为人对事实的认识错误

行为人对事实的认识错误，亦称事实认识错误、事实错误，是指行为人实施危害行为时，对与自己行为有关的事实情况的不正确认识。这类认识错误是否影响行为人的刑事责任，要区别对待：如果行为人对属于犯罪构成要件的事实情况发生认识错误，就会影响行为人的刑事责任；如果行为人对不属于犯罪构成要件的事实情况发生认识错误，就不影响行为人的刑事责任。事实认识错误主要有以下几种情况。

（一）对客体的认识错误

所谓对客体的认识错误，亦称客体错误，是指行为人在实施危害行为时，对其侵犯客体的性质的不正确认识，即行为人意图侵犯一种客体，而实际上侵犯了另一种客体。

（二）对行为对象的认识错误

所谓对行为对象的认识错误，亦称对象错误，是指行为人在实施危害行为时，对其侵害对象的不正确认识。这一认识错误主要表现为：

第一，同类对象错误，又称具体目标错误，是指行为人实际侵害的对象与其所误认的对象在性质上属于同类。

第二，非同类对象错误，是指行为人实际侵害的对象与其所误认的对象在性质上不属于同类。在误将人为兽而杀害或者误把非不法侵害人认为是不法侵害人而进行防卫时，对象错误阻却了故意，不能以故意犯罪论处，如有过失，应定过失致人死亡罪；如无过失，则是意外事件。在误将兽为人而杀害时，对象错误不阻却故意，应以故意杀人罪的未遂论处。

第三，具体的犯罪对象不存在，行为人误以为存在而实施犯罪行为，因而致使犯罪未得逞的，应定为犯罪未遂。

（三）对行为性质的认识错误

所谓对行为性质的认识错误，亦称行为性质错误，是指行为人在实施危害行为时，对自己行为的实际性质的不正确认识。

（四）对犯罪工具的认识错误

所谓对犯罪工具的认识错误，亦称对行为方法的认识错误、方法错误、手段错误、工具错误，它是指行为人在实施危害行为时，对自己所使用的手段、工具是否会发生危害结果的不正确认识。在这类情况下，行为人具备犯罪的主客观要件，只是由于对犯罪工具实际效能的误解而致使犯罪行为未发生犯罪既遂时的犯罪结果，应以犯罪未遂追究行为人的刑事责任。

（五）对因果关系的认识错误

所谓对因果关系的认识错误，亦称因果关系错误，即行为人在实施危害行为时，对自己行为与结果之间因果关系的实际发展过程的错误认识。这一认识错误主要包括：

(1) 行为人误认为自己的行为已经达到了预期的犯罪结果，事实上并没有发生这种结果。

(2) 行为人所追求的结果事实上是由于其他原因造成的，行为人却误认为是自己的行为造成的。

(3) 行为人的行为没有按照其预想的方向发展及其预想的目的停止，而是发生了行为人所预见、所追求的目标以外的结果。

(4) 行为人实施了甲、乙两个行为，伤害结果是由乙行为造成的，行为人却误认为是由甲行为造成的。

第九章 排除犯罪性行为

排除犯罪性行为，是指某种行为虽然在客观上具备了刑法关于某一犯罪的行为形式，但是由于这种行为本身是有利于社会的，从而不具有社会危害性，因此刑法明文规定这种行为不构成犯罪的情形。在我国刑法中规定了三种形式的排除犯罪性行为，包括正当防卫、紧急避险和意外事件。在刑法理论中，一般认为排除犯罪性行为还包括依法履行的行为、执行命令的行为、履行业务的行为以及经权利人同意的行为等。

第一节 正当防卫

一、正当防卫的概念

根据我国刑法第20条规定，正当防卫是指为了使国家、公共利益、本人或者他人的人身、财产和其他权利免受正在进行的不法侵害，采取的制止不法侵害而对不法侵害人造成未明显超过必要限度损害的行为。

正当防卫是法律赋予公民的一项权利，当国家、公共利益和公民个人合法权益受到正在进行的不法侵害时，采用正当防卫以及时制止不法侵害，可以使国家、公共利益和公民个人合法权益得到及时有效的保护。同时，正当防卫制度也有利于有效震慑犯罪分子，使其不敢轻举妄动，从而有效遏制、减少犯罪行为。

二、正当防卫的条件

公民在进行正当防卫的时候，不得不当地损害其他法益，否则就会造成新的不法侵害，因此实施正当防卫必须符合一定条件，我国刑法规定正当防卫的实施必须符合以下几个必备条件。

（一）起因条件：必须存在着具有社会危害性和侵害紧迫性的不法侵害行为

不法侵害的范围包括违法行为和犯罪行为，但正当防卫的对象应限于具有暴力性、破坏性、紧迫性的不法侵害行为。一般认为，对下列行为不能或不宜进行防卫：

（1）合法行为，包括依照法令的行为、执行命令、正当业务行为等；

（2）正当防卫行为；

（3）紧急避险行为；

(4) 意外事件；

(5) 防卫过当、避险过当；

(6) 过失犯罪和不作为犯罪。

同时，不法侵害必须是现实存在的。如果并不存在不法侵害，但行为人误以为存在着不法侵害而进行防卫的，属于假想防卫。假想防卫是一种认识错误，不成立故意犯罪，如果行为人有过失的，成立过失犯罪；无过失的，就属于意外事件。

(二) 时间条件：不法侵害正在进行，即不法侵害行为已经开始，但尚未结束

不法侵害已经开始，是指不法侵害人已经着手直接实施不法侵害行为，已经对法律保护的权益构成了现实的威胁。不法侵害的结束，通常应当以不法侵害对合法权益所形成的现实危害是否排除为标准。在实践中，下列情形一般应视为不法侵害已经终止：一是不法侵害已经完结；二是不法侵害人自动中止侵害；三是不法侵害人已经被制服；四是不法侵害人已经丧失继续侵害的能力。如果在不法侵害尚未开始或已经终止后，对侵害人进行的“防卫”，属于事前防卫或事后防卫。事前防卫或者事后防卫构成犯罪的，应当负刑事责任。

(三) 主观条件：具有正当防卫意图

防卫人主观上必须出于正当防卫的目的，即是为了使国家、公共利益、本人或者他人的人身、财产和其他权利免受不法侵害。因此，下列三种行为不是正当防卫：

(1) 防卫挑拨，即行为人出于侵害的目的，以故意挑衅、引诱等方法促使对方进行不法侵害，而后借口防卫加害对方的行为；

(2) 相互的非法侵害行为，即双方都出于侵害对方的非法意图而发生的相互侵害行为；

(3) 为保护非法利益而实行的防卫，如“黑吃黑”。

(四) 对象条件：针对不法侵害者本人

对不法侵害者的打击通常是针对其人身权，但当不法侵害人使用自己的财产作为犯罪工具或者手段时，如果能够通过毁损其财产达到制止不法侵害的目的，也可以针对其财产进行正当防卫。

(五) 限度条件：不能明显超过必要限度

我国刑法第 20 条第 2 款明确规定，正当防卫明显超过必要限度造成重大损害的，应当负刑事责任，但是应当减轻或者免除处罚。这是关于防卫过当的一般规定。

无过当防卫是防卫过当的一种例外。我国刑法第 20 条第 3 款规定，对正在进行行凶、杀人、抢劫、强奸、绑架以及其他严重危及人身安全的暴力犯罪，采取防卫行为，造成不法侵害人伤亡的，不属于防卫过当，不负刑事责任。

三、防卫过当及其刑事责任

根据我国刑法第 20 条的规定，防卫过当是指防卫明显超过必要限度造成重大损害的行为。由于防卫过当在客观上有危害性，在主观上具有罪过，因此防卫过当应当负刑事责任，但是在量刑时，应当减轻或者免除处罚。防卫过当不是独立罪名，防卫过当的犯罪性质是依

附于过当的行为性质和过当的结果性质。这也就是说，对于防卫过当应根据其符合的犯罪构成确定罪名。

第二节 紧急避险

一、紧急避险的概念

根据我国刑法第 21 条的规定，紧急避险是指为了使国家、公共利益、本人或者他人的人身、财产和其他权利免受正在发生的危险，不得已给另一较小合法权益造成损害的行为。紧急避险的本质是避免现实危险、保护较大的合法权益。

二、紧急避险的条件

紧急避险是通过损害一种合法权益保护另一种合法权益，这与正当防卫有着显著的不同，因而紧急避险的条件比正当防卫的条件更为严格。

（一）合法权益面临现实危险

紧急避险要求合法权益处于客观存在的危险之中。危险的来源主要有：自然界的危险、动物的袭击、疾病等。现实危险不包括职务上、业务上负有特定责任的人所面临的对本人的危险，比如发生火灾时，消防队员不能为了避免火灾对本人的危险，而采取紧急避险。

（二）危险正在发生

危险正在发生，是指危险已经发生或者迫在眉睫并且尚未消除，其实质是合法权益正处于受威胁之中。在危险尚未发生或者已经消除的情况下实行避险的，属于避险不适时，其处理原则与防卫不适时的处理原则相同。

（三）不得已而损害另一合法权益

只有在不可能采取或者没有其他合理方法时，才允许紧急避险。这是紧急避险与正当防卫的重要区别。在可以或者具有其他合法方法避险危险的情况下，行为人采取避险行为的，应视行为人的主观心理状态与客观所造成的损害分别认定为故意犯罪、过失犯罪或者意外事件。

（四）主观上具有避险的目的

行为人只有是出于保护国家、公共利益、本人或者他人的人身、财产和其他权利免受正在发生的危险的目的，实行了避险行为，才能成立紧急避险。

（五）没有超过必要限度造成不应有的损害

由于紧急避险是用损害一种合法权益的方法来保护另一种合法权益，故不允许通过对一种合法权益的无限制损害来保护另一种合法权益,只能在必要限度内实施避险行为。

三、避险过当及其刑事责任

根据我国刑法第 21 条的规定,避险过当是指避险超过必要限度造成不应有的损害的行为。由于避险过当在客观上有危害性,在主观上具有罪过,因此避险过当应当负刑事责任,但是在量刑时,应当减轻或者免除处罚。避险过当不是独立罪名,避险过当的犯罪性质是依附于过当的行为性质和过当的结果性质。这也就是说,对于避险过当应根据其符合的犯罪构成确定罪名。

第十章 故意犯罪停止形态

故意犯罪形态是指故意犯罪在其发展过程中,由于某种原因出现结局所呈现的状态,即犯罪预备、犯罪未遂、犯罪中止和犯罪既遂。犯罪是一个过程,但并非任何犯罪行为都能得以顺利实现,并非任何犯罪人都能实现预期的目的。故意犯罪形态只能出现在犯罪过程中,在犯罪过程以外出现的某种状态,不是故意犯罪形态。

第一节 故意犯罪停止形态概述

一、犯罪停止形态的概念

犯罪停止形态,是指一种犯罪行为在客观上所呈现的某种状态。从广义上讲,犯罪形态是多种多样的,任何一种犯罪行为都会有无限多样的形态,世界上不可能存在两种形态一模一样的犯罪。但是刑法上所讲的犯罪停止形态,不是一个犯罪行为因情节的不同而出现的形态差别,而是指对处理犯罪有特别意义的那些形态,即犯罪既遂、犯罪预备、犯罪未遂和犯罪中止等。因此,犯罪停止形态是指在犯罪过程中,由于主观与客观的原因,停顿在不同犯罪阶段的各种犯罪形态。

从犯罪停止形态上,可以将所有的犯罪划分为单一停止形态的犯罪和多种停止形态的犯罪两类。单一停止形态的犯罪,是指这种犯罪一经成立只有一种形态,没有第二种形态,无所谓既遂形态、未遂形态、预备形态和中止形态,实际上只有成立犯罪与否的问题。而多种停止形态的犯罪,是指犯罪行为在其发展过程中,由于其自身的停顿或其他因素的介入,可能会出现不同形态的犯罪。在刑法理论上,看法基本上是统一的。通说认为,过失犯罪和间接故意犯罪,都是单一停止形态的犯罪,只有直接故意犯罪是多种停止形态的犯罪。因为,过失犯罪没有犯罪目的,行为人不会事先预备,如果没有造成危害社会的结果,就不能成立犯罪。间接故意犯罪在主观上对危害结果持放任的心理态度,在危害结果没有发生时,就无法认定行为人的放任心态,所以间接故意犯罪只有成立犯罪与否的问题,不存在犯罪的既遂、未遂、预备、中止等形态。我们同意这种看法,所谓的犯罪的停止形态实际上仅指直接故意犯罪的停止形态。

二、研究犯罪停止形态的意义

(一) 犯罪停止形态与犯罪阶段

犯罪阶段是指故意犯罪从形成、发展到结束的过程中先后所可能经历的阶段。如预谋犯罪阶段、预备犯罪阶段、着手与实行犯罪阶段、完成犯罪阶段等。犯罪阶段与犯罪停止形态有密切的关系。犯罪阶段与犯罪停止形态的不同之处在于：犯罪阶段表现的是犯罪行为的时间顺序，而犯罪停止形态体现的是犯罪行为在不同阶段所具有的特征。

(二) 犯罪停止形态与定罪

由于我国刑法在总则中规定了犯罪预备、犯罪中止、犯罪未遂形态，而不像一些外国刑法是在分则的某些个罪中分别规定犯罪的未遂等形态，从逻辑上讲，刑法分则中每一种可直接故意实施的犯罪，都应当有预备、中止、未遂和既遂等犯罪形态。而且从每一种形态成立犯罪的意义上讲，这些形态都是犯罪。但实际情况或许并非如此。有些犯罪一经着手即为犯罪既遂，就很难成立未遂和中止。有的犯罪由于犯罪的社会危害性较小，如果不是既遂形态而是未遂或预备形态，一般可不认定为犯罪，所以犯罪停止形态对区分罪与非罪具有一定的意义。

(三) 犯罪停止形态与量刑

我国刑法对不同的犯罪停止形态规定了不同的刑事责任，如对预备犯，规定可比照既遂犯从轻、减轻处罚或者免除处罚；对未遂犯，可以比照既遂犯从轻、减轻处罚。因此，研究犯罪停止形态的意义，主要在于准确评价行为人的刑事责任，对犯罪人判处恰当的刑罚，否则可能会出现混淆行为人的刑事责任，导致罚不当罪。

第二节 犯罪既遂

一、犯罪既遂的概念

我国刑法没有对犯罪既遂的概念和特征作出明确的界定，将这一问题留给学术界来解决。我们认为，犯罪既遂是指行为发生了行为人所追求的、行为性质所决定的犯罪结果时，就是犯罪既遂。

二、犯罪既遂的类型

从犯罪既遂的概念可以看出，已经成立直接故意的犯罪行为是否构成既遂，取决于其客观方面是否齐备了法律所规定的结果或行为。由于法律规定的要件因罪而异，所以犯罪既遂也表现为不同的类型。

(一) 行为犯

行为犯，是指以危害行为的完成作为犯罪客观要件齐备标准的犯罪。只要行为人完成了刑法规定的犯罪行为，犯罪的客观方面即为完备，犯罪即成为既遂形态。所以，行为犯的既遂和未遂是以行为是否实施完毕为区分标志，而不是以某种危害结果是否发生作为区分标志。相反，如果行为犯出现了实际的危害结果，这种结果并不是犯罪客观方面所必须具备的结果，而是构成行为犯之外的加重结果或加重情节。

(二) 举动犯

举动犯，是指犯罪已经着手实施其客观方面的要件即告完整或齐备的犯罪。如煽动分裂国家罪或煽动民族仇恨罪等。举动犯和行为犯的区别在于，行为犯的行为如果没有完成，其客观方面还不具备完整性，因而还可能成立未遂。而举动犯只要着手实行，其客观方面具备完整性，从这个意义上讲，举动犯无所谓既遂、未遂之分。

(三) 结果犯

结果犯，是指由危害行为和危害结果共同构成犯罪的客观方面的犯罪。缺少危害结果，犯罪的客观方面就不具有完整性或者说犯罪客观方面的要件就是不齐备。结果犯的结果，是指有形的、可以计量的具体危害结果，而不是抽象的危害社会关系的结果。结果犯的结果，必须是与犯罪性质相一致的结果，而不是指犯罪行为造成的任何结果，至于与行为的性质相一致的结果是否为行为人所追求的结果，不影响既遂的成立与否，这一点说明以目的作为犯罪既遂的标志是不全面的。如故意杀人罪的结果，必须是致人死亡的结果，不是致人伤害的结果，也不是致某一特定人死亡的结果，而是指致任何人死亡的结果。如果只有危害行为而没有出现实际的危害结果，或者出现了与犯罪的性质不相一致的结果，该行为不成立既遂。

(四) 危险犯

危险犯，是指危害行为和危害行为所造成的危险状态共同构成犯罪客观方面完整性的犯罪。如果把危险状态视为一种非实害性的结果，危险犯也是一种结果犯。有的危害行为一经实施危险状态即行存在，这种危险犯类似于举动犯。有的危险行为实施后并不能造成实际的危险，这种危险犯就不是既遂。对于危险犯而言，危害行为和危险状态同时具备才具有完整性，且危险状态是与危害行为的性质相一致的，所以，危险犯的既遂应以二者同时具备为标志。

第三节 犯罪预备

一、犯罪预备的概念

我国刑法第22条第1款规定:“为了犯罪，准备工具、制造条件的，是犯罪预备。”这是犯罪预备行为的概念。作为一种犯罪未完成形态的犯罪预备，是指已经实施犯罪的预备行为，由于行为人意志以外的原因而未能着手实行犯罪的情形。根据这一概念，犯罪预备具有以下三个特征。

(一) 已经实施犯罪的预备行为

已经实施犯罪的预备行为，是指行为人在产生犯意以后，已经开始实施为犯罪准备工具、制造条件的行为。犯罪预备发生在犯罪表示以后,因而与犯罪表示有所区别。犯意表示是在实施犯罪活动以前,把自己的犯罪意图通过口头或者书面的形成流露出来。犯意表示虽然在客观上也表现为一定的行为,但这一行为仅仅是其犯罪意图的表露,还不属于为犯罪制造条件的行为。犯意表示不可能对社会造成实际危害,也不具有对社会的现实危险性,因而不是刑法处罚的对象。而犯罪预备则已经开始为实行犯罪进行具体的准备,对社会存在着现实危险,因而我国刑法明文规定处罚犯罪预备。

犯罪预备是以为了犯罪准备工具、制造条件作为内容的。可以从主观与客观两个方面加以把握:

从主观上说,犯罪预备具有主观目的性。行为人进行犯罪预备的主观目的,是为了便于完成犯罪。这里的为了便于完成犯罪,又可以分为两种情形:第一种情形是不经预备就不可能实行犯罪,在这种情况下,犯罪预备是实行犯罪的必经阶段;第二种情形是不经预备也可以实行犯罪,但经过预备犯罪意图实现的可能性更大。

从客观上说,犯罪预备具有客观行为性,这里的行为,是指准备工具、制造条件的犯罪预备行为。这里的准备工具,是指准备实行犯罪所使用的一切物品。由于犯罪工具是多种多样的,因而准备工具的行为也有各种各样的表现形式。这里的制造条件,是指准备工具以外的其他犯罪预备行为,包括:

(1) 准备犯罪手段;

(2) 拟订犯罪计划;

(3) 为实行犯罪进行事先调查;

(4) 清除实行犯罪的障碍;

(5) 制造有利于犯罪的主观条件。

以上各种犯罪预备行为,实质都是在为实行犯罪而制造条件。

(二) 没有着手实行犯罪

犯罪预备和犯罪实行是相对应的概念,犯罪预备行为是犯罪实行行为的前期准备,而犯罪实行行为是犯罪预备行为的逻辑展开。在预谋犯罪中,行为人总是先实施犯罪预备,后着手实行犯罪,所谓没有着手实行犯罪,是指虽然已经实施了犯罪预备行为,但未能开始实行犯罪。

(三) 未能着手实行犯罪是由于犯罪分子意志以外的原因

在犯罪预备的情况下,行为人未能着手实行犯罪而使犯罪的预备行为停顿下来。之所以未能实行犯罪,是由于行为人意志以外的原因。在这个意义上,犯罪预备可以称为预备阶段的未遂。

二、预备犯的刑事责任

我国刑法第 22 条第 2 款规定:“对于预备犯,可以比照既遂犯从轻、减轻处罚或者免除处罚。”这就是犯罪预备的处罚原则。

(一) 预备犯应当受到处罚

预备犯是一种犯罪行为,本身具有社会危害性和刑事违法性,根据罪责刑相适应原则,对预备犯应予以处罚。

（二）对预备犯比照既遂犯处罚

预备犯不是独立的罪名，也没有自己独立的法定刑，因此，刑法规定对预备犯量刑时，比照既遂犯处罚。

（三）可以从轻、减轻处罚或免除处罚

从量刑的角度看，预备犯是量刑的情节之一，行为人是预备犯的，可以从轻、减轻或免除处罚。在对犯罪预备处罚的时候，应当对犯罪预备的程度和性质等有关情节进行全面分析，以决定对预备犯是从轻、减轻还是免除处罚。

第四节 犯罪未遂

一、犯罪未遂的概念

我国刑法第23条第1款规定："已经着手实行犯罪，由于犯罪分子意志以外的原因而未得逞的，是犯罪未遂。"根据这一规定，犯罪未遂具有以下三个特征：

（一）已经着手实行犯罪

这一特征是犯罪未遂与犯罪预备相区分的主要标志，它表明犯罪已进入实行阶段。所谓着手实行犯罪，是指犯罪分子已经开始实施刑法分则所规定的某些犯罪构成客观要件的行为。在这种情况下，着手是实行行为的起点。我们应该从主观和客观相统一的意义上去把握着手：在主观上，行为人实行犯罪的意志已经通过客观的实施行为开始充分表现出来；在客观上，行为人已经开始直接实施具体犯罪构成客观方面的行为。

在司法实践中，由于犯罪实行行为的性质不同，其着手实施犯罪的表现形态也有所不同。但从主观和客观相统一的原则出发，我们还是可以概括出一些着手实行犯罪的共同特征，这主要是以下三点：

1. 着手实行犯罪的行为已经同客体发生了接触，或者说已经逼近了客体

例如，杀人犯已经举刀对准了被害人，这表明其杀人行为已经开始了，已经指向了客体，并危及客体的安全。

2. 着手实行犯罪的行为是可以直接造成犯罪的结果的行为

例如，举枪瞄准被害者，这个行为只要再稍微进一步，死亡结果就会发生。所以，举枪瞄准是杀人行为的着手，它是可以成为引起犯罪结果的行为。

3. 着手实行犯罪的行为是刑法分则所规定的具体犯罪客观要件的行为

要在理解刑法分则条文的基础上，把握每个实行行为的着手。尤其是刑法分则规定以某种犯罪方法作为罪体要素，实施了法定的方法行为，就是实行犯罪之着手。

（二）犯罪未得逞

这一特征是犯罪未遂同犯罪既遂相区分的主要标志。犯罪是否得逞，应该以什么为标准？我们认为，应该以是否具备刑法分则所规定的犯罪构成的全部要件为标准。只有这样，才能把握统一的判断犯罪未得逞的法律标准。

犯罪未得逞是主观和客观两个方面的统一。从主观上看，犯罪未得逞是指犯罪的直接故意内容没有完全实现，对于结果犯，行为人仅实现了其实施犯罪的故意，没有实现其犯罪目的或犯罪结果的故意。对于行为犯，其连实施犯罪行为的故意也没有完全实现，即行为人欲实施完毕的行为没有实施完毕。从客观上看，行为人实施的犯罪是不完整的，有的表现为行为的不完整，有的表现为有行为没有结果，而不论行为和结果，都是刑法规定的作为犯罪客观方面要件的必要组成部分。犯罪未得逞，应当分别根据不同的情况认定，行为犯是以刑法规定的实行行为没有实施完毕为未得逞，而结果犯是以犯罪性质所决定的结果没有出现为未得逞。

（三）犯罪未得逞是由于犯罪分子意志以外的原因

这一特征是犯罪未遂与犯罪中止相区别的主要标志。所谓犯罪分子意志以外的原因，是指行为人没有预料或不能控制的主客观原因。犯罪分子意志以外的原因，应该具备质和量两个方面的特征。从质的方面来说，只有那些违背犯罪分子本意的原因才能成为犯罪分子意志以外的原因。从量的方面来说，那些违背犯罪分子本意的原因必须达到足以阻碍犯罪分子继续实行犯罪的程度。因此，有些犯罪分子遇到一些轻微的阻碍因素，例如在抢劫罪中遇到熟人，在强奸罪中由于被害人哀求等，犯罪分子就中止了犯罪，应该认为是自动中止而不能认为是犯罪未遂。

二、犯罪未遂的种类

在刑法理论上，根据犯罪未遂行为的特征和犯罪未遂的原因，通常将犯罪未遂分为以下两种类型。

（一）实行终了的未遂与未实行终了的未遂

以犯罪行为实行终了与否为标准，可以把犯罪未遂分为实行终了的未遂与未实行终了的未遂。实行终了的未遂，是指犯罪分子已将他认为实现犯罪意图所必要的全部行为实行终了，但由于犯罪分子意志以外的原因而未得逞。例如，某甲为了毒死妻子，在妻子的饭里投放了毒药，但在吃饭时妻子发现有异味，将饭倒掉，幸免于死。在这种情况下，某甲构成的是实行终了的杀人未遂。

未实行终了的未遂，是指犯罪分子还未将他认为实现犯罪意图所必要的全部行为都实行终了，因而未发生犯罪分子预期的犯罪结果。例如，杀人犯甲正举刀要杀人，被他人将手腕抓住，致使其杀人未遂。在这种情况下，某甲构成的是未实行终了的杀人未遂。

这种分类表现出犯罪行为实行程度上的差别，因而在一定程度上反映了行为的法益侵害程度。一般来说，实行终了的未遂对法益侵害程度大于未实行终了的未遂。因此，在对犯罪未遂量刑时，可以作为情节适当地加以考虑。

（二）能犯未遂与不能犯未遂

以犯罪行为实际上能否达到既遂状态为标准，可以把犯罪未遂分为能犯未遂与不能犯未遂。能犯未遂，是指犯罪分子有实际可能实现犯罪，达到犯罪既遂，但由于犯罪分子意志以外的原因未能得逞。例如，用刀杀人，将人砍伤后被行人抓住，而如果不被抓住，完全有可能把人杀死，这就是能犯未遂。

不能犯未遂，是指犯罪分子因事实认识错误，其行为不能完成犯罪，不可能达到既遂。其中又可以分为两种情况：一是工具不能犯的未遂，即犯罪分子使用了按其客观性质不能产生犯罪分子所追求的犯罪结果的工具，以致犯罪未得逞。例如，把白糖当作砒霜投毒杀人在任何情况下都绝不可能发生死亡结果。二是客体不能犯的未遂，即犯罪分子行为所指向的客体当时并不存在，或因具有某种属性而不能达到犯罪既遂。例如，误以兽为人而开枪射击，不可能达到杀人既遂。

这种分类表现出导致未遂的犯罪分子意志以外的原因的差别，因而也在一定程度上反映了行为对法益侵害程度。在大多数场合，不能犯未遂非但不会产生犯罪结果，而且也不会造成任何实际危害。因此，在一般情况下，能犯未遂对法益侵害程度大于不能犯未遂。因此，在对犯罪未遂量刑时，应该加以考虑。

三、未遂犯的刑事责任

我国刑法第 23 条第 2 款规定："对于未遂犯，可以比照既遂犯从轻或者减轻处罚。"这就是犯罪未遂的处罚原则。在对犯罪未遂处罚的时候，首先要确定是否从轻、减轻处罚。一般来说，在犯罪未遂情况下，如果综合全部案情看，其法益侵害性并不比既遂轻，未遂情节在全部情节中居于无足轻重的地位，不影响或基本不影响案件的危害程度时，就可以决定不对未遂犯从轻、减轻处罚。在对未遂犯处罚时，要注意以下两个因素：

从客观上说，要看犯罪的性质，以及未遂行为距离犯罪完成的远近程度。此外，未遂行为距离犯罪完成远近程度的不同，不仅反映了行为的不同危害程度，而且表现出犯罪意图实现的不同程度。所以，在对犯罪未遂处罚时要予以考虑。

从主观上说，要看犯罪意志的坚决程度。犯罪未遂都是犯罪意志被抑制，但未遂行为所表现出来的行为人犯罪意志的坚决程度有所不同：犯罪意志坚决顽强的，其主观恶性大；犯罪意志比较脆弱的，其主观恶性相对较小。对此，在对犯罪未遂处罚时也应予以考虑。

第五节 犯 罪 中 止

一、犯罪中止的概念和成立的条件

我国刑法第 24 条第 1 款规定："在犯罪过程中，自动放弃犯罪或者自动有效地防止犯罪结果发生的，是犯罪中止。"从这一规定中可以看出，犯罪中止的成立必须具备以下条件：

（一）中止的时间性

犯罪中止必须发生在犯罪过程中，即在开始实施犯罪行为之后、犯罪呈现结局之前均可中止。“在犯罪过程中”表明，中止前的行为处于犯罪过程中，已经是犯罪行为；产生犯意后没有实施任何犯罪行为便放弃犯意的，不成立中止。“在犯罪过程中”还表明，犯罪尚未形成结局，既不是既遂，也不是由于行为人意志以外的原因而未着手实行犯罪或未得逞。中止的时间性是由中止的有效性决定的，即“放弃犯罪或者有效地防止犯罪结果发生”，决定了中止必须发生在犯罪过程中。中止不能发生在既遂之后，但如果对犯罪既遂缺乏合理解释，也可能人为地限制中止的成立范围。

（二）中止的自动性

成立犯罪中止，要求行为人“自动”放弃犯罪或者“自动”有效地防止犯罪结果发生。这是犯罪中止与犯罪预备、犯罪未遂在主观上的区分标志。犯罪预备与犯罪未遂都是由于犯罪人意志以外的原因，故不属于犯罪人意志以外的原因而未着手实行犯罪或未得逞的，就应是犯罪中止。对于中止的自动性应理解为，行为人认识到客观上可能继续实施犯罪或者可能既遂，但自愿放弃原来的犯罪意图。

首先，行为人认识到客观上可能继续实施犯罪或者可能既遂。在存在选择余地的情况下，行为人不继续实施犯罪、不使犯罪既遂，就表明行为人中止犯罪具有自动性。其次，行为人自愿放弃原来的犯罪意图，不再希望危害结果发生，而是希望危害结果不发生。

行为人中止犯罪的原因多种多样，有的出于真诚悔悟，有的出于对被害人产生同情之心，有的由于惧怕刑罚处罚，有的为了争取宽大处理，如此等等。对此，一方面不能将引起行为人中止犯罪的原因，当作行为人意志以外的原因，从而否认中止的自动性。另一方面也不能因为存在客观障碍就否认中止的自动性。在存在客观障碍的情况下，有时行为人并没有认识到，而是出于其他原因放弃犯罪的，应认定为中止；有时行为人认识到了，但同时认为该客观障碍并不足以阻止其继续犯罪，而是由于其他原因放弃犯罪的，也应认定为中止。

（三）中止的客观性

中止不只是一种内心状态的转变，还要求客观上有中止行为。中止行为分为两种情况：第一，行为未实行终了，只要不继续实施就不会发生犯罪结果时，中止行为表现为放弃继续实施犯罪行为；第二，行为实行终了、不采取有效措施就会发生犯罪结果的情况下，中止行为表现为采取积极措施有效地防止犯罪结果发生。

行为是否实行终了，应与是否需要采取积极措施防止犯罪结果发生以及行为人的主观认识内容联系起来考察。如果行为人认识到单纯放弃犯罪行为就不会发生犯罪结果，事实上也是如此，则应认为行为未实行终了；行为人自动放弃犯罪行为的，便成立犯罪中止。如果行为人认识到需要采取积极措施防止犯罪结果发生，事实上也是如此，则应认为行为实行终了；行为人采取措施防止结果发生的，就成立犯罪中止。如果行为在客观上并没有终了，但行为人误认为终了，因而不继续实施犯罪行为的，成立犯罪未遂。

在行为未实行终了的情况下，行为人必须是真实地放弃犯罪行为，而不是等待时机继续实施该行为。但应注意的是，在行为还没有实行终了的情况下，行为人自动放弃重复侵害行为的，是犯罪中止。即行为人实施了足以导致结果发生的行为后，结果并没有发生，行为人还可以继续实施犯罪，但自动放弃继续侵害的，成立犯罪中止，而不是犯罪未遂。在实行终了的情况下，行为人防止结果发生的行为，必须是一种真挚的努力行为，但不以行为人单独实施为必要。没有作出真挚努力的，不成立中止。例如，行为人在其放火行为没有达到独立燃烧程度时，喊了一声“救火呀”，然后便逃走的，即使他人将火扑灭，也不能认为是犯罪中止。对于不作为犯罪的中止而言，其中止行为一般表现为履行自己原本应当履行的义务。

（四）中止的有效性

不管是哪一种中止，都必须没有发生行为人原本所追求的、行为性质所决定的犯罪结果。行为人虽然自动放弃犯罪，或者自动采取措施防止结果发生，但如果发生了行为人原本所追求的、行为性质所决定的犯罪结果，就不成立犯罪中止。

犯罪中止并非没有发生任何结果，而是没有发生行为人原本所追求的、行为性质所决定的犯罪结果。例如，直接故意杀人行为，行为人原本所追求的、杀人行为性质所决定的是死亡结果。行为人在杀人过程中自动放弃犯罪或者采取有效措施防止死亡结果发生时，只要没有发生死亡结果，即使造成了他人身体伤害，也成立故意杀人中止，而不能认定为故意伤害既遂。因此，可以将犯罪中止分为造成了一定危害结果的犯罪中止与没有造成任何危害结果的中止。这种区分不仅对于量刑具有重要作用，而且对于正确认识犯罪中止的特征具有重要意义。

犯罪中止的上述四个特征，使其分别与犯罪预备、犯罪未遂、犯罪既遂相区别。同时具备上述四个特征的，才成立犯罪中止。

二、犯罪中止的类型

根据犯罪中止所处的犯罪形态和中止行为的特征，理论上一般将犯罪中止作如下两种分类：

（一）预备行为的中止和实行行为的中止

这是根据中止行为所处的犯罪形态所作的划分。中止行为既可以发生在犯罪预备阶段，也可以发生在犯罪的实行阶段，这是犯罪中止不同于犯罪预备和犯罪未遂形态的一个特征。行为人在犯罪预备的过程中，着手实行犯罪之前而停止实施犯罪行为的，属于预备形态的中止。当行为人已经着手实行犯罪，在实行犯罪的过程中中止犯罪实行的，都属于犯罪实行形态的中止，实行阶段的中止有的以作为的形式实施，有的以不作为形式实施。

（二）实行终了的中止和未实行终了的中止

这是根据犯罪实行行为是否实施完毕而作的分类。实行终了的中止，是指行为人已经实施完毕犯罪行为，只是犯罪结果的出现还需要一个过程，行为人在这个过程中实施的有效避免犯罪结果的发生的行为。实行终了的中止只能发生在结果犯中。未实行终了的中止，是指行为人在犯罪的实行行为尚未实施完毕时中止了犯罪行为的实行，当然也防止了犯罪结果的发生。一般来讲，实行终了的中止离犯罪结果最近，其社会危害性要大于未实行终了的中止。

三、中止犯的刑事责任

刑法第24条第2款规定:"对于中止犯,没有造成损害的,应当免除处罚;造成损害的,应当减轻处罚。""没有造成损害"是指没有造成任何危害结果;"造成损害"是指造成了一定危害结果,但没有造成行为人原本所追求的、行为性质所决定的犯罪结果。

对中止犯减免刑罚的根据来自以下三个方面:

(1)从客观方面说,行为人放弃犯罪或者有效地防止犯罪结果发生的行为,使得犯罪结果没有发生。

(2)从主观方面说,行为人自动否定、放弃了原来的犯罪意图,这是没有发生犯罪结果的主观原因,表明行为人的非难可能性较小。

(3)对中止犯减免刑罚,有利于鼓励犯罪人中止犯罪,避免给法益造成实际损害。

第十一章　共同犯罪

犯罪是一种复杂的社会现象，就实施的人数而言，就有一人单独实施的犯罪，也有两人以上共同实施的犯罪。前者可称为单独犯罪，后者则称为共同犯罪。各国刑法大多在刑法总则中设定了共同犯罪的规定，用以解决共同犯罪人的刑事责任问题，我国刑法也不例外。

第一节　共同犯罪概述

一、共同犯罪的概念和构成要件

我国刑法第 25 条第 1 款规定："共同犯罪是指 2 人以上共同故意犯罪。"这是我国刑法中共同犯罪的法定概念。共同犯罪的成立必须符合以下条件。

（一）犯罪主体必须是两人以上

这里的"人"，一般指的是自然人，但是根据新刑法的规定，单位也可以成为某些犯罪的主体，因此，无论是两个以上的自然人或两个以上的单位乃至一方是自然人另一方是单位均可以构成共同犯罪。作为自然人构成的犯罪主体，必须是达到刑事责任年龄、具有刑事责任能力的人。如果一个达到刑事责任年龄、具有刑事责任能力的人，利用没有刑事责任能力的人共同去实施危害社会的行为，则不能构成共同犯罪。

（二）犯罪客观方面必须具有共同犯罪行为

所谓共同犯罪行为，是指各共同犯罪人的行为都是指向同一的目标，彼此联系，互相配合，结成一个有机的犯罪行为整体。共同犯罪行为主要包括以下三层含义：一是各共同犯罪人所实施的行为都是犯罪行为，各个共同犯罪人所实施的都是触犯刑法、应当受到刑事处罚的行为；二是各个共同犯罪人的行为尽管在具体分工和表现形式上有差别，但是整体而言，他们由一个共同的犯罪目标联系起来，每个人的行为都是这个整体行为的组成部分；三是各个共同犯罪人的行为都与发生的犯罪结果之间具有因果关系。

（三）犯罪主观方面必须具有共同的犯罪故意

共同犯罪的故意虽然和单独犯罪的故意有差别，但是同样包含了认识因素和意志因素两个方面。就认识因素而言，主要内容包括：

第一，各个共同犯罪人都不仅认识到自己在实施某种犯罪，而且认识到有其他共同犯罪人与自己一道在共同实施该种犯罪。

第二,各个共同犯罪人都认识到自己的行为和他人的共同犯罪行为结合会发生危害社会的结果,并且认识到他们的共同犯罪行为与共同的犯罪结果之间的因果关系。各个共同犯罪人不仅主观上有犯意,而且有犯意的联系,各个共同犯罪人的行为具有内在的统一性。

就意志因素而言,主要内容包括:

第一,各个共同犯罪人是经过自己的自由选择,决意与他人共同协力实施犯罪。

第二,各个共同犯罪人对他们的共同犯罪行为会发生危害社会的结果,都抱有希望或者放任的态度。

二、共同犯罪的认定

根据我国刑法规定的共同犯罪的概念及其成立条件,有以下几种情况,不构成共同犯罪。

(一)两人以上共同过失行为,不构成共同犯罪

共同犯罪的成立主观上对两个以上的行为人来讲必须具有犯意上的相互联络,才能使各共犯者的行为成为一个彼此配合、相互支持的有机犯罪整体,从而完成比单独犯罪更难的犯罪活动。而共同过失行为,彼此之间没有犯意联系,不可能形成一个相互支持和配合的统一整体,因此只能分别构成过失犯。我国刑法第25条第2款规定:"两人以上共同过失犯罪,不以共同犯罪论处;应当负刑事责任的,按照他们所犯的罪分别处罚。"

(二)单方故意与单方过失行为共同造成某种危害结果的,不构成共同犯罪

它通常表现为两种情形:一是过失地引起或者帮助他人实施故意犯罪;二是故意地教唆或者帮助他人实施过失犯罪。

(三)两人以上实施犯罪时故意内容不同的,不构成共同犯罪

共同犯罪人实施行为时,如果故意的内容不同时,即使是同时对同一犯罪对象实施的,也不能构成共同犯罪,只能按照各自的罪过和行为分别处理。

(四)同时犯,不构成共同犯罪

所谓同时犯,是指两个以上的行为人在同一时间、场所,对同一犯罪对象实施同种犯罪,主观上没有犯意联络的情况。由于不具备共同犯罪的故意,因而不是共同犯罪,而是基于各自的故意所实施的数个单独的犯罪,行为人对其行为只能由个人分别承担刑事责任。

(五)超出共同故意范围的犯罪,不构成共同犯罪

数人事先谋议实施某种特定的共同犯罪,但在共同犯罪的过程中,个别共同犯罪人超出共同犯罪的故意,又实施了其他犯罪的,就其原有共同故意的犯罪而言,固然成立共同犯罪,但就个别人所犯其他罪而言,只能由实施该种犯罪行为的人负责,对其他人不能按共同犯罪论处。

(六) 事前通谋的窝藏、包庇行为，不构成共同犯罪

事后的窝藏、包庇行为如果事前没有通谋时，对危害结果的发生就不存在因果关系，因而不能构成共同犯罪。但事前通谋的窝藏、包庇行为，对危害结果的发生存在因果关系，并且具有共同的犯罪故意，则应成立共同犯罪。因此，我国刑法第310条第2款规定："犯前款罪，事前通谋的，以共同犯罪论处。"

三、共同犯罪的形式

关于共同犯罪的形式，可以从不同的角度或者按照不同的标准对其作出多种划分。在我国，根据刑法学界的通说，共同犯罪的形式可以分为以下几种。

(一) 任意的共同犯罪与必要的共同犯罪

这是按照共同犯罪能否任意形成所作的分类。任意的共同犯罪，是指刑法分则规定能够由一个人单独实施的犯罪而由两人以上共同实施所构成的共同犯罪。例如，刑法分则关于故意杀人罪的规定，一般情况下是由一人实施而构成的。当两人实施故意杀人行为构成共同犯罪的情况下，就属于任意的共同犯罪。任意的共同犯罪，在共同实施犯罪的时候，既可能是共同实行，也可能是一人实行、一人教唆、一人帮助。

必要的共同犯罪，是指刑法分则规定的只能由两人以上构成的犯罪。这种犯罪不可能由一人单独构成，而是必须由两人以上共同实行为必要。必要的共同犯罪又可以分为以下两种：

(1) 众合犯，又称为聚合犯，是指以三人以上共同故意实施某一犯罪而构成的共同犯罪。

(2) 对合犯，又称为对行犯，是指双方互为行为对象而构成的共同犯罪。例如我国刑法中的非法买卖枪支罪，这里的非法买卖，是指违反法律规定私自购买或者出售，因而购买者与出售者构成同一之罪，适用相同的法定刑。

(二) 简单的共同犯罪与复杂的共同犯罪

这是以共同犯罪人之间有无分工所作的分类。所谓简单的共同犯罪是指在各共同犯罪人之间没有行为上的分工，即各共同犯罪人都共同直接地实行了某一具体的犯罪构成要件行为而构成的共同犯罪。由于简单的共同犯罪各共同犯罪人的行为都是实行行为，因而如此构成的共同犯罪，也称为共同正犯。

复杂的共同犯罪，是指各共同犯罪人在共同犯罪中有不同的分工，即各共同犯罪人分别实行、组织、教唆和帮助而构成的共同犯罪。对此，刑法总则专门规定了主犯、从犯和胁从犯的处罚原则。

(三) 一般的共同犯罪和特殊的共同犯罪

一般的共同犯罪是指在共同犯罪的结合程度上比较松散，没有一定的组织形式的共同犯罪。一般的共同犯罪由于在各共同犯罪人之间没有组织，只是为实施某一犯罪而临时纠合在一起，因而是一种性质较轻的共同犯罪。

特殊的共同犯罪，是指各共同犯罪人之间存在组织形式的共同犯罪。这种共同犯罪就是集团犯罪，它是通过建立犯罪集团有组织地进行犯罪。特殊的共同犯罪具有一定的组织形式，在犯罪集团内部存在较为严密的组织结构，具有犯罪计划，甚至以犯罪为常业，是一种危害性较重的共同犯罪。根据我国刑法第 26 条第 2 款的规定："三人以上为共同实施犯罪而组成的较为固定的犯罪组织，是犯罪集团。"犯罪集团具有以下特征：

（1）犯罪主体的众多性。一般的共同犯罪两人以上即可构成，而犯罪集团是三人以上才能成立。

（2）犯罪活动的目的性。犯罪集团是为实施犯罪活动而建立起来的，同时也只有实施了犯罪活动以后，才能认定其为犯罪集团。

（3）犯罪结合的固定性。犯罪集团的建立是为了在较长时间内多次实施犯罪，而不是为了实施一次犯罪而临时纠合的。因此，犯罪集团的基本成员是固定的，尤其是存在较为明显的首要分子。

（4）犯罪形式的组织性。犯罪集团是一种犯罪组织，因而集团犯罪形式具有组织性的特点。这种组织性表现为在犯罪集团首要分子的领导下，有预谋、有计划地实施犯罪活动。

（四）事前有通谋的共同犯罪和事前无通谋的共同犯罪

这是以共同犯罪形成的时间所作的分类。所谓事前有通谋的共同犯罪，是指各共同犯罪人在着手实行犯罪之前即已形成共同故意的共同犯罪。这里的"通谋"，是指共同犯罪人之间犯罪意图的相互联络、沟通。一般来讲，只要行为人事前有犯意的沟通，即可认为存在通谋。

所谓事前无通谋的共同犯罪，是指各共同犯罪人在着手实行犯罪之前尚未形成共同犯罪的主观联络，而是在实行犯罪的过程中形成共同犯罪故意的共同犯罪。

第二节　共同犯罪人的种类和刑事责任

一、共同犯罪人的分类

共同犯罪人的分类是指依照一定的标准，对共同犯罪人进行适当的分类，以便确定各个共同犯罪人的刑事责任。各个共同犯罪人在共同犯罪中的地位、作用和分工是有所不同的。为了规定各个共同犯罪人的刑事责任，必须依据一定的标准，对共同犯罪人进行科学的分类。在此基础上确定共同犯罪人的处罚原则。因此，共同犯罪人的分类是共同犯罪处罚的前提。

共同犯罪人的分类，按照分工分类法可以分为：实行犯、帮助犯和教唆犯；按照作用分类法可以分为：主犯、从犯和胁从犯。我国刑法对共同犯罪人的分类体现了分工分类法与作用分类法的有机统一，它不仅吸收了分工分类法的长处，同时也吸收了作用分类法的优点。除此之外，在主犯与从犯的规定中还分别涵盖了组织犯和帮助犯的内容。这样在司法实践中不仅较好地解决了共同犯罪人的定罪问题，也较好地解决了共同犯罪人的量刑问题。

二、主犯

（一）主犯的概念

根据我国刑法第 26 条第 1 款的规定："组织、领导犯罪集团进行犯罪活动的或者在共同犯罪中起主要作用的，是主犯。"这就是我国刑法关于主犯的法定概念。根据这一规定，我国刑法中的主犯包括以下两类情况：

1. 犯罪集团中的主犯

犯罪集团中的主犯是指在犯罪集团中起组织、策划、指挥作用的犯罪分子，也就是组织犯。此类主犯的活动包括建立、领导犯罪集团、制订犯罪计划、组织实施犯罪计划等。这些活动说明该类主犯在犯罪集团的共同犯罪中起主要作用，因而是主犯。

2. 其他共同犯罪中的主犯

其他共同犯罪中的主犯包括聚众犯罪中的主犯和起主要作用的正犯。聚众犯罪中的主犯，是指在聚众犯罪中起组织、策划、指挥作用的犯罪分子。这些犯罪人在聚众犯罪中起主要作用，因而是主犯。起主要作用的正犯既可能存在于集团犯罪中，也可能存在于聚众犯罪中，但大都存在于一般共同犯罪之中。

其他共同犯罪中的主犯包括以下几种犯罪分子：(1) 犯罪集团的骨干分子。这类犯罪分子在集团犯罪中虽然不起组织指挥作用，但是积极参与犯罪集团的犯罪活动，在犯罪集团中起主要作用，因而属于主犯。(2) 在某些聚众犯罪中起组织、策划、指挥作用的犯罪分子。我国刑法规定的聚众犯罪有三种：一是全部具有可罚性的聚众犯罪，即凡是参与聚众犯罪活动的人均可构成犯罪，如刑法第 317 条规定的组织越狱罪等。二是部分具有可罚性的聚众犯罪，即参与犯罪活动的人中只有首要分子和积极参加者可构成犯罪，如刑法规定的聚众扰乱社会秩序罪等。三是具有个别可罚性的聚众犯罪，即只有首要分子才构成犯罪的聚众犯罪。如刑法第 291 条规定的聚众扰乱公共场所秩序、交通秩序罪等。

（二）主犯的处罚

我国刑法第 26 条第 3 款规定："对组织、领导犯罪集团的首要分子，按照集团所犯的全部罪行处罚。"第 4 款规定："对于第 3 款规定以外的主犯，应当按照其所参与的或者组织、指挥的全部犯罪处罚。"这就是我国对于主犯按照参与或者组织、指挥的全部犯罪处罚的原则。

三、从犯

（一）从犯的概念

我国刑法第 27 条规定："在共同犯罪中起次要或者辅助作用的，是从犯。"这就是我国刑法关于从犯的法定概念。根据我国刑法的这一规定，从犯可以分为以下两种情况：

1. 在共同犯罪中起次要作用的犯罪分子

所谓"起次要作用"，是相对于起主要作用的实行犯而言的，是指虽然直接参加了实施犯罪行为，但其所起的作用仍属于次要地位。比如，在犯罪集团中，听命于首要分子，参与了某些犯罪活动；或者在一般共同犯罪中，参与实施了一部分犯罪活动。一般来说，起次要作用的犯罪分子具体罪行较轻、情节不严重，没有直接造成严重后果。

2. 在共同犯罪中起辅助作用的犯罪分子

所谓帮助犯是相对于主犯而言的，是指没有直接参加犯罪的实行，但为共同犯罪创造了便利条件的犯罪分子。在共同犯罪中起辅助作用，一般是指为实施共同犯罪提供方便，创造有利条件等，例如提供犯罪工具，窥探被害人行踪，指点犯罪地点和路线，提出犯罪时间和方法的建议。

（二）从犯的处罚

我国刑法第27条第2款规定："对于从犯，应当从轻、减轻处罚或者免除处罚。"刑法之所以如此规定，是因为从犯与主犯相比，无论是主观恶性还是客观危害，都要轻一些。

四、胁从犯

（一）胁从犯的概念

根据我国刑法第28条的规定：被胁迫参加犯罪的人是胁从犯。胁从犯具有以下特征：

1. 胁从犯是被胁迫参加犯罪的

这是胁从犯不同于其他共同犯罪人的特征之一，也是构成胁从犯必须具备的前提。从主观上说，胁从犯本来没有犯罪意图，去实施犯罪在一定程度上是违反本人意愿的，胁从犯的犯罪故意是别人强加于他的。因此，胁从犯在共同犯罪中居于被动的地位。

2. 胁从犯不仅是被胁迫参加犯罪的，而且在共同犯罪中所起的作用较小

也就是说，胁从犯在共同犯罪的活动中，处于从属的地位，其所起的作用在一般情况下，比从犯还要小，在个别情况下，也可能等于从犯。

（二）胁从犯的处罚

我国刑法第28条规定，对胁从犯应当按照他的犯罪情节，减轻或者免除处罚。

胁从犯在共同犯罪中的作用，对于胁从犯的处罚具有决定性的意义。在考察胁从犯在共同犯罪中的作用的时候，首先要看胁从犯实施的是帮助行为还是实行行为。一般来说，帮助行为的危害小一些，实行行为的危害大一些。此外，还要看胁从犯实施的行为对于犯罪结果的作用力的大小。总之，在考察胁从犯在共同犯罪中的作用的时，要综合全部案件进行分析。

五、教唆犯

（一）教唆犯的概念

根据我国刑法第29条的规定，教唆他人犯罪的，是教唆犯。教唆犯是我国刑法关于共同犯罪人分类中较为特殊的一种类型。我国刑法对共同犯罪人的分类基本上是以犯罪分子在共同犯罪中的作用为标准的，但教唆犯却是以犯罪分子在共同犯罪中的分工为标准对共同犯罪人进行分类的结果。在共同犯罪中，教唆犯处于一种十分独特的犯罪地位。对于教唆犯的特征的认识，有助于揭示教唆犯的社会危害性。教唆犯具有以下两个特征：

1. 教唆犯是犯意的制造者

犯意的产生，在大多数情况下，都是犯罪分子的自由意志产生的，但在少数情况下，是在

他人的引导下产生的。教唆犯就是这种以对他人灌输犯罪意图、制造犯意的共同犯罪人。教唆犯向他人尤其是那些意志薄弱者传播犯罪毒素，使其他人产生犯意。因此，在某种意义上可以说，教唆犯是犯罪的根源。明确教唆犯的这一特征，使我们更加深刻地认识到教唆犯在共同犯罪中的恶劣作用及其所处的独特地位。

2. 教唆犯通过他人实现其犯罪意图

教唆犯制造犯罪意图激发起他人的犯罪决意，其目的是为了假他人之手实现本人的犯罪意图。因此，教唆犯本人并不亲自实行刑法分则所规定的具体犯罪行为，而只是唆使他人去实行，这就决定了教唆犯在共同犯罪中角色。

教唆犯的上述两个特征是同时并存的，这两个特征的互相结合，才能揭示教唆犯在共同犯罪中的独特地位，并把教唆犯与其他共同犯罪人加以区别。教唆犯是犯意的制造者这一特征，使教唆犯与帮助犯得以区别，据此可以把教唆犯和其他共同犯罪人加以区别。

（二）教唆犯的处罚

根据我国刑法第 29 条第 1 款的规定："教唆他人犯罪的，应当按照他在共同犯罪中所起的作用处罚。"这是我国刑法中关于教唆犯的量刑的一般原则。在分析教唆犯在共同犯罪中的作用时，应当考虑教唆犯的事实、性质、情节以及社会危害程度。对教唆犯的处罚可分为以下三种情形。

（一）被教唆人犯了被教唆的罪的，对于教唆犯应当按照他在共同犯罪中所起的作用处罚

其中，起主要作用的，按照主犯的处罚原则处罚；只起次要或辅助作用的，按照从犯的处罚原则处罚。

（二）如果被教唆的人没有犯被教唆的罪的，对于教唆犯可以从轻或减轻处罚

所谓被教唆的人没有犯被教唆的罪，包括以下三种情况：一是被教唆人拒绝了教唆人的教唆；二是被教唆人虽然当时接受了被教唆人的教唆，但事后又放弃了犯意，或尚未来得及实施犯罪活动；三是被教唆人虽然当时接受了教唆人的教唆，但实际上实施了其他犯罪，并且与教唆人教唆的犯罪没有重合关系。在被教唆人没有实施被教唆的犯罪的情况下，由于教唆人主观上具有教唆的故意，且客观上实施了教唆的行为，所以仍构成独立的教唆犯。但是，考虑到教唆行为没有造成实际的危害结果，所以，刑法才规定对这种教唆犯可以从轻或减轻处罚。

（三）教唆不满 18 周岁的人犯罪的，应当从重处罚

这是刑法对教唆犯的从重处罚的规定，因此，在对教唆犯量刑时应予以足够的重视。刑法之所以这样规定，主要是为了更好地保护青少年。防止坏人唆使和利用青少年实施犯罪活动。在司法实践中，被教唆的人绝大多数是青少年，而其中不满 18 周岁的人占有一定比例。因此，我国刑法规定对于教唆不满 18 周岁的人犯罪的教唆犯，予以从重处罚是完全必要的。

第十二章 罪数形态

罪数，是指一个人所犯之罪的数量。区分罪数，也就是区分一罪还是数罪。正确区分罪数，不仅有利于准确定罪，同时还有利于适当量刑。因此，在司法实践中，正确区分一罪与数罪具有重要意义。

第一节 罪数概述

为区分一罪与数罪，首先应当明确区分一罪与数罪的标准。关于这个问题，在刑法理论上存在多种学说，概括起来，主要有以下三种：

第一，犯意说。该说认为，犯罪的发生是基于犯罪人的主观恶性，只有这种恶性才是犯罪的本质。犯罪的行为和结果都不过是这种主观恶性的外部表现，因此，区分一罪与数罪应以犯罪人的犯意的个数为标准。行为基于一个犯意的就是一罪，基于数个犯意的就是数罪。

第二，行为说。该说认为，犯罪都是表现为行为，因此，区分一罪与数罪应以行为的个数为标准。行为人所实施一个行为的就是一罪，实施数个行为的就是数罪。

第三，结果说。该说认为，法律之所以要处罚犯罪分子，就是因为犯罪分子侵害了一定的法益，发生了一定的犯罪结果。因此，区分一罪与数罪，应以结果的个数为标准。造成一个犯罪结果的是一罪，造成数个犯罪结果的是数罪。

以上关于区分一罪与数罪标准的三种学说中，犯意说是主观说，而行为说和结果说是客观说。由于区分一罪与数罪的标准不同，因此结论也就完全不同。例如，一个人在同一时间、同一地点用刀连续砍死了三人。这到底是一罪还是数罪呢？按照犯意说，这是基于一个杀人故意，实施了三个杀人行为，应视为一个故意杀人罪。按照行为说，具有三个杀人行为，构成三个故意杀人罪。按照结果说，一条人命就是一个结果，那么杀死三人就具有三个结果，应构成三个故意杀人罪。在此，主观说和客观说的结论显然不同。

区分一罪与数罪的标准的上述主观说和客观说都存在一定的缺陷，就是孤立地、片面地强调了某一点而不及其余。犯意说强调主观上的犯罪故意，而忽视客观上的犯罪行为和结果；行为说强调客观上的犯罪行为，而忽视主观上的犯意和客观上的犯罪结果；结果说强调客观上的犯罪结果，而忽视主观上的犯意和客观上的犯罪行为。因此，这些学说是以割裂主观和客观为特征的，不可能科学地解决区分一罪与数罪的标准问题。

按照我国刑法学界通说，区分一罪与数罪，应以犯罪构成作为标准。根据犯罪构成理论，任何犯罪的成立，都必须是主观要件和客观要件的统一。因此，确定一罪与数罪，应把主观要件和客观要件结合起来考虑。凡是满足一次构成要件事实的就是一罪，满足多次构成要件事实的即为数罪。

第二节 实质的一罪

一、想象竞合犯

（一）想象竞合犯的概念

想象竞合犯，是指一个犯罪行为触犯数个罪名的犯罪。例如，某甲意图杀害某乙，向某乙开了一枪，结果打死一人，打伤一人。某甲这一杀人行为触犯了故意杀人罪和故意伤害罪两个罪名，是想象竞合犯的适例。

（二）想象竞合犯的构成

1. 行为人实施了一个犯罪行为

所谓一个犯罪行为，指基于一个犯意所实施的行为。想象竞合犯的一个行为并不限于故意的犯罪行为，即使是过失的犯罪行为也不影响想象竞合犯的成立。所谓一个行为，从次数上讲，是一次行为，而不是多次行为；从形式上讲，一个行为可能是单一的动作，也可能是由一系列的动作组合而成的行为。

2. 一个行为触犯了数个罪名

所谓一个行为触犯数个罪名，就是一个行为在形式上或外观上同时构成刑法规定的数个犯罪，其客观表现为一个行为造成数个实际的犯罪结果，这数个结果分别属于不同的犯罪。一个行为所触犯的数个罪名之间不存在逻辑上的从属或者交叉关系。数种犯罪在法条上没有任何瓜葛，而是由于犯罪人实施的一个行为，同时触犯了数个罪名，从而使他们之间发生关联。

（三）想象竞合犯的处理

想象竞合犯因为一行为而触犯数罪名，在外观上来看，造成数个犯罪结果，具有数罪的特征。但由于想象竞合犯只有一个行为，若对其按数罪论，则势必违反禁止重复评价的原则。因此，在刑法理论上对想象竞合犯实行从一重处断的原则。

二、继续犯

（一）继续犯的概念

继续犯，又称持续犯，是指违法行为着手实施以后，在停止之前持续地侵害同一客体的犯罪。例如，我国刑法第238条规定的非法拘禁罪，从非法将他人拘禁起来，一直到恢复他人的人身自由为止，他人的人身自由处于持续不断的被侵害的状态。

（二）继续犯的构成

1. 行为人着手实施了持续侵害同一客体的行为

持续犯的行为可以是一个行为，也可以是数个行为。持续犯的行为既可以针对一个对象实施，也可以针对多个对象实施。继续犯的行为对直接客体的侵害应有一定的持续时间。

2. 行为人必须出于实施特定持续犯罪的故意

认定持续犯，查明行为人主观方面的内容具有至关重要的意义。行为人实施的犯罪虽然具有持续犯罪的客观特征，但由于其主观故意内容的不同，分别构成不同的犯罪。

3. 行为对客体的侵害和不法状态必须同时继续

这是继续犯的本质特征。如果一个行为结束后，该行为对客体的侵害也随之结束，该行为不是继续犯。如果一个行为结束后，该行为对客体的侵害也已结束，但行为所造成的不法状态仍然存在，该行为也不是继续犯，而是状态犯。

（三）继续犯的处理

在继续犯的情况下，尽管行为具有持续性，但并不能改变一行为的事实。换言之，行为的持续并不增加行为的个数。因此，从构成要件要素上判断，继续犯应为一罪。当然，认定某一犯罪是否为继续犯，对于计算追诉时效具有重要意义。

三、结果加重犯

（一）结果加重犯的概念

结果加重犯，又称加重结果犯，是指法律上规定的一个犯罪行为，由于发生了严重结果而加重其法定刑的犯罪。例如，我国刑法规定的是虐待罪，致使被害人重伤、死亡的，这就是结果加重犯。在这种情况下，因为在犯虐待罪的过程中，发生了致使被害人重伤、死亡的情形，因而加重其刑。

（二）结果加重犯的构成

1. 行为人实施了一个基本犯罪行为

这是成立结果加重犯的前提条件。至于这一基本犯罪行为的主观罪过形式，应以刑法规定为准，在一般情况下，基本犯罪行为的主观罪过是故意，即为故意犯的结果加重犯。

2. 一行为在基本犯罪行为的基础上造成了加重结果

加重结果具有以下三个特征：(1) 加重结果是超出基本犯罪的危害结果。例如，致人死亡，对于故意伤害罪来说就是加重结果。(2) 加重结果具有特定性，是一种特定的犯罪结果，在我国刑法中大多为重伤、死亡等。(3) 加重结果是刑法规定的另外一种犯罪，因而结果加重犯涉及罪数问题。

3. 在基本犯罪与加重结果之间存在因果关系

如果没有这种因果关系，即使发生了某种加重结果，行为人对此也不承担刑事责任。

4. 行为人对于加重结果主观上存在过失

至于对于加重结果的主观罪过形态是否包括故意，我国刑法学界存在不同的观点，我们认为结果加重犯对于加重结果的主观罪过形式只限于过失。因为结果加重犯是一行为在造成一个本罪结果的同时又过失地造成一个他罪的加重结果，因而刑法才将其规定为一罪。如果除基本犯罪以外，一个行为又故意地造成了一个他罪的加重结果，那就不可能是结果加重犯。

（三）结果加重犯的处理

结果加重犯，虽然由于危害结果发生了变化而使法定刑升格，但犯罪行为并没有增加。所以结果加重犯是一罪而不是数罪，应当按照法律对结果加重犯的规定处罚。

第三节 法定的一罪

一、结合犯

（一）结合犯的概念

结合犯，是指原为刑法上数个独立的犯罪，依照刑法的规定，结合成为另一新罪名的犯罪。例如，日本刑法分别规定了故意杀人罪和强奸罪，然后又规定了强奸杀人罪，这就是典型的结合犯。

（二）结合犯的构成

(1) 行为符合刑法上数个独立的犯罪构成要件，也就是说，结合犯中的行为分别符合两个以上的犯罪构成要件，每个行为都可以独立成罪。

(2) 数个独立的犯罪结合在一起，另成立一个新罪名。具体讲，结合犯的结构就是：甲罪＋乙罪＝甲乙罪。我国刑法中，一个犯罪中包括另外一个犯罪的情形客观存在。例如刑法第 239 条规定的绑架罪中包含故意杀人罪，但是按照刑法规定此种情形仍定绑架罪，而没有结合成为另一新罪。就此而言，我国刑法中不存在结合犯的适例。

(3) 结合犯之将两个独立的犯罪结合成为第三罪，是依照刑法的明文规定，这是结合犯的法律特征。

（三）结合犯的处理

结合犯由于刑法明文规定将数个独立的犯罪结合成为另一新罪，因此是法定的一罪，应按照一罪处理。

二、惯犯

（一）惯犯的概念

惯犯，是指以犯罪为常业，或以犯罪所得为主要生活来源或者生活腐化的来源，在较长时间内反复多次实施某种犯罪的犯罪类型。

（二）惯犯的构成

1. 惯犯主观上具有犯罪的职业心理习惯

职业心理习惯，也就是指犯罪成为一种习癖，因而具有某种犯罪人格，表明犯罪人的人身危险性较大。

2. 惯犯客观上具有犯罪的惯常性

这里的惯常性,是指在相当长的时间内反复重犯同一之罪。

3. 惯犯具有法定性,是由刑法明文规定的

惯犯,实际上是多次犯有同种之罪,由于这些犯罪之间具有内在同一性,将其规定为一罪,给予整体评价。一般来说,只有在同种数罪实行并罚的情况下,作为法定的一罪,惯犯才纳入罪数形态的研究范畴。我国刑法对同种数罪并不实行并罚,惯犯也不会在区分罪数上发生困难,因而刑法中对于惯犯并未作规定。当然,惯犯作为一种犯罪形态,在量刑时间具有一定意义。

(三) 惯犯的处理

惯犯虽有数个同种之罪,在立法有明文规定的情况下,以法定的一罪处理。

第四节 处断的一罪

一、连续犯

(一) 连续犯的概念

连续犯,是指基于同一的或者概括的犯罪故意,连续实施同一性质的犯罪行为,触犯同一罪名的犯罪。

(二) 连续犯的构成

1. 行为人实施了数个性质相同的犯罪行为

数个犯罪行为,分开看每一次行为都可以单独构成犯罪。如果行为人有意识地以数个举动完成犯罪,而数个举动仅形成一个行为,就不是连续犯,而是徐行犯。

2. 数个犯罪行为之间还必须具有连续性

行为人出于单一的犯罪故意,在一定的时间内,实施性质相同的犯罪行为,这些行为就有连续性,否则就是没有连续性。

3. 行为人基于同一的或者概括的犯罪故意

所谓同一的犯罪故意,是指数次犯罪行为都在犯罪人的预定计划之中。所谓概括的犯罪故意,是指虽然没有明确具体的犯罪计划,但是有一个概括的犯罪意向,有一个总的犯罪意图。否则,尽管在客观上先后实施了两个以上犯罪行为,但出于不同的犯罪故意,那就不能认为是连续犯。

4. 数行为触犯同一罪名

同一罪名,是指连续实施的数个犯罪行为,在刑法上触犯的是同一个罪名。如果一个人连续实施了数个不同行为形式或不同犯罪对象的行为,就可以成立连续犯。否则就不构成连续犯。

（三）连续犯的处理

虽然存在数个犯罪行为，但由于数个行为之间存在连续性，因而在裁判上被评价为一罪。由于我国刑法对同种犯罪不实行并罚，连续犯作为一罪处理，对连续实施犯罪行为的情形，可以作为量刑情节考虑。

二、牵连犯

（一）牵连犯的概念

牵连犯，是指以实施某一犯罪为目的，而其犯罪的方法行为或者结果行为又触犯了其他罪名的犯罪。

（二）牵连犯的构成

1. 行为人必须实施了数个犯罪行为，这是构成牵连犯的前提条件

行为人只有实施了数个犯罪行为才有可能构成牵连犯。如果只实施了一个犯罪行为，无法形成犯罪行为之间的牵连关系。例如，某犯罪分子拎包盗窃，把一个军人的手提包给拎走了，打开一看，手提包里有一支手枪。在这种情况下，虽然涉及盗窃罪与盗窃枪支罪两个罪名，但由于行为人主观上没有盗窃枪支的故意，因而不构成盗窃枪支罪。而且，在上述情况中，由于只有一个行为，不存在牵连的可能。

2. 数个行为之间具有牵连关系

所谓牵连关系，是指行为人实施的数个犯罪行为之间具有手段与目的或者原因与结果的关系。也就是说，行为人的数个犯罪行为分别表现为目的行为或原因行为、手段行为或结果行为，并互相依存形成一个有机的整体。

3. 数个行为必须触犯不同的罪名

牵连犯具有两个以上的危害行为，是事实上的关系；牵连犯触犯两个以上的罪名，是法律上的关系。如果行为人的行为只触犯一个罪名，那就不是牵连犯。

（三）牵连犯的处理

刑法理论上对牵连犯实行从一重罪处断的原则。我国刑法对于牵连犯既有实行数罪并罚的规定，又有从一重罪处断的规定。例如，根据刑法第 198 条的规定，投保人、被保险人故意造成财产损失的保险事故，骗取保险金；投保人、受益人故意造成被保险人死亡、伤残或者疾病，骗取保险金，同时构成其他犯罪的依照数罪并罚的规定处罚。而刑法第 399 条第 3 款规定，司法工作人员贪赃枉法，其行为又构成受贿罪的，依照处罚较重的规定定罪处罚。对此，刑法明文规定从一重罪处断。

三、吸收犯

（一）吸收犯的概念

吸收犯，是指一个犯罪行为为另外一个犯罪行为所吸收，而失去独立存在的意义，仅以吸收的行为来定罪量刑的犯罪类型。

（二）吸收犯的构成

1. 行为人实施了数个犯罪行为

这是成立吸收犯的前提。数个犯罪行为，是指数个不同性质的行为都具有独立的犯罪构成。

2. 数个犯罪行为之间具有吸收关系

这里的吸收关系，是指一个犯罪包容或者吸收另一个犯罪，被包容或吸收之罪因此失去独立的意义。数个犯罪行为之所以具有吸收关系，是因为该行为通常属于实施某种犯罪的同一过程，彼此之间存在着密切的联系，前行为可能是后行为发展的必经阶段，后行为可能是前行为发展的自然结果。

根据我国刑法理论，吸收犯一般具有以下三种形式：

(1) 重行为吸收轻行为。这是根据行为的性质和社会危害性的严重程度不同来确定的。在数个具有吸收关系的行为中，哪一个重就按照哪一罪定罪量刑。

(2) 主行为吸收从行为。这是根据行为的作用不同来确定的，在共同犯罪中起主导作用的行为是主行为；起辅助或次要作用的行为是从行为。当不同的犯罪行为之间有主次或主从之分时，就成立主行为吸收从行为。

(3) 实行行为吸收非实行行为。这是根据行为发生的时间顺序不同来划分的，一般而言，实行行为是由刑法分则加以规定的行为，而非实行行为是由刑法总则加以规定的行为，例如预备行为、教唆行为与帮助行为等。当不同行为同时存在时，实行行为吸收非实行行为。

（三）吸收犯的处理

吸收犯虽然存在数个犯罪行为，但由于一个犯罪行为已经吸收了其他犯罪行为，因此只以吸收之罪论处。

第五节　数罪的类型

一、数罪概述

数罪，是指数个独立的犯罪。认定一罪的标准，同样适用于认定数罪。因此，数罪，是指符合数个犯罪构成要件的行为，理论上和法律上的数罪，是指同一的犯罪主体所实施的犯罪，而不是认定不同犯罪人之间犯的罪加在一起是一罪还是数罪的问题。

二、数罪的类型

数罪的类型，是指依据一定的标准，对行为人实施的数罪进行的分类。通常将数罪分为以下几种类型：

（一）同种数罪和异种数罪

同种数罪，是指同一性质的数个犯罪行为，行为人一而再、再而三地实施同一种犯罪行为，构成的就是同种数罪。异种数罪，是指数个不同性质的犯罪行为，如行为人既实施了盗窃行为，又实施了抢劫行为，就构成了盗窃和抢劫两种不同性质的数罪。

（二）并罚的数罪和非并罚的数罪

并罚的数罪，是指数罪一经成立，必须实行数罪并罚，不存在按一罪处理的数罪。刑法中的多数犯罪，成立数罪后，都应当实行数罪并罚。非并罚的数罪，是指法律规定或实际处理时不实行并罚的数罪，如连续犯、吸收犯和牵连犯等都属于非并罚的数罪。

此外，还可以将数罪分为同一主体实施的数罪和不同主体实施的数罪、侵害同类客体的数罪和侵害不同客体的数罪、相同罪过的数罪和不同罪过的数罪等。

第十三章 刑罚的体系与种类

刑罚是刑法规定的由国家审判机关依法对犯罪人适用的限制或剥夺其某种权益的强制性制裁措施。世界各国刑罚体系和种类有所不同,我国刑法将刑罚分为主刑和附加刑。主刑包括管制、拘役、有期徒刑、无期徒刑和死刑五种;附加刑有罚金、剥夺政治权利、没收财产和驱逐出境四种。

第一节 刑罚概述

一、刑罚的概念和特征

刑罚,是指刑法规定的由国家审判机关依法对犯罪人适用的限制或剥夺其某种权益的强制方法。在我国有五种主刑、三种附加刑。其特征:

(1) 是国家最高权力机关在刑法中制定的强制方法;

(2) 是刑法中赋予"刑罚"名称的强制方法;

(3) 是惩罚犯罪人的强制方法;

(4) 是人民法院依照刑法和刑事诉讼法对犯罪人适用的强制方法;

(5) 是由特定的国家机关执行的强制方法;

(6) 是最严厉的强制方法。

二、刑罚的功能

刑罚的功能,是指刑罚的制定、裁量和执行对人们可能产生的积极作用。换句话说,是指刑法对社会成员所起到的积极影响。

(一) 对犯罪人的功能

刑罚由犯罪人承担,首先对它产生作用,有三个功能:

(1) 剥夺功能:使用刑罚来限制或剥夺其某种权益,使其丧失再犯的能力。

(2) 惩罚功能:刑法对犯罪人的行为作否定评价和谴责,必然给犯罪人带来痛苦,这是刑罚固有的属性。

(3) 教育改造功能:通过强迫劳动,伴之以教育,使他们认识自己的罪行,认罪服罪,改造自己的恶习,学习一定生产技术,以便复归社会。

（二）对被害人的功能

被害人是深受犯罪之苦的人，对犯罪人怀有切腹之恨，如果对犯罪人不及时适用刑罚，他们就可能产生报复心理，进而实施私力报复。刑罚有着安抚功能，即能够树立国家法律公平正义和抑恶扬善的形象，能够平息被害人及其亲属的愤怒和仇恨，不至于发生私力报复，从而起到平衡作用。

（三）对社会的功能

刑罚对社会一般所起到的积极作用主要体现在两个方面：

(1) 威慑功能：通常来说，威慑功能是针对社会上的危险分子所起到的作用。

(2) 教育威慑功能：通过对犯罪分子适用刑罚，给公民树立一个守法光荣、犯罪可耻的信念，并自觉地遵纪守法，维护法制，鼓励公民坚决同犯罪行为作斗争。

三、刑罚目的概述

关于刑罚的目的，学说众多，早在前资本主义时期，学界就有威吓主义、报应主义、教化主义，后期又有预防主义、综合主义，近代有目的主义、功利主义等。

在我国刑法理论中，一般认为，刑罚的目的是指人民法院代表国家对犯罪人适用刑罚所要达到的目标或结果。因此，预防犯罪是我国刑罚的目的，它包括特殊预防和一般预防。其中，特殊预防是通过对犯罪分子适用刑罚，惩罚改造犯罪分子，预防其再次犯罪。它表现在两个方面：第一，剥夺与惩罚是预防犯罪分子再次犯罪的前提；第二，教育和改造是预防犯罪分子再次犯罪的根本措施。一般预防是指通过对特定的犯罪分子适用刑罚，威慑、儆戒潜在犯罪分子，防止他们走向犯罪道路。一般预防的方式侧重于刑罚的物理性强制和心理上的强制，通过制定、对犯罪人适用和执行刑罚，威慑危险分子和不稳定分子，不要以身试法，堕入犯罪；对被害人及其家属安抚和补偿，防止私力报复；对公民起到鼓励作用。特殊预防和一般预防是相辅相成的。特殊预防的实施意味着一般预防的进行，一般预防的实现必须借助于特殊预防。因此，忽视任何一方面，都不能实现刑罚预防犯罪的目的。

第二节　刑罚的体系

刑罚体系，是指由刑法所规定的按照一定次序排列的各种刑罚方法的总和。在我国，刑罚的体系可分为主刑和附加刑两类。

一、主刑

主刑就是对犯罪适用的主要刑罚方法，只能独立适用，不能并科适用。

（一）管制

管制是对犯罪分子不予关押，但限制其一定人身自由，交由公安机关执行和群众监督改造的刑罚方法。管制的规定主要包括：

（1）对管制的犯罪分子不予关押。

（2）限制一定的人身自由，限制的自由局限于刑法第39条的规定；参加劳动的，同工同酬。

（3）管制的期限为3个月以上2年以下，数罪并罚时不超过3年；羁押1日折抵刑期2日。

（4）由公安机关执行和群众监督改造。

（二）拘役

拘役是短期剥夺犯罪分子人身自由，就近实行劳动改造的刑罚方法。拘役是一种仅次于管制的轻刑。拘役的规定主要包括：

（1）剥夺犯罪分子的人身自由，实行劳动改造。

（2）剥夺自由的期限较短，为1个月以上6个月以下，数罪并罚时不得超过1年；羁押期1日折抵刑期1日。

（3）由公安机关在就近的拘役所或看守所执行，实行劳动改造。

（4）享受一定的待遇，每月可回家1至2天；参加劳动的，酌量发给报酬。

（三）有期徒刑

有期徒刑是剥夺犯罪分子一定期限的人身自由，强迫劳动并接受教育和改造的刑罚方法。有期徒刑的规定主要包括：

（1）剥夺犯罪分子的人身自由。

（2）具有一定的期限，为6个月以上15年以下，数罪并罚时不得超过20年；羁押期1日折抵刑期1日。

（3）在监狱或其他场所执行（如少年犯管教所）。

（4）强迫参加劳动，接受教育和改造。

（四）无期徒刑

无期徒刑是剥夺犯罪分子终身人身自由，强制其参加劳动并接受教育改造的刑罚方法。无期徒刑的规定主要包括：

（1）无限期剥夺犯罪人人身自由，但并不是断绝犯罪分子的改造前途，犯罪人可以通过接受改造获得减刑、假释的机会。

（2）强迫劳动，接受教育改造。

（3）羁押期与刑期不发生折抵问题。

（4）必须附加剥夺政治权利终身。

（五）死刑

死刑，是剥夺犯罪分子生命的刑罚方法，是最严厉的刑罚方法，所以又称为极刑。死刑是一种古老的刑罚方法，在奴隶制社会和封建制社会，死刑广泛适用，而且死刑执行方法异常残酷和不人道。自1764年贝卡尼亚率先提出废除死刑以来，在学界引起死刑的存与废讨论，进一步影响到有关国家的刑事立法，目前，有一半左右的国家完全废除死刑，绝大部分罪废除或者死刑名存实亡。联合国也制定文件，旨在废除死刑。我国学界对这一问题讨论激烈，但多数人认为我国目前不宜废除死刑。虽然我国刑法中保留死刑，但是必须贯彻我国一贯奉行的少杀、慎杀的刑事政策。我国刑法中对死刑适用的限制规定主要表现为：

（1）适用条件上进行限制：死刑只适用于罪行极其严重的犯罪分子。

（2）适用的对象上进行限制：犯罪时不满18周岁的人和审判时怀孕的妇女不适用死刑。

（3）适用程序上进行限制：死刑判决必须经最高人民法院核准。

（4）死刑执行制度上进行限制：我国刑法中规定了死缓制度，它不是独立的刑种，而是执行死刑的方式。死缓的适用对象是那些罪该处死但具有不需要立即执行的情节的犯罪人。

二、附加刑

附加刑是指补充主刑适用的刑罚方法，可以附加适用，也可以独立适用，又称为从刑。

（一）罚金

罚金，是指人民法院判处犯罪分子向国家缴纳一定数额金钱的刑罚方法。罚金的适用对象是贪图钱财的犯罪以及妨害社会秩序的犯罪。其功能在于对犯罪行为进行否定评价，并且剥夺犯罪人再犯的经济实力。我国刑法关于罚金的规定主要包括：

（1）罚金的适用方式：选处罚金、单处罚金、并处罚金、并处或单处罚金。

（2）罚金的数额：比例制、倍比制、比例兼倍比制、特定数额制、抽象数额制。

（3）罚金数额的确定原则：根据犯罪情节决定罚金数额，即根据犯罪手段、对象、后果、时间、地点等决定，此外，还应考虑犯罪人的经济状况、承受力。

（4）罚金的缴纳方式：一次或分次缴纳、强制缴纳、随时缴纳、减少或免除缴纳。

（二）剥夺政治权利

剥夺政治权利，是指剥夺犯罪分子参加国家管理和政治活动权利的刑罚方法。剥夺的权利限于刑法第54条的规定。其适用对象是严重的犯罪，也可以是较轻的犯罪。我国刑法关于剥夺政治权利的规定主要包括以下两个方面。

1. 剥夺政治权利的适用方式

（1）应当附加剥夺。适用对象包括：一是对危害国家安全的犯罪；二是被判处死刑、无期徒刑的犯罪。

（2）可以附加剥夺。对故意杀人、强奸、放火、爆炸、投毒、抢劫、故意伤害等严重刑事犯罪分子可以附加剥夺。

（3）独立适用。当法律规定主刑与剥夺政治权利可以选择适用时，选择剥夺政治权利，就不能再适用主刑。

2. 剥夺政治权利的期限、起算、执行

（1）判处死刑、无期徒刑并处剥夺政治权利终身的，不存在起算问题。

（2）对有期徒刑、拘役附加判处剥夺政治权利的，期限为1年以上5年以下，从主刑执行完毕或假释之日起算。

（3）独立判处的，从判决执行之日起算。

(4) 判处管制附加剥夺政治权利的，期限与管制相同，并且同时执行。

(5) 原判处死刑缓期执行的、无期徒刑，后减为有期徒刑的，将“终身”改为3年以上10年以下，从有期徒刑执行完毕或假释之日起算。

3. 剥夺政治权利由公安机关执行

(三) 没收财产

没收财产，是指将犯罪分子所有财产的一部或全部强制无偿地收归国有的刑罚方法。没收财产的适用方式有以下三种：

(1) 与罚金选择并处。在判处主刑的同时，附加适用没收财产或罚金。

(2) 并处。在判处主刑的同时，应当并处没收财产。

(3) 可以并处，由审判员选择适用。

没收财产的范围，限于犯罪分子个人所有财产的一部或全部，这是罪责自负原则的体现。没收财产由人民法院执行，在必要时可会同公安机关执行。

(四) 驱逐出境

驱逐出境，是指强迫犯罪的外国人离开中国国(边)境的刑罚方法。它可以独立适用，也可以附加适用。

第三节　非刑罚处理方法

一、非刑罚处理方法的概念

非刑罚处理方法，是指人民法院对犯罪分子适用的刑罚以外的处理方法。适用对象是犯罪人，其性质仍然是犯罪人承担刑事责任的方式。

二、非刑罚处理方法的种类

1. 判处赔偿经济损失和责令赔偿损失

2. 训诫、责令具结悔过和责令赔礼道歉

3. 由主管部门予以行政处罚或行政处分

三、非刑罚处理方法的适用条件

1. 判处赔偿经济损失的适用条件

首先，经济损失与犯罪行为有因果关系；其次，适用对象是犯罪分子。

2. 训诫、责令具结悔过、赔礼道歉、赔偿损失、行政处罚、行政处分的适用条件

对象是罪行轻而免予刑罚的犯罪分子；根据案件情况需要给予适当的处理。

第十四章 刑罚裁量

刑罚裁量，又称量刑，是指人民法院根据行为人所犯罪行及刑事责任的轻重，在定罪的基础上，依法对犯罪分子是否判处刑罚、判处何种刑罚，是否立即执行的审判活动。量刑对贯彻刑罚的基本原则和实现刑法的任务具有极其重要的意义。正确、适当的量刑不仅是正确行刑的前提和基本保障，同时还有助于维护公民的合法权益和社会安定。

第一节 量刑的原则

所谓量刑原则，是指由我国刑法明文规定的贯彻量刑活动全部过程中的法律准则。在我国刑法中，量刑原则概括地说，就是以案件事实（或称犯罪事实）为根据，以法律为准绳。

一、量刑必须以犯罪事实为根据

犯罪事实是引起刑事责任的基础，是量刑的根据。无犯罪事实，则无犯罪可言，更不需要量刑，所以这一原则成了量刑的首要原则。

犯罪事实有广义和狭义之分。狭义的犯罪事实，是指在犯罪过程中表现出来的反映行为人罪行大小和责任轻重的主客观事实。包括犯罪预备阶段、实行阶段、行为终了后到结果发生三个阶段的事实。广义的犯罪事实，是指案件中能够反映行为人罪行大小和责任轻重的一切事实，包括罪中事实、罪前事实、罪后事实。特别是后两种事实，虽然不发生在犯罪过程中，但影响到量刑的轻重，所以有人认为，以事实为根据就应以广义的犯罪事实为根据。

1. 犯罪事实是量刑适当的首要根据

犯罪事实，是狭义的，指存在于犯罪过程中，表明行为的社会危害性及其程度的一切主客观事实的总和。其中包括构成要件的事实。对构成要件以外的事实，只能作为量刑情节对待。要明确在全部犯罪构成事实中，哪些应作为认定犯罪适用，属于定罪的情节；哪些不作为定罪适用，并将其转化为量刑情节。目的在于对同一事实避免重复评价。

2. 犯罪的性质是量刑适当的基本根据

所谓犯罪性质，是指犯了哪种罪，或犯了一罪还是数罪，是单独犯罪还是共同犯罪，由于罪与罪不同，一罪与数罪不同，它们各自的危害性不同，法定刑轻重不同，犯有一罪的要一罚，犯有数罪的要并罚，因此，确定犯罪性质是准确量刑的基本依据。

3. 犯罪情节和对社会的危害程度是量刑轻重的重要依据

犯罪情节是指除定罪情节以外的、表明行为的社会危害性和行为人的人身危险性的主客观事实情况。包括罪前情节、罪后情节、罪中不影响定罪只影响量刑的情节。

危害程度不单单是行为在客观上造成的实际危害,而是指由犯罪的基本事实、犯罪性质、犯罪情节及行为人的主观恶性等多种因素决定的,进一步判断"量"的大小。

二、量刑必须以刑法规定为准绳

1. 根据刑法总则关于刑种的适用范围,确定宣告刑的刑种

每一刑种的适用范围刑法都有明确规定。如死刑,不能适用于未成年人犯罪,拘役适用于较轻的犯罪等。

2. 根据刑法总则关于量刑的制度,确定适用刑罚

如死缓、缓刑、特别减轻、数罪并罚。

3. 根据总则和分则关于量刑情节,确定适用刑罚

比如,总则中自首、累犯、立功、未遂犯、中止犯等;分则中关于"索贿的,从重处罚"、"战时从重处罚"、"司法机关工作人员滥用职权非法搜查的,从重处罚"等。

第二节 量刑的情节

一、量刑情节的概念

量刑情节,是指人民法院对犯罪分子量刑时,据以从宽处罚或从严处罚的主客观事实情况。它有以下四个特征:

(1) 是定罪情节以外的情节;

(2) 包括罪前、罪中、罪后的情节;

(3) 它只能在某罪的法定刑内起一定的作用;

(4) 是落实刑事责任和实现刑罚个别化的根据。

量刑情节不同于定罪情节:前者影响量刑,后者是定罪依据;前者外延宽泛,后者限于罪中事实,外延较窄。

二、量刑情节的分类

依据不同的标准,可以把量刑情节分成不同的类别。

(一) 以法律有无明文规定为标准,分为法定情节与酌定情节

(1) 法定情节,是指刑法明文规定的影响量刑轻重的情节。如预备犯、未成年人犯罪、自首、立功以及分则规定的情节。

(2) 酌定情节,是指刑法未明文规定的、司法机关酌情运用的影响量刑轻重的情节。如

坦白、一贯表现、退赃情况等。

（二）以处罚宽严为标准，分为从宽处罚情节和从严量刑情节

（1）从宽处罚情节，是指影响量刑较轻的情节，既包括从轻处罚、减轻处罚情节，又包括免予处罚情节；既包括法定的情节，又包括酌定情节。

（2）从严量刑情节，是指影响量刑较重的情节，主要是指从重处罚情节。我国现行刑法没有规定加重处罚情节。

（三）以是否应当性规定为标准，分为命令性情节与授权性情节

（1）命令性情节，是指刑法明确规定的必须予以使用的情节，即“应当型”情节。但也有不加“应当”二字的，仍属于命令性情节。

（2）授权性情节，是指在量刑时根据具体案件，决定是否适用的情节，即“可以型”情节。如对未遂犯，可以从轻或减轻处罚。

（四）以情节功能为标准，分为单功能情节与多功能情节

（1）单功能情节，是指只起一种作用的情节。如对累犯，从重处罚。

（2）多功能情节，是指一种情节起多种作用。如对预备犯，可以比照既遂犯从轻、减轻或免除处罚。

三、量刑情节的适用

（一）运用规则

1. 从轻处罚、从重处罚

前者是在法定刑的幅度内，选择较轻的刑种或较短的刑期处罚。后者是在法定刑的幅度内，选择较重的刑种或较长的刑期处罚。

2. 减轻处罚

这是在法定最低刑以下处罚。它可以刑种减轻、刑期缩短。但不能减到法定最低刑处罚，也不能免除处罚，更不能大幅度减轻。减轻处罚有两种：法定减轻、特殊减轻（酌定减轻）。

3. 免除处罚

对犯罪分子作有罪宣告，但免除其刑罚处罚。其实质是一种有罪判决，只是不给予刑罚处罚。

（二）多功能情节的适用

（1）根据犯罪的性质和犯罪人所犯罪行的轻重决定选择哪一个功能。

（2）应依据量刑情节本身的轻重，选择具体的功能。同是杀人未遂，一个致人重伤、一个致人轻伤，另一个未伤着任何部位，就应区别对待选择情节。

（3）法律对多功能情节排列顺序，对于多功能情节具有指导意义。如对预备犯，可以比照既遂犯从轻、减轻处罚或者免除处罚，首先要从轻处罚，其次考虑减轻处罚。

（三）数个量刑情节竞合时的适用

（1）不能任意改变情节的功能，多个从轻情节的只能从轻处罚，个别情况下，经特殊程序批准减轻处罚。

（2）实事求是地评价每一个量刑节对裁量结果的影响程度。“应当型”优于“可以型”，法定情节优于酌定情节，但也不完全如此。

（3）对每一个情节作定性与定量分析相结合，得出从重或从轻处罚的结论。

第十五章 刑罚裁量制度

刑罚的裁量即量刑，是指依法对犯罪人裁量刑罚。具体地说，就是指人民法院在依法查明犯罪事实、认定犯罪性质的基础上，依法对犯罪人裁量刑罚的审判活动。我国刑法中规定了具体的刑罚裁量制度，包括累犯、自首、立功、缓刑、数罪并罚等，这些制度对于确定犯罪人的具体刑罚具有重要意义。

第一节 累 犯

一、累犯的概念

累犯，是指因犯罪受过一定的刑罚处罚，刑罚执行完毕或者赦免以后，在法定的期限内又犯一定之罪的犯罪人。

二、累犯的种类和构成条件

（一）一般累犯

一般累犯，是指因故意犯罪被判处有期徒刑以上刑罚并在刑罚执行完毕或赦免后，5 年内再犯应当判处有期徒刑以上刑罚之故意罪的犯罪人。其构成条件是：

（1）前罪和后罪都是故意犯罪。

（2）前罪判处有期徒刑以上刑罚，后罪应当判处有期徒刑以上刑罚。

（3）后罪发生在前罪刑罚执行完毕或赦免后 5 年内。

被假释的罪犯、被缓刑的罪犯在考验期内犯罪的，不构成累犯。

（二）特别累犯

特别累犯，是指犯过危害国家安全罪受过刑罚处罚，在刑罚执行完毕或赦免后的任何时候再犯危害国家安全罪的犯罪人。其构成条件是：

（1）前、后罪都是危害国家安全罪。

（2）前、后罪不受判处或应当判处刑罚种类的限制。

（3）后罪发生的时间不受限制。

三、累犯的刑事责任

我国刑法规定，对累犯从重处罚。

第二节 自首与立功

一、自首

自首，是指犯罪分子犯罪后自动投案，如实供述自己罪行或被采取强制措施的犯罪嫌疑人、被告人和正在服刑的罪犯，如实供述司法机关尚未掌握的本人其他罪行的行为。

自首制度体现了我国惩罚与宽大相结合的刑事政策。其意义在于：一是有利于瓦解犯罪势力；二是可以减少侦查机关破案的困难。

（一）自首的种类及其成立条件

一般自首，是指犯罪分子犯罪后，自动投案，如实供述自己罪行的行为。其成立条件是：

1. 自动投案

必须发生在犯罪人尚未归案之前；必须基于本人的意志；愿意接受侦查、起诉和审判，不得逃避。

2. 如实供述自己的罪行

如实供述至少是“主要犯罪事实”。如果避重就轻，编造谎言，企图嫁祸于人的，不能认定为自首。犯有数罪的，主动交代的，按自首处理；对未供述的，不按自首论。自首后又翻供的，不能认定为自首，但在一审判决前又供述的，应认定为自首。

特别自首，是指被采取强制措施的犯罪嫌疑人、被告人和正在服刑的罪犯，如实供述司法机关尚未掌握的本人其他罪行的行为，亦称准自首。

（二）自首的刑事责任

法律规定：对于自首的犯罪分子，可以从轻处罚或减轻处罚，这是原则规定。根据投案时间的早晚，交代罪行的彻底程度，选择从轻或减轻处罚；犯罪情节较轻的，可以免除处罚。即罪行本身轻，又自首的；“犯罪后自首又有重大立功的，应当减轻或者免除处罚。”即两个情节具备时，才可适用。

二、立功

（一）一般立功

一般立功，是指犯罪分子揭发他人犯罪行为，查证属实或者提供重要线索，从而得以侦破其他案件的，或者协助司法机关抓捕其他犯罪嫌疑人，或者具有其他有利于国家和社会的突出表现的行为。共有四种情形：

（1）检举、揭发他人犯罪行为的；

（2）提供其他案件的重大线索，查证属实的；

（3）协助司法机关抓捕其他犯罪嫌疑人的；

（4）具有其他有利于国家和社会突出表现的。

（二）重大立功

重大立功，是指揭发他人重大犯罪行为，查证属实的，或者提供重要线索，从而得以侦破其他重大案件的，或者协助司法机关抓捕其他重要罪犯的，或者在押期间制止他人重大犯罪活动的，或者对国家和社会有重大贡献的行为。

重大立功与一般立功的区别在于是否“重大犯罪”、“重大案件”、“重大犯罪嫌疑人”。所谓“重大”，是指犯罪嫌疑人、被告人可能被判处无期徒刑以上刑罚或者在本省、自治区、直辖市或者全国范围内有较大影响的情形。

（三）立功犯的刑事责任

（1）对于一般立功的，可以从轻处罚；

（2）对于重大立功的，可以减轻处罚；

（3）对于自首又有重大立功的，应当减轻处罚或免除处罚。

第三节　数罪并罚

一、数罪并罚概念和特点

数罪并罚，是指对一人所犯数罪合并处罚的制度。具体说来，是指人民法院对判决前一人所犯数罪，或者判决宣告后，刑罚执行完毕前发现漏罪或又犯新罪，在分别定罪量刑后，依照法定的方法决定执行刑罚的制度。其特点和适用条件是：

（1）一人犯有数罪；

（2）所犯数罪必须发生在法定的时间内；

（3）必须依据法定的并罚方法决定应执行的刑罚。

二、数罪并罚的原则

对于数罪并罚，主要有四种原则：

（1）并科原则（相加原则），是指对每一个罪的刑罚加起来，全部执行。

（2）吸收原则（重刑吸收轻刑原则），是指在数罪的数刑中选择其中最重的或等同的刑罚为执行的刑罚，其余的不再执行。

(3) 限制加重原则(限制并科原则),是指一人所犯数罪中,在数刑中最高刑以上,总和刑以下,决定应执行的刑罚。

(4) 折中原则(混合原则),是指根据不同情况,以一种原则为主,兼采其他原则。

由于前三种原则的功能各有千秋,多数国家的刑法中并不单独采用某一种原则,而是采用折中原则。我国数罪并罚的原则同样采取折中原则,包括:

(1) 吸收原则:对数罪中有无期徒刑、死刑的,只能采取吸收原则。

(2) 限制加重原则:对自由刑,应在最高刑以上总和刑以下,决定执行的刑罚,但要受到数罪并罚时法定刑规定的限制。

(3) 并科原则:对有附加刑的,其与主刑并科适用。

三、我国数罪并罚的方法

(一) 判决前一人犯数罪的并罚

我国刑法第 69 条规定,采用限制加重并罚原则为主,兼采其他几种原则。

(二) 判决宣告以后,刑罚执行完毕以前,发现漏罪的并罚

这种情况采取“先并后减”的方法并罚,即对漏罪量刑,再与前一罪的原判刑罚并罚,决定执行的刑期,包括已执行的刑期在内。也就是说,罪犯还需要执行的刑期等于决定执行的刑期减去已执行的刑期。

(三) 判决宣告以后,刑罚执行完毕以前,又犯新罪的并罚

这种情况采取“先减后并”的方法并罚,即对新罪作出量刑,将其与前一罪的余刑(原判刑期减去已执行的刑期)并罚,决定执行的刑期不包括已执行的刑期,即决定执行的刑期就是犯罪人还需要执行的刑期。

“先减后并”的方法与前两种情形相比,有以下三个特点:首先,数罪并罚的起刑点得以提高;其次,决定实际执行的刑期可能突破法定最高刑期的限制;再次,如果罪犯到刑罚快执行完毕时又犯新罪的,经合并处罚后,罪犯受刑越重。

四、关于数罪并罚的其他问题

第一,罪犯刑满释放后犯新罪,同时发现漏罪且该漏罪未过追诉时效的,应当并罚,但犯同种罪的可不并罚。

第二,判决宣告后刑罚执行完毕前犯罪分子犯多个罪的,应当并罚,通常采用一次并罚原则。

第三,判决宣告后尚未交付执行时发现漏罪的,应当并罚。判决尚未生效的,由二审法院发回重审后根据规定进行并罚。

第四,判决宣告后刑罚执行完毕前,犯罪分子又犯新罪且又发现漏罪的,应当先对漏罪量刑,并按先并后减的方法并罚,决定执行的刑期,然后再与新罪的刑期并罚。

第四节　缓　　刑

一、缓刑的概念和意义

缓刑，是指对原判刑罚附条件暂不执行，但在一定期限内仍保持执行可能性的刑罚制度。缓刑是我国惩办与宽大相结合、惩罚与教育相结合的刑事政策的体现。缓刑有助于避免短期自由刑的弊端，最好地发挥刑罚功能，符合刑罚经济的思想；同时，缓刑还有助于实现刑罚的目的，是实现刑罚社会化的重要保障。

二、一般缓刑

（一）一般缓刑的概念、适用条件

一般缓刑，是指人民法院对于判处拘役、3 年以下有期徒刑的犯罪分子，根据其犯罪情节和悔罪表现，确实不致再危害社会的，规定一定的考验期，暂不执行原判刑罚的制度。其适用条件是：

（1）犯罪分子被判处拘役或者 3 年以下有期徒刑的刑罚；

（2）犯罪分子不是累犯；

（3）根据犯罪分子的犯罪情节和悔改表现，认为适用缓刑不致再危害社会。

（二）缓刑的考验期

缓刑考验期是对被宣告缓刑的犯罪分子进行考察的一定期限。拘役的考验期是两个月以上 1 年以下。有期徒刑的考验期是 1 年以上 5 年以下。在司法实践中，一般掌握缓刑考验期等于或略长于原判刑期，但不能短于原判刑期，也不能低于法定的最低考验期，一般不超过原判刑期的两倍。

判决以前先行羁押的期限，不能折抵考验期。司法解释规定，在缓刑考验期内有突出表现或立功表现的，可以对原判刑期予以减刑，之后再对考验期予以缩短。

（三）缓刑考验期内考察的规定

（1）遵循我国刑法第 75 条的规定。

（2）由公安机关考察，所在单位或基层组织予以配合。

（3）根据是否遵守我国刑法第 77 条的规定，决定是否撤销缓刑。

（四）缓刑的法律后果

（1）缓刑期间，遵守法律规定，未犯新罪或发现漏罪、没有严重违法行为的，考验期满，原判刑罚不再执行。

（2）撤销缓刑，实行数罪并罚或执行原判刑罚。撤销缓刑的情形包括：

第一，犯新罪的，撤销缓刑，原判刑罚与新罪按我国刑法第69条的规定并罚。

第二，发现漏罪的，撤销缓刑，原判刑罚与漏罪按我国刑法第69条的规定并罚。

第三，违反法律、行政法规或者国务院公安部门有关缓刑的监督管理规定，情节严重的，撤销缓刑，执行原判刑罚。

三、战时缓刑

战时缓刑，是指在战时对被判处3年以下有期徒刑没有现实危险宣告缓刑的犯罪军人，允许其戴罪立功，确有立功表现的，可以撤销原判刑罚，不以犯罪论。

（一）战时缓刑的适用条件

（1）必须在战时。若在平时，军人犯罪能否缓刑，适用普通缓刑。

（2）只能是判处3年以下有期徒刑的犯罪军人。

（3）必须没有现实危险性，这是战时适用缓刑最关键的条件。

（二）一般缓刑与战时缓刑的区别

（1）适用对象不同。

（2）适用的时间不同。

（3）适用的本质条件不同。

（4）适用的方法和考察的内容不同。

（5）法律后果不同。如果战时缓刑的军人没有立功，也没有犯新罪、发现漏罪、严重违法行为，就应当适用普通缓刑的处理办法，即原判刑罚不再执行。

第十六章　刑罚执行制度

刑罚执行，是指有行刑权的司法机关依法将生效的刑事判决对犯罪分子确定的刑罚付诸实施的刑事司法活动。在我国刑法中，刑罚的执行主要包括减刑和假释制度。

第一节　减　　刑

一、减刑概述

减刑，是指对被判处管制、拘役、有期徒刑、无期徒刑的犯罪分子，在刑罚执行期间有悔改或立功表现，而适当减轻其原判刑罚的行刑制度。

关于死缓期满减为无期徒刑或有期徒刑的，是否属于这里的减刑，理论界存有争议。我们认为它是一种特殊的减刑。因为死缓的法律后果尚未确定，所以一般认为减刑不包括死缓的减刑。

减刑有两种情况：一是由较重的刑种减为较轻的刑种，如由无期徒刑减为有期徒刑；二是由较长的刑期减为较短的刑期，如由15年有期徒刑减为10年有期徒刑。

减刑不同于改判。改判是原判决在认定事实或适用法律上确有错误，依照二审程序或再审程序，撤销原判决，重新判决。重新判决的结果可能有利于被告人，也可能不利于被告人。而减刑是对正确判决的刑罚予以调整，只能有利于被告人。

减刑不同于减轻处罚。减轻处罚是在量刑的过程中，低于法定刑以下处罚；而减刑是在行刑的过程中，罪犯有悔改表现，对原判刑罚的调整。

二、减刑的条件

1. 减刑的适用对象

被判处管制、拘役、有期徒刑、无期徒刑的犯罪分子。

2. 减刑的关键条件

是犯罪分子有悔改表现或立功表现。

3. 减刑的限度条件

首先，被判处有期自由刑的犯罪分子，不论经过几次减刑，实际执行的刑期不得少于原判刑罚的1/2。其次，被判处无期徒刑的犯罪分子，实际执行不得少于10年。所谓“实际执行的刑期”，是指交付执行后犯罪分子实际服刑改造的时间。有期自由刑的实际服刑期包括原来的羁押期,无期徒刑的实际服刑期不包括原来的羁押期。

三、减刑的程序和减刑后的刑期计算

1. 减刑的程序

由执行机关向中级以上的人民法院提出减刑建议书,人民法院组成合议庭进行审理,符合减刑条件的,予以减刑。非经法定程序不得减刑。

2. 减刑后的刑期计算

对于原判处有期自由刑后予以减刑的,减刑后的刑期从原判决执行之日起,原已执行的部分计算在减刑后的刑期之内。

对于原判处无期徒刑后减刑的,其刑期从裁定减刑之日起算,已执行的部分不计算在减刑后的刑期之内。

第二节　假　　释

一、假释概述

假释,是指对被判处有期徒刑、无期徒刑的犯罪分子,在执行一定刑罚后,因认真遵守监规,接受教育改造,确有悔改表现,不致再危害社会,因而附条件地将其提前释放的制度。其意义是贯彻了惩办与宽大相结合的政策,鼓励犯罪分子改造,有利于节约刑罚资源。

二、假释的条件

1. 适用对象

这是指被判处有期徒刑、无期徒刑的犯罪分子,但对累犯和因杀人、爆炸、抢劫、绑架等暴力性犯罪且被判处 10 年以上有期徒刑、无期徒刑的犯罪分子,不得假释。

2. 适用的限制性条件

这是指犯罪分子必须已经执行了一定刑罚。有期徒刑必须实际执行原判刑罚的 1/2 以上,无期徒刑必须已执行 10 年以上。前者的 1/2 是指包含羁押期在内的,后者是指从判决执行之日起 10 年以上,加上原来的羁押期会超过 10 年。另外,犯罪分子有特殊情况,经最高人民法院核准,也可以不受上述执行刑期的限制。

3. 适用的实质性条件

在执行期间认真遵守监规,接受教育改造,确有悔改表现,不致再危害社会的。

根据最高人民法院的解释,在把握假释的实质条件时,应注意三种情况的假释:(1) 对未成年人犯,条件适当放宽。(2) 对老年和身体有残疾的罪犯的假释,只要他们有悔改表现、丧失作案能力、生活能力的可以予以假释。(3) 对死缓罪犯,经过减刑,不论是几次,符

合假释条件的，可以给予假释。

三、假释的程序、考验及撤销

1. 假释的程序

同减刑的程序。

2. 假释的考验期限及考验内容

有期徒刑的考验期限为没有执行完的刑期，无期徒刑的考验期限为10年。假释考验内容根据我国刑法第84条、85条的规定。

3. 假释的撤销

(1) 考验期内犯新罪的，撤销假释，按“先减后并”的方法并罚，即使在考验期满后才发现新罪且没超过追诉时效的，也应如此。

(2) 考验期内发现漏罪的，按“先并后减”的方法并罚。

(3) 考验期内有严重的违法行为的，撤销假释，执行未执行完的刑罚，有期徒刑未执行完的刑罚就是“余刑”，无期徒刑未执行完的刑罚还是无期徒刑。

第十七章 刑罚的消灭

刑罚的消灭，是指由于法定的或事实的原因，致使代表国家的司法机关不能对犯罪人行使具体的刑罚权。刑罚消灭的前提是对犯罪人应该使用或执行刑罚或者正在执行刑罚。如果不存在这样的前提，就谈不上刑罚权的消灭问题。我国刑法规定的刑罚消灭的主要法定原因主要包括：超过追诉时效的、经过特赦免除刑罚的等。

第一节 时 效

一、时效的概念和意义

时效，是指刑法规定的对犯罪分子追究刑事责任和执行刑罚的有效期限。在这个期限内，司法机关享有追究犯罪分子刑事责任或依法执行刑罚的权力，超过这一期限，国家则丧失了追究刑事责任或行使刑罚权的权力。它分为追诉时效和行刑时效。追诉时效，是指刑法规定的对犯罪分子追究刑事责任的有效期限。行刑时效，是指刑法规定的对被判处刑罚的人执行刑罚的有效期限。我国仅规定了追诉时效，而没有规定行刑时效。刑法规定时效制度，不仅符合我国刑罚的目的，而且有利于司法机关集中精力办理现行的犯罪案件，有助于节约人力、物力、财力，并利于社会稳定。

二、追诉时效

（一）追诉时效的期限

（1）法定最高刑不满5年有期徒刑的，经过5年；
（2）法定最高刑为5年以上不满10年的，经过10年；
（3）法定最高刑为10年以上有期徒刑的，经过15年；
（4）法定最高刑为无期徒刑、死刑的，经过20年；经过20年以后，认为必须追究的，须报请最高人民检察院核准。

（二）追诉期限的计算

1. 一般犯罪的追诉期限的计算

这是指对没有连续或继续犯罪状态的犯罪的追诉期，从犯罪之日起算。

2. 连续或继续犯罪追诉期限的计算

对连续犯、继续犯的追诉期限,从行为终了之日起算。

3. 追诉时效的中断

这是指在时效进行期间,因发生法律规定的事由,而使以前所经过的时效期间归于无效,法律规定的事由终了之时,时效重新开始计算。我国时效中断的事由是犯新罪,致使前罪已经过的时效归于无效,从新罪终了之日,重新计算前罪的追诉时效。时效中断的事由界定为犯新罪,是因为罪犯在时效期间又犯罪,说明犯罪分子人身危险性大,没有通过自律的行为改造自己,所以时效中断。在注意前罪的追诉时效时,不应忽视后罪的追诉时效。若在两个罪的追诉期内,对两个罪都可以追究,实行数罪并罚。

4. 追诉时效的延长

这是指在追诉时效进行期间,因发生法律规定的事由,从而使追诉期限延长。

我国时效延长的事由包括:第一,在公、检、法机关立案侦查或者法院已经受理案件以后,逃避侦查、审判的,不受追诉期限的限制;第二,被害人在追诉期限内提出控告,人民法院、人民检察院、公安机关应当立案而不予立案的,不受追诉时效的限制。

第二节 赦　　免

一、赦免的概念和种类

赦免,是指国家宣告对犯罪人免除其罪或免除其刑的法律制度。它分为大赦和特赦。

大赦,是指国家对某一时期内犯有一定之罪的犯罪人免予追诉或免除刑罚执行的制度。它的适用对象可以是任何犯罪人,其效力涉及罪和刑两个方面,国家以大赦令的方式颁布,一经实施,即失去效力。对大赦的罪犯不存在犯罪记录。

特赦,是指国家对特定的犯罪人免除全部或部分刑罚的制度。它适用于特定的犯罪人,其效力只及于其罪,而不及于其刑,犯罪记录仍不消除。

二、我国赦免制度的情况及特点

自 1959 年以来,我国共实行了 7 次特赦,特赦的对象主要是战犯,但截至目前,我国尚未实行过大赦。

第十八章　危害国家安全罪

第一节　危害国家安全罪概述

危害国家安全罪，是在 1997 年对 1979 年刑法分则第一章的反革命罪进行修订以后，取代了“反革命罪”而制定的新的类罪名，并相应对其中的一些具体罪名作了调整，这类犯罪都是故意针对我国主权、领土完整、国家政权和社会主义制度的安全而实施的犯罪。同这类犯罪作斗争，事关国家、民族的命运与前途。因此，对这类犯罪的危害性要有足够的认识，要对其实行坚决打击。

危害国家安全罪，是指故意危害中华人民共和国国家安全的行为。危害国家安全罪是我国刑法分则第一章，从第 102 条至 113 条共 12 个条文，规定了 12 个罪名。危害国家安全罪的法定最高刑是死刑，共有 7 个死刑罪名，其他罪名规定了无期徒刑、有期徒刑、拘役、管制和剥夺政治权利。我国刑法第 113 条第 2 款还规定：“犯本章之罪的，可以并处没收财产。”

第二节　危害国家安全罪分述

一、背叛国家罪

（一）背叛国家罪的概念和特征

背叛国家罪，是指勾结外国或境外机构、组织、个人，危害中华人民共和国的主权、领土完整和安全的行为。

本罪侵犯的客体是国家的主权、领土完整和安全。犯罪客观方面，主要表现为勾结外国或者境外机构、组织、个人，危害中华人民共和国的主权、领土完整和安全。这里的勾结外国，是指勾结外国官方机构以及这些机构在我国的代表机构，以及勾结外国的政党组织、社会团体及其他组织、外国的个人。勾结境外机构、组织、个人，是指勾结港、澳、台等地区的机构、组织、个人。危害中华人民共和国的主权、领土完整和安全，包括：

（1）危害国家主权，即擅自允许外国政府在中国享有司法权，擅自允许外国军队进驻本国。

（2）危害领土完整，即擅自与外国签订条约，割让中国领土。

(3) 危害国家安全,即勾结外国发动对中国的武装进攻。在外国占领中国期间,勾结外国军队对中国军队发动进攻,或者帮助外国军队扫荡中国的村庄、城镇。

本罪的犯罪主体是一般主体,即具有中华人民共和国国籍的公民。犯罪主观方面是故意,即明知是勾结外国、境外机构、组织、个人危害中国的主权、领土完整和安全的行为而有意实施的主观心理状态。

根据我国刑法第 102 条第 1 款、第 2 款的规定,犯背叛国家罪的,处无期徒刑或者 10 年以上有期徒刑。我国刑法第 113 条第 1 款规定,犯本罪,对国家和人民危害特别严重、情节特别恶劣的,可以判处死刑。第 2 款规定,犯本罪的,可以并处没收财产。

二、分裂国家罪

分裂国家罪,是指组织、策划、实施分裂国家、破坏国家统一的行为。本罪的主要特征有:犯罪客观方面,表现为组织、策划、实施分裂国家、破坏国家统一的行为。只要是组织、策划、实施分裂国家、破坏国家统一实施的行为,即构成分裂国家罪。

分裂国家,是指另立政府、对抗中央、割据一方或者自立为国,谋取国际上的承认。

破坏国家统一,是指对实现国家统一的活动和进程进行阻挠、破坏,试图使国家不能实现统一。

分裂国家罪的行为方式包括:(1) 组织分裂国家、破坏国家统一的活动,即以分裂国家、破坏国家统一为目的,进行组织活动。(2) 策划分裂国家、破坏国家统一的活动,即以分裂国家、破坏国家统一为目的,进行策划活动,包括进行商量、计划、阴谋等活动。(3) 实施分裂国家、破坏国家统一的活动,即根据策划,有组织地进行分裂国家、破坏国家统一的活动。犯罪的主体是一般主体,犯罪的主观方面,是故意犯罪并且是以分裂国家、破坏国家统一为目的。

根据我国刑法第 103 条第 1 款之规定,犯分裂国家罪的,对首要分子或者罪行重大的,处无期徒刑或者 10 年以上有期徒刑;对积极参加的,处 3 年以上 10 年以下有期徒刑;对其他参加的,处 3 年以下有期徒刑、拘役、管制或者剥夺政治权利。刑法第 113 条第 1 款规定,犯本罪的,对国家和人民危害特别严重、情节特别恶劣的,可以判处死刑。第 2 款规定,犯本罪的,可以并处没收财产。刑法第 106 条规定,与境外机构、组织、个人相勾结犯本罪的,从重处罚。

三、煽动分裂国家罪

煽动分裂国家罪,是指以种种方式唆使他人从事分裂国家、破坏国家统一的行为。本罪的犯罪客观方面,表现为以各种方式包括语言、文字、图像等方式唆使他人从事分裂国家、破坏国家统一的行为。只要实施了上述煽动行为,无论是否得逞,都构成本罪的既遂。本罪的犯罪主体是一般主体。犯罪主观方面是故意。

根据我国刑法第 103 条第 2 款规定,犯煽动分裂国家罪的,处 5 年以下有期徒刑、拘役、管制或者剥夺政治权利;首要分子或者罪行重大的,处 5 年以上有期徒刑。刑法第 113 条第 2 款规定,犯本罪的,可以并处没收财产。我国刑法第 106 条规定,与境外机构、组织、个人相勾结犯本罪的,从重处罚。

四、武装叛乱、暴乱罪

武装叛乱、暴乱罪，是指组织、策划、实施武装叛乱或者武装暴乱的行为。

本罪侵犯的客体是国家安全。犯罪客观方面表现为组织、策划、实施武装叛乱或者武装暴乱的行为。所谓武装，是指枪、炮以及其他具有较大杀伤和破坏力的武器。叛乱，是指意图投靠境外组织或者境外敌对势力而反叛国家和政府。暴乱，是指不以投靠境外敌对势力为目的，而是采用武力的形式，直接与国家或者政府进行对抗。本罪的犯罪主体是一般主体。犯罪主观方面是故意，并且具有通过武装叛乱或武装暴乱危害国家安全的目的。

根据刑法第 104 条第 1 款之规定，犯武装叛乱、暴乱罪的，对首要分子或者罪行重大的，处无期徒刑或者 10 年以上有期徒刑；对积极参加的，处 3 年以上 10 年以下有期徒刑；对其他参加的，处 3 年以下有期徒刑、拘役、管制或者剥夺政治权利。第 2 款规定，策动、胁迫、勾引、收买国家机关工作人员、武装部队人员、人民警察、民兵进行武装叛乱或者暴乱的，依照第 1 款的规定从重处罚。刑法第 113 条第 1 款规定，犯本罪对国家和人民危害特别严重、情节特别恶劣的，可以判处死刑。第 2 款规定，犯本罪的，可以并处没收财产。

五、颠覆国家政权罪

颠覆国家政权罪，是指组织、策划、实施颠覆国家政权、推翻社会主义制度的行为。犯罪客观方面表现为组织、策划、实施颠覆国家政权、推翻社会主义制度的行为。颠覆国家政权，是指以各种非法手段推翻国家政权组织，包括我国各级权力机关、行政机关、司法机关、军事机关在内的整个政权。推翻社会主义制度，是指以各种方式改变社会主义制度的国家性质。颠覆国家政权罪的行为方式包括：(1) 组织颠覆国家政权、推翻社会主义制度，即为颠覆国家政权而进行组织活动。(2) 策划颠覆国家政权、推翻社会主义制度，即为颠覆国家政权而进行谋划活动。(3) 实施颠覆国家政权、推翻社会主义制度，即具体实行颠覆国家政权、推翻社会主义制度的活动。本罪的犯罪主体是一般主体。犯罪主观方面是故意，并且具有颠覆国家政权、推翻社会主义制度的目的。

根据刑法第 105 条第 1 款之规定，犯颠覆国家政权罪的，对首要分子或者罪行重大的，处无期徒刑或者 10 年以上有期徒刑；对积极参加的，处 3 年以上 10 年以下有期徒刑；对其他参加的，处 3 年以下有期徒刑、拘役、管制或者剥夺政治权利。刑法第 113 条第 2 款规定，犯本罪的，可以并处没收财产。刑法第 106 条规定，与境外机构、组织、个人相勾结犯本罪的，从重处罚。

六、煽动颠覆国家政权罪

煽动颠覆国家政权罪，是指以造谣、诽谤或者其他方式煽动颠覆国家政权、推翻社会主义制度的行为。犯罪客观方面表现为以造谣、诽谤或其他方法颠覆国家政权和社会主义制度的行为。这里的造谣，是指制造并散布敌视我国国家政权和社会主义制度的言论。诽谤，是指捏造并散布虚假事实，诋毁我国国家政权和社会主义制度。其他方式，是指造谣、诽谤以外的能够引起人们仇视我国国家政权和社会主义制度的行为。煽动的对象,社会不特定的多数人,与对个别人实行实行教唆有所不同。本罪的犯罪手段有多种形式,包括散发传单、发表演讲、出版书刊或音像制品等方式。犯罪主体是一般主体。犯罪主观方面是故意,并且具有颠覆国家政权、推翻社会主义制度的目的。

根据我国刑法第 105 条第 2 款之规定,犯煽动颠覆国家政权罪的,处 5 年以下有期徒刑、拘役、管制或者剥夺政治权利;首要分子或者罪行重大的,处 5 年以上有期徒刑。刑法第 113 条第 2 款规定,犯本罪的,可以并处没收财产。刑法第 106 条规定,与境外机构、组织、个人相勾结犯本罪的,从重处罚。

七、资助危害国家安全犯罪活动罪

资助危害国家安全犯罪活动罪,是指境内外机构、组织或者个人资助境内组织或者个人实施背叛国家、分裂国家、煽动分裂国家、武装叛乱、暴乱、颠覆国家政权、煽动颠覆国家政权的行为。犯罪客观方面,表现为资助境内组织或者个人实施危害国家安全的犯罪活动。资助的内容是指向实施危害国家安全犯罪的组织或者个人提供资金、通讯器材、交通工具或者其他物品。犯罪主体是境内外机构、组织或者个人。犯罪主观方面是故意,即明知是危害国家安全犯罪活动而有意予以资助的主观心理状态。

根据我国刑法第 107 条之规定,犯资助危害国家安全犯罪活动罪的,对直接责任人员,处 5 年以下有期徒刑、拘役、管制或者剥夺政治权利;情节严重的,处 5 年以上有期徒刑。

八、投敌叛变罪

投敌叛变罪,是指中国公民背叛祖国,投靠敌方,出卖国家和人民利益的行为。犯罪客观方面表现为背叛祖国,投靠敌方。这里的投靠,包括以下两种情况:(1) 投奔,即由我方逃到敌方,脱离我方的指挥、管辖。(2) 投降,即在被敌俘虏后宣布脱离我方,为敌方服务。犯罪主体只能是中国公民。犯罪主观方面是故意,意图投靠敌方为敌方效劳,危害国家安全。

根据我国刑法第 108 条之规定,犯投敌叛变罪的,处 3 年以上 10 年以下有期徒刑;情节严重或者带领武装部队人员、人民警察、民兵投敌叛变的,处 10 年以上有期徒刑或者无期徒刑。我国刑法第 113 条第 1 款规定,犯本罪的,对国家和人民危害特别严重、情节特别恶劣的,可以判处死刑。第 2 款规定,犯本罪的,可以并处没收财产。

九、叛逃罪

叛逃罪,是指国家机关工作人员或者掌握国家秘密的国家工作人员在履行公务期间,擅离岗位,叛逃境外或者在境外叛逃,危害中华人民共和国国家安全的行为。

本罪侵犯的客体是国家安全。犯罪客观方面,表现为在履行公务期间,擅离岗位,叛逃境外或者在境外叛逃,危害中华人民共和国国家安全的行为。这里的履行公务期间,是指在职的国家机关工作人员在执行公务期间。

擅离岗位,是指违反规定私自离开岗位。

叛逃境外，是指与境外机构、组织联络，从境内逃离到境外。

在境外叛逃，是指在境外擅自不回国或者擅自脱离在国外的岗位，投靠境外机构、组织。

危害中华人民共和国国家安全，是指泄露国家重要机密，或者发表损害我国利益的言论。

犯罪主体，是国家机关工作人员或者掌握国家秘密的国家工作人员。

犯罪的主观方面是故意，即明知是叛逃行为而有意实施的主观心理状态。

根据我国刑法第 109 条第 1 款之规定，犯叛逃罪的，处 5 年以下有期徒刑、拘役、管制或者剥夺政治权利；情节严重的，处 5 年以上 10 年以下有期徒刑。第 2 款规定，掌握国家秘密的国家工作人员犯本罪的，从重处罚。我国刑法第 113 条第 2 款规定，犯本罪的，可以并处没收财产。

十、间谍罪

间谍罪，是指参加间谍组织或者接受间谍组织及其代理人的任务，或者为敌人指示轰击目标的行为。犯罪客观方面表现为行为人实施间谍行为，具体包括：(1) 参加间谍组织或者接受间谍组织及其代理人的任务的。这里的参加间谍组织，是指经过一定手续，加入外国政府或者境外敌对势力建立的旨在收集其他国家情报，对他国进行颠覆破坏活动，破坏他国国家安全和利益的组织，成为其成员。接受间谍组织及其代理人的任务，是指尚未加入间谍组织，而是接受间谍组织以及间谍组织代理人的指令，完成其所交给的收集情报等任务。(2) 为敌人指示轰击目标，即采用各种手段向敌人指示其所轰击的目标。犯罪主体是一般主体。犯罪主观方面是故意，即明知是间谍组织而参加或者明知是间谍组织及其代理人而接受其任务的主观心理状态。

根据我国刑法第 110 条之规定，犯间谍罪的，处 10 年以上有期徒刑或者无期徒刑；情节较轻的，处 3 年以上 10 年以下有期徒刑。我国刑法第 113 条第 1 款规定，犯本罪，对国家和人民危害特别严重、情节特别恶劣的，可以判处死刑。第 2 款规定，犯本罪的，可以并处没收财产。

十一、为境外窃取、刺探、收买、非法提供国家秘密、情报罪

为境外窃取、刺探、收买、非法提供国家秘密、情报罪，是指为境外的机构、组织、人员窃取、刺探、收买、非法提供国家秘密、情报的行为。

犯罪客观方面，表现为境外窃取、刺探、收买、非法提供国家秘密、情报的行为。本罪的行为方式包括：(1) 窃取，即以各种形式秘密窃取；(2) 刺探，即采用探听或者一定的专门技术获取；(3) 收买，即利用金钱和物质利益以换取；(4) 非法提供，即违反法律规定提供。犯罪主体是一般主体。犯罪主观方面是故意，即明知是国家秘密、情报而窃取、刺探、收买、非法提供的主观心理状态。

根据我国刑法第 111 条之规定，犯为境外窃取、刺探、收买、非法提供国家秘密、情报罪的，处 5 年以上 10 年以下有期徒刑；情节特别严重的，处 10 年以上有期徒刑或者无期徒刑；情节较轻的，处 5 年以下有期徒刑、拘役、管制或者剥夺政治权利。我国刑法第 113 条第 1 款规定，犯本罪，对国家和人民危害特别严重、情节特别恶劣的，可以判处死刑。第 2 款规

定，犯本罪的，可以并处没收财产。

十二、资敌罪

资敌罪，是指战时供给敌人武器装备、军用物资的行为。犯罪客观方面表现为在战时供给敌人武器装备、军用物资。这里的供给是指非法向敌人提供，既包括无偿提供，也包括有偿出售。犯罪主体是一般主体。犯罪主观方面是故意犯罪，即明知是战时供给敌人武器装备、军用物资的行为需有意实施的主观心理状态。

根据我国刑法第 112 条之规定，犯资敌罪的，处 10 年以上有期徒刑或者无期徒刑；情节较轻的，处 3 年以上 10 年以下有期徒刑。我国刑法第 113 条第 1 款规定，犯本罪，对国家和人民危害特别严重、情节特别恶劣的，可以判处死刑。第 2 款规定，犯本罪的，可以并处没收财产。

第十九章 危害公共安全罪

第一节 危害公共安全罪概述

一、危害公共安全罪的概念和构成

危害公共安全犯罪，是指危害不特定多数人的生命、健康和重大公私财产安全或者公共生活安全的犯罪，是普通刑事犯罪中客观危险性最大的一类犯罪。

本类罪的构成要件如下：

(1) 本类罪侵犯的客体是公共安全。所谓“公共安全”，是指不特定多数人的生命、健康或重大公私财产安全。

(2) 本类罪在客观方面表现为行为人实施了某种危害或足以危害公共安全的行为。

(3) 本类罪的主体多数是一般主体，少数是特殊主体，包括国家工作人员和其他业务上或职务上负有特定义务的人员。

(4) 本类罪的主观方面表现为故意或过失。

这类犯罪有些特点特别值得注意：第一，实施这种犯罪，其危害后果之重，破坏范围之广，往往是犯罪分子自己也难以预知和控制的；第二，本类犯罪中不仅故意犯罪，而且忽视公共安全的许多过失行为，也同样可以造成严重后果；第三，本类犯罪的危害结果一般是人身伤害、死亡或者对财产的破坏，因此如何区分本类犯罪与侵犯人身权利罪、侵犯财产罪的界限，特别值得注意。

二、危害公共安全罪的分类

我国刑法分则第 2 章从第 114 条到第 139 条以及刑法修正案共规定了 47 个罪名，可以分为以下几种类型：

第一，以危险方法危害公共安全的犯罪：放火罪，失火罪，决水罪，过失决水罪，爆炸罪，过失爆炸罪，投放危险物质罪，过失投放危险物质罪，以危险方法危害公共安全罪，过失以危险方法危害公共安全罪。

第二，破坏公用工具、设施危害公共安全的犯罪：破坏交通工具罪，过失损坏交通工具罪，破坏交通设施罪，过失损坏交通设施罪，破坏电力设备罪，破坏易燃易爆设备罪，过失损坏电力设备罪，过失损坏易燃易爆设备罪，破坏通讯设施罪，过失损坏通讯设施罪。

第三，实施恐怖、危险活动危害公共安全罪：组织、领导、参加恐怖组织罪，资助恐怖活动罪，劫持航空器罪，劫持船只、汽车罪，暴力危及飞行安全罪，破坏广播电视设施、公用电信设施罪，过失损坏广播电视设施、公用电信设施罪。

第四，违反枪支、弹药、爆炸物、危险物质管理规定危害公共安全的犯罪：非法制造、买卖、运输、邮寄、储存枪支、弹药、爆炸物罪，非法制造、买卖、运输、储存危险物质罪，违规制造、销售枪支罪，盗窃、抢夺枪支、弹药、爆炸物、危险物质罪，抢劫枪支、弹药、爆炸物、危险物质罪，非法持有、私藏枪支、弹药罪，非法出租、出借枪支罪，丢失枪支不报罪，非法携带枪支、弹药、管制刀具、危险物品危及公共安全罪。

第五，造成重大责任事故危害公共安全的犯罪：重大飞行事故罪，铁路运营安全事故罪，交通肇事罪，重大责任事故罪，强令违章冒险作业罪，重大劳动安全事故罪，大型群众性活动重大安全事故罪，危险物品肇事罪，工程重大安全事故罪，教育设施重大安全事故罪，消防责任事故罪，不报、谎报安全事故罪。

第二节　危害公共安全罪分述

一、放火罪

放火罪，是指故意纵火焚烧公共财物，危害公共安全的行为。

本罪侵犯的客体是公共安全，即不特定多数人的生命、健康和重大公私财产安全。犯罪对象包括焚烧工厂、矿场、油田、港口、仓库、住宅、森林、农场、谷场、牧场、重要管道、公共建筑或者其他公私财产。焚烧上述财物，可能危及不特定多数人的健康和生命。应当指出，这里的财物，一般是指他人财物。但焚烧本人财物而危害公共安全的，同样也可以构成放火罪。犯罪客观方面表现为纵火，即使用各种引火物，点燃财物，制造火灾，危害公共安全。放火可能给不特定的多数人的人身或财产造成重大损失，但是并非必须已经造成上述损失才构成放火罪，而是只要根据行为时的具体时间、地点环境等条件分析，存在足以造成上述损失危险的，即可构成本罪。放火烧毁他人财物，不危及公共安全，但情节严重的，可以构成故意毁坏财物罪。犯罪主体是一般主体，即已满 14 周岁，具有刑事责任能力的人，均可构成本罪主体。犯罪主观方面是故意，即明知放火行为会危及不特定多数人的健康、生命或者重大财产安全，希望或者放任这种结果发生的主观心理状态。

根据我国刑法第 114 条[刑法修正案(三)第 1 条]之规定，犯放火罪，尚未造成严重后果的，处 3 年以上 10 年以下有期徒刑。第 115 条第 1 款[刑法修正案(三)第 2 条]规定，犯本罪，致人重伤、死亡或者使公私财产遭受重大损失的，处 10 年以上有期徒刑、无期徒刑或者死刑。

二、决水罪

决水罪，是指故意破坏堤防、水坝、防水、排水等水利设施，制造水患，危害公共安全的行为。本罪的客观方面表现为决水，一般是指采取开挖水坝、破坏堤防、堵塞水道、破坏水闸、破坏防水设备等方法，使河、湖、池水泛滥，造成水灾。犯罪主体是一般主体。犯罪主观方面是故意，即明知决水行为会危及不特定多数人的健康、生命或者重大财产安全，希望或者放任这种结果发生的主观心理状态。

根据我国刑法第 114 条[刑法修正案(三)第 1 条]之规定，犯决水罪，尚未造成严重后果的，处 3 年以上 10 年以下有期徒刑。第 115 条第 1 款[刑法修正案(三)第 2 条]规定，犯本罪，致人重伤、死亡或者使公私财产遭受重大损失的，处 10 年以上有期徒刑、无期徒刑或者死刑。

三、爆炸罪

爆炸罪，是指故意引起爆炸物进行爆炸，危害公共安全的行为。

本罪的客观方面表现为引爆炸弹、手榴弹、地雷以及炸药、雷管等爆炸物，实施爆炸，危害公共安全。爆炸行为会爆毁建筑物以及其他公私财物，同时也会造成对不特定多数人炸死或者炸伤的严重后果。犯罪主体是一般主体。凡年满 14 周岁、具有刑事责任能力的人，犯爆炸罪的，应当负刑事责任。犯罪主观方面是故意。

根据我国刑法第 114 条[刑法修正案(三)第 1 条]之规定，犯爆炸罪，尚未造成严重后果的，处 3 年以上 10 年以下有期徒刑。第 115 条第 1 款[刑法修正案(三)第 2 条]规定，犯本罪，致人重伤、死亡或者使公私财产遭受重大损失的，处 10 年以上有期徒刑、无期徒刑或者死刑。

四、投放危险物质罪

投放危险物质罪，是指故意投放毒害性、放射性、传染病病原体等物质，危害公共安全的行为。

本罪侵犯的客体是公共安全，直接侵害的对象可以是不特定的多数人，也可以是公私财物。犯罪客观方面表现为行为人实施了投放毒害性、放射性、传染病病原体等物质的行为。这里的毒害性物质，是指含有毒质、具有毒害作用的有机物或者无机物，例如氰化钾、砒霜、剧毒农药等。放射性物质，是指能够发生核放射线的物质。传染病病原体，是指传染病菌种、毒种。在一般情况下，投放危险物质行为是针对不特定多数人的，因而会造成人身伤亡。在少数情况下，投放危险物质行为也会造成公私财物的重大损失。犯罪主体是一般主体。犯罪主观方面是故意，即指明知投放危险物质行为会造成他人伤亡或者公私财产重大损失的后果，并且希望或者放任这种结果发生的主观心理状态。

根据刑法第 114 条[刑法修正案(三)第 1 条]之规定，犯投放危险物质罪，尚未造成严重后果的，处 3 年以上 10 年以下有期徒刑。第 115 条第 1 款[刑法修正案(三)第 2 条]规定，犯本罪，致人重伤、死亡或者使公私财产遭受重大损失的，处 10 年以上有期徒刑、无期徒刑或者死刑。

五、以危险方法危害公共安全罪

以危险方法危害公共安全罪，是指使用放火、决水、爆炸、投放危险物质以外的其他方法，造成不特定多数人的伤亡或者公私财产重大损失，危害公共安全的行为。

本罪的客观方面表现为行为人实施了以放火、决水、爆炸、投放危险物质以外的其他危害公共安全的行为，这些行为具有与放火、决水、爆炸、投放危险物质在危险性质上的相当性，一旦实施足以危害公共安全。犯罪主体是一般主体。犯罪主观方面是故意，即明知实施危险方法会危害公共安全，造成他人的人身伤亡或者公私财产重大损失的后果，并且希望或者放任这种结果发生的主观心理状态。

根据我国刑法第 114 条[刑法修正案(三)第 1 条]之规定，犯以危险方法危害公共安全罪，尚未造成严重后果的，处 3 年以上 10 年以下有期徒刑。第 115 条第 1 款[刑法修正案(三)第 2 条]规定，犯本罪，致人重伤、死亡或者使公私财产遭受重大损失的，处 10 年以上有期徒刑、无期徒刑或者死刑。

六、失火罪

失火罪，是指过失引起火灾，致人重伤、死亡或者使公私财产遭受重大损失，危害公共安全的行为。

本罪的客观方面表现为过失引起火灾，造成严重后果，危害公共安全。失火一般发生在日常生活中，用火、用电等不慎引起火灾。失火一般是引燃财物，会造成公私财产的损失，同时也会危及人身安全，造成他人伤亡的后果。犯罪主体是一般主体。犯罪主观方面是过失，即应当预见自己的行为可能引发火灾，造成他人伤亡或者公私财产重大损失的结果，因为疏忽大意而没有预见，或者已经预见而轻信能够避免，以致发生这种结果的主观心理状态。

根据我国刑法第 115 条第 2 款之规定，犯失火罪的，处 3 年以上 7 年以下有期徒刑；情节较轻的，处 3 年以下有期徒刑或者拘役。

七、过失决水罪

过失决水罪，是指过失引起水灾，危害公共安全的行为。

本罪的客观方面表现为过失引起水灾。这里的引起水灾，是指在用水中，由于方法不当，措施不利，导致水势失控泛滥成灾。过失决水罪的结果是致人重伤、死亡或者使公私财产遭受重大损失。犯罪主体是一般主体。犯罪主观方面是过失，即应当预见自己的行为可能引发水灾，造成他人伤亡或者公私财产重大损失的结果，因为疏忽大意而没有预见，或者已经预见而轻信能够避免，以致发生这种结果的主观心理状态。

根据我国刑法第 115 条第 2 款之规定，犯过失决水罪的，处 3 年以上 7 年以下有期徒刑；情节较轻的，处 3 年以下有期徒刑或者拘役。

八、过失爆炸罪

过失爆炸罪，是指过失引起爆炸，危害公共安全的行为。

本罪的客观方面表现为行为人行动不慎，过失引起爆炸，危害公共安全，并且致人重伤、死亡或者使公私财产遭受重大损失。可以是作为、也可以是不作为。犯罪主体是一般主体。

犯罪主观方面是过失，即应当预见自己的行为可能引起爆炸，造成他人伤亡或者公私财产重大损失的结果，因为疏忽大意而没有预见，或者已经预见而轻信能够避免，以致发生这种结果的主观心理状态。

根据我国刑法第 115 条第 2 款之规定，犯过失爆炸罪的，处 3 年以上 7 年以下有期徒刑；情节较轻的，处 3 年以下有期徒刑或者拘役。

九、过失投放危险物质罪

过失投放危险物质罪，是指过失投放毒害性、放射性、传染病病原体等物质，危害公共安全的行为。

本罪的客观方面表现为行为人过失投放毒害性、放射性、传染病病原体等物质，以致危害公共安全，致人重伤、死亡或者使公私财产遭受重大损失。犯罪主体是一般主体。犯罪主观方面是过失，即应当预见自己的行为可能引起中毒，造成他人伤亡或者公私财产重大损失的结果，因为疏忽大意而没有预见，或者已经预见而轻信能够避免，以致发生这种结果的主观心理状态。

根据我国刑法第 115 条第 2 款之规定，犯过失投放危险物质罪的，处 3 年以上 7 年以下有期徒刑；情节较轻的，处 3 年以下有期徒刑或者拘役。

十、过失以危险方法危害公共安全罪

过失以危险方法危害公共安全罪，是指过失以放火、决水、爆炸、投放危险物质以外的其他危险方法，致人重伤、死亡或者使公私财产遭受重大损失，危害公共安全的行为。

本罪的犯罪客观方面表现为行为人过失以放火、决水、爆炸、投放危险物质以外的其他危险方法，实施了危害公共安全的行为，致人重伤、死亡或者公私财产遭受重大损失。犯罪主体是一般主体。犯罪主观方面是过失，即应当预见自己的行为可能引起危险，造成他人伤亡或者公私财产重大损失的结果，因为疏忽大意而没有预见，或者已经预见而轻信能够避免，以致发生这种结果的主观心理状态。

根据我国刑法第 115 条第 2 款之规定，犯过失以危险方法危害公共安全罪的，处 3 年以上 7 年以下有期徒刑；情节较轻的，处 3 年以下有期徒刑或者拘役。

十一、破坏交通工具罪

破坏交通工具罪，是指故意破坏火车、汽车、电车、船只、航空器，危害公共安全的行为。

本罪的客观方面表现为行为人实施了破坏火车、汽车、电车、船只、航空器的行为。这里的破坏，是指以拆卸、碰撞、在燃料中掺以杂质等各种手段和方法破坏交通工具。本罪的犯罪对象是交通工具，即火车、汽车、电车、船只、航空器。犯罪主体是一般主体。犯罪主观方面是故意，即明知是破坏交通工具的行为而有意实施的主观心理状态。

根据我国刑法第 116 条之规定，犯破坏交通工具罪，尚未造成严重后果的，处 3 年以上 10 年以下有期徒刑。第 119 条第 1 款规定，犯本罪，造成严重后果的，处 10 年以上有期徒刑、无期徒刑或者死刑。

十二、破坏交通设施罪

破坏交通设施罪，是指故意破坏轨道、桥梁、隧道、公路、机场、航道、灯塔、标志或者进行其他破坏活动，危害公共安全的行为。

本罪的犯罪客观方面表现为行为人实施了破坏轨道、桥梁、隧道、公路、机场、航道、灯塔、标志或者进行其他破坏活动的行为。这里的破坏，是指毁坏交通设施，或者损害交通设施的功能，使其不能正常使用。犯罪对象是正在使用中的轨道、桥梁、隧道、公路、机场、航道、灯塔、标志等交通设施。犯罪主体是一般主体。犯罪主观方面是故意，即明知是破坏交通设施的行为而有意实施的主观心理状态。

根据我国刑法第 118 条之规定，犯破坏交通设施罪，尚未造成严重后果的，处 3 年以上 10 年以下有期徒刑。第 119 条第 1 款规定，犯本罪，造成严重后果的，处 10 年以上有期徒刑、无期徒刑或者死刑。

十三、破坏电力设备罪

破坏电力设备罪，是指故意破坏电力设备，危害公共安全的行为。

本罪的客观方面表现为行为人实施了破坏电力设备的行为，已经或足以危害公共安全的行为。这里的破坏，是指采用放火、爆炸、毁坏、拆卸重要机件，割断、拆除输电线路等方法，致使电力设备无法正常使用。犯罪主体是一般主体。犯罪客观方面是故意，即明知是破坏电力设备的行为而有意实施的主观心理状态。

根据我国刑法第 118 条之规定，犯破坏电力设备罪，尚未造成严重后果的，处 3 年以上 10 年以下有期徒刑。第 119 条第 1 款规定，犯本罪，造成严重后果的，处 10 年以上有期徒刑、无期徒刑或者死刑。

十四、破坏易燃易爆设备罪

破坏易燃易爆设备罪，是指故意破坏燃气或者其他易燃易爆设备，危害公共安全的行为。

本罪的客观方面表现为行为人实施了破坏易燃易爆设备的行为，已经或足以危害公共安全。这里的破坏，是指采用放火、爆炸、拆卸重要机制，割断、拆除输气管道等方法，致使易燃易爆设备毁坏。犯罪主体是一般主体，犯罪主观方面是故意，即明知是破坏易燃易爆设备的行为而有意实施的主观心理状态。

根据我国刑法第 118 条之规定，犯破坏易燃易爆设备罪，尚未造成严重后果的，处 3 年以上 10 年以下有期徒刑。第 119 条第 1 款规定，犯本罪，造成严重后果的，处 10 年以上有期徒刑、无期徒刑或者死刑。

十五、过失损坏交通工具罪

过失损坏交通工具罪，是指过失损坏火车、汽车、电车、船只、航空器，使其发生倾覆、毁坏的严重后果,危害公共安全的行为。

本罪的客观方面表现为行为人过失实施了损坏交通工具的行为。这里的损坏,是指损毁火车、汽车、电车、船只、航空器。犯罪对象是正在使用中的火车、汽车、电车、船只、航空器。本罪的危害结果是使正在使用中的造成火车、汽车、电车、船只、航空器发生倾覆、毁坏的严重后果。犯罪主体是一般主体,犯罪主观方面是过失,即应当预见自己的行为可能损坏火车、汽车、电车、船只、航空器,使上述交通工具发生倾覆、毁坏的严重结果,因为疏忽大意而没有预见,或者已经预见而轻信能够避免,以致发生这种结果的主观心理状态。

根据我国刑法第 119 条第 2 款之规定,犯过失损害交通工具罪的,处 3 年以上 7 年以下有期徒刑;情节较轻的,处 3 年以下有期徒刑或者拘役。

十六、过失损坏交通设施罪

过失损坏交通设施罪,是指过失损坏轨道、桥梁、隧道、公路、机场、航道、灯塔、标志等交通设施,使其发生倾覆、毁坏的严重后果,危害公共安全的行为。

本罪的客观方面表现为行为人过失实施了损坏交通设施的行为,犯罪对象是正在使用中的轨道、桥梁、公路、机场、航道、灯塔、标志等交通设施。危害结果造成火车、汽车、电车、船只、航空器发生倾覆、毁坏等严重后果。犯罪主体是一般主体。犯罪主观方面是过失,即应当预见自己的行为可能损坏轨道、桥梁、公路、机场、航道、灯塔、标志等交通设施,造成火车、汽车、电车、船只、航空器发生倾覆、毁坏等严重结果,因为疏忽大意而没有预见,或者已经预见而轻信能够避免,以致发生这种结果的主观心理状态。

根据我国刑法第 119 条第 2 款之规定,犯过失损坏交通设施罪的,处 3 年以上 7 年以下有期徒刑;情节较轻的,处 3 年以下有期徒刑或者拘役。

十七、过失损坏电力设备罪

过失损坏电力设备罪,是指过失致使电力设备毁坏,危害公共安全的行为。

本罪的客观方面表现为行为人过失实施了损坏电力设备的行为。犯罪对象是正在使用中的电力设备。危害结果是致使电力设备毁坏。犯罪主体是一般主体。犯罪主观方面是过失,即应当预见自己的行为可能损坏电力设备,因为疏忽大意而没有预见,或者已经预见而轻信能够避免,以致发生这种结果的主观心理状态。

根据我国刑法第 119 条第 2 款之规定,犯过失损坏电力设备罪的,处 3 年以上 7 年以下有期徒刑;情节较轻的,处 3 年以下有期徒刑或者拘役。

十八、过失损坏易燃易爆设备罪

过失损坏易燃易爆设备罪,是指过失致使燃气或者其他易燃易爆设备毁坏,危害公共安全的行为。

本罪的客观方面表现为行为人过失实施了损坏易燃易爆设备的行为。犯罪对象是燃气或者其他易燃易爆设备。危害结果是致使燃气或者其他易燃易爆设备毁坏或者他人伤亡。犯罪主体是一般主体。犯罪主观方面是过失,即应当预见自己的行为可能损坏燃气或者其他易燃易爆设备，因为疏忽大意而没有预见，或者已经预见而轻信能够避免，以致发生这种结果的主观状态。

根据我国刑法第 119 条第 2 款之规定，犯过失损坏易燃易爆设备罪的，处 3 年以上 7 年以下有期徒刑；情节较轻的，处 3 年以下有期徒刑或者拘役。

十九、组织、领导、参加恐怖组织罪

组织、领导、参加恐怖组织罪，是指组织、领导或者参加恐怖活动组织的行为。

本罪侵犯的客体是公共安全。恐怖组织是以不特定多数人的生命、健康或重大公私财产为侵害对象，因而是一种严重危害公共安全的犯罪行为。犯罪客观方面表现为组织、领导或者参加恐怖活动组织的行为。本罪是选择性罪名，即只要实施以上三种行为之一，就可以构成本罪。实施两种行为以上的，仍按一罪处罚，不实行数罪并罚。所谓恐怖活动组织，是指三人以上，以从事杀人、伤害、爆炸、绑架等暴力性犯罪为主要活动，制造恐怖为目的而建立起来的犯罪组织。组织恐怖活动组织，是指发起、拉拢、策划建立恐怖活动组织的行为。领导恐怖组织，是指在恐怖组织中进行指挥、布置、实施恐怖活动的行为。参加恐怖活动组织，是指加入恐怖组织的行为。犯罪主体是一般主体。犯罪主观方面是故意犯罪，即明知是恐怖活动组织而组织、领导、参加的主观心理状态。

根据我国刑法第 120 条第 1 款[刑法修正案(三)第 3 条]之规定，犯本罪而组织、领导恐怖活动组织的，处 10 年以上有期徒刑或者无期徒刑；积极参加的，处 3 年以上 10 年以下有期徒刑；其他参加的，处 3 年以下有期徒刑、拘役、管制或者剥夺政治权利。第 2 款规定，犯前款罪并实施杀人、爆炸、绑架等犯罪的，依照数罪并罚的规定处罚。

二十、资助恐怖活动罪

资助恐怖活动罪，是指资助恐怖活动组织或者实施恐怖活动的个人的行为。

本罪的客观方面表现为行为人实施了资助恐怖活动组织或者实施恐怖活动的行为。这里的资助，是指为恐怖活动组织或者实施恐怖活动的个人予以各种物质上的帮助。犯罪主体是一般主体。犯罪主观方面是故意，即明知是恐怖活动组织或者实施恐怖犯罪活动的个人而予以资助的主观心理状态。

根据我国刑法第 120 条第 3 款[刑法修正案(三)第 4 条]之规定，犯资助恐怖活动罪的，处 5 年以下有期徒刑、拘役、管制或者剥夺政治权利，并处罚金；情节严重的，处 5 年以上有期徒刑，并处罚金或者没收财产。第 4 款规定，单位犯前款罪的，对单位判处罚金，并对其直接负责的主管人员和其他直接责任人员，依照前款的规定处罚。

二十一、劫持航空器罪

劫持航空器罪，是指以暴力、胁迫或者其他方法劫持航空器的行为。

本罪侵犯的客体是劫持航空器的飞行安全，亦即航空器上载乘人员及重大公私财产的安全。犯罪对象仅限于飞行中的航空器，主要是飞机。犯罪客观方面表现为以暴力、胁迫或者其他方法劫持航空器的行为。这里的暴力，是指对航空器上的驾驶人员、机组人员或者其他人员，进行殴打、伤害乃至于杀害。胁迫，是指对航空器上的驾驶人员、机组人员或者其他人员，进行精神恐吓或者暴力威胁。其他方法，是指上述暴力、胁迫以外的其他劫持方法，例如麻醉驾驶人员等。劫持，是指按照劫持者的意志强行控制航空器。犯罪主体是一般主体，既可以是乘客，也可以是机组成员。犯罪主观方面是故意，即明知是劫持航空器的行为而有意实施的主观心理状态。

根据我国刑法第 121 条之规定，犯劫持航空器罪的，处 10 年以上有期徒刑或者无期徒刑；致人重伤、死亡或者使航空器遭受严重破坏的，处死刑。

二十二、劫持船只、汽车罪

劫持船只、汽车罪，是指以暴力、胁迫或者其他方法劫持船只、汽车的行为。

本罪的客观方面表现为以暴力、胁迫或者其他方法劫持船只、汽车的行为。这里的暴力，是指对船只、汽车上的驾驶人员、乘务人员或者其他人员，进行殴打、伤害。胁迫，是指对船只、汽车上的驾驶人员等，进行精神恐吓或者暴力威胁。其他方法，是指暴力、胁迫以外的其他劫持方法。劫持，是指按照劫持者的意志强行控制船只、汽车。犯罪对象是正在使用中的船只、汽车。犯罪主体是一般主体。犯罪主观方面是故意，即明知是劫持船只，汽车的行为而有意实施的主观心理状态。

根据我国刑法第 122 条之规定，犯劫持船只、汽车罪的，处 5 年以上 10 年以下有期徒刑；造成严重后果的，处 10 年以上有期徒刑或者无期徒刑。

二十三、暴力危及飞行安全罪

暴力危及飞行安全罪，是指对飞行中的航空器上的人员使用暴力，危及飞机安全的行为。

本罪的客观方面表现为对飞行中的航空器上的人员使用暴力，危及飞行安全。这里的使用暴力，包括殴打和伤害。航空器上的人员，包括机组人员或者乘客。犯罪主体是一般主体。犯罪主观方面是故意，即明知是对飞行中的航空器上的人员使用暴力的行为而有意实施的主观心理状态。

根据我国刑法第 123 条之规定，犯暴力危及飞行安全罪，尚未造成严重后果的，处 5 年以下有期徒刑或者拘役；造成严重后果的，处 5 年以上有期徒刑。

二十四、破坏广播电视设施、公用电信设施罪

破坏广播电视设施、公用电信设施罪，是指破坏广播电视设施、公用电信设施，危害公共安全的行为。

本罪的客观方面表现为破坏广播电视设施、公用电信设施的行为。破坏方法是多种多样的，例如拆卸或者毁坏广播电视设施、公用电信设施的重要部件，砸毁机器设备，偷割电线、电缆等。当行为人采用毁坏或者盗窃方法破坏广播电视设施、公用电信设施的时候，这一行为既触犯本罪名，又触犯故意毁坏财物罪、破坏生产经营罪、盗窃罪等罪名，属于想象竞合犯，应从一重罪处断。破坏的广播电视设施、公用电信设施是正在使用中的广播电视设

施、公用电信设施。犯罪主体是一般主体。犯罪主观方面是故意，即明知是破坏广播电视设施、公用电信设施行为而有意实施的主观心理状态。

根据我国刑法第124条第1款之规定，犯破坏广播电视设施、公用电信设施罪的，处3年以上7年以下有期徒刑；造成严重后果的；处7年以上有期徒刑。

二十五、过失损坏广播电视设施、公用电信设施罪

过失损坏广播电视设施、公用电信设施罪，是指过失致使广播电视设施、公用电信设施遭受损坏，造成严重后果，危害公共安全的行为。

本罪侵犯的客观方面表现为行为人的过失行为，致使广播电视设施、公用电信设施遭受损坏。过失损坏的广播电视设施、公用电信设施是正在使用中的各种广播电视设施、公用电信设施。犯罪主体是一般主体。犯罪主观方面是过失犯罪。

根据我国刑法第124条第2款之规定，犯过失损坏广播电视设施、公用电信设施罪的，处3年以上7年以下有期徒刑；情节较轻的，处3年以下有期徒刑或者拘役。

二十六、非法制造、买卖、运输、邮寄、储存枪支、弹药、爆炸物罪

非法制造、买卖、运输、邮寄、储存枪支、弹药、爆炸物罪，是指违反国家关于枪支、弹药、爆炸物的管理规定，制造、买卖、运输、邮寄、储存枪支、弹药、爆炸物，危害公共安全的行为。

本罪侵犯的客体是公共安全和国家对枪支、弹药、爆炸物的管理制度。犯罪对象仅限于枪支、弹药、爆炸物。枪支，根据枪支管理法规定，是指以火药或者压缩气体等为动力，利用管状器具发射金属弹丸或者其他物质，足以致人伤亡或者丧失知觉的各种枪支，包括军用枪支、民用枪支、公务枪支、射击运动枪支等。弹药，是指各种军用枪支、民用枪支使用的子弹以及炸弹、手榴弹等。爆炸物，是指各种炸药、雷管等。

本罪的客观方面表现为违反国家关于枪支、弹药、爆炸物的管理规定，制造、买卖、运输、邮寄、储存枪支、弹药、爆炸物的行为。制造是指私自制作、加工、改装枪支、弹药、爆炸物。买卖是指私自购买或者出售枪支、弹药、爆炸物。运输是指将枪支、弹药、爆炸物从此地运往彼地。邮寄是指通过邮局将枪支、弹药、爆炸物寄往目的地。储存是指明知是他人非法制造、买卖、运输、邮寄的枪支、弹药、爆炸物而为其存放。根据我国相关司法解释的规定，个人或者单位非法制造、买卖、运输、邮寄、储存枪支、弹药、爆炸物，具有下列情形之一的，应当定罪处罚：

（1）非法制造、买卖、运输、邮寄、储存军用枪支1支以上的；

（2）非法制造、买卖、运输、邮寄、储存以火药为动力发射枪弹的非军用枪支1支以上或者以压缩气体等为动力的其他非军用枪支2支以上的；

（3）非法制造、买卖、运输、邮寄、储存军用子弹10发以上、气枪铅弹500发以上或者其他非军用子弹100发以上的；

（4）非法制造、买卖、运输、邮寄、储存手榴弹1枚以上的；

（5）非法制造、买卖、运输、邮寄、储存爆炸装置的；

（6）非法制造、买卖、运输、邮寄、储存炸药、发射药、黑火药1千克以上或者烟火药3 000克以上、雷管30枚以上或者导火索、导爆索30米以上的；

(7) 具有生产爆炸物品资格的单位不按照规定的品种制造，或者具有销售、使用爆炸物品资格的单位超过限额买卖炸药、发射药、黑火药 10 千克以上或者烟火药 30 千克以上、雷管 300 枚以上或者导火索、导爆索 300 米以上的；

(8) 多次非法制造、买卖、运输、邮寄、储存弹药、爆炸物的；

(9) 虽未达到上述最低数量标准，但具有造成严重后果等其他恶劣情节的。

犯罪主体是一般主体，也可以是单位。犯罪主观方面是故意，即明知是非法制造、买卖、运输、邮寄、储存枪支、弹药、爆炸物行为而有意实施的主观心理状态。

根据我国刑法第 125 条第 1 款之规定，犯非法制造、买卖、运输、邮寄、储存枪支、弹药、爆炸物罪的，处 3 年以上 10 年以下有期徒刑；情节严重的，处 10 年以上有期徒刑、无期徒刑或者死刑。第 3 款规定，单位犯本罪的，对单位判处罚金，并对其直接负责的主管人员和其他直接责任人员，依照第 1 款的规定处罚。

二十七、非法制造、买卖、运输、储存危险物质罪

非法制造、买卖、运输、储存危险物质罪，是指非法制造、买卖、运输、储存毒害性、放射性、传染病病原体等物质，危害公共安全的行为。

本罪的客观方面表现为违反国家关于危险物质的管理规定，制造、买卖、运输、储存危险物质的行为。犯罪主体是一般主体，也可以是单位。犯罪主观方面是故意。

根据我国刑法第 125 条第 2 款[刑法修正案(三)第 5 条]之规定，犯非法制造、买卖、运输、储存危险物质罪的，处 3 年以上 10 年以下有期徒刑；情节严重的，处 10 年以上有期徒刑、无期徒刑或者死刑。单位犯本罪的，对单位判处罚金，并对其直接负责的主管人员和其他直接责任人员，依照前款的规定处罚。

二十八、违规制造、销售枪支罪

违规制造、销售枪支罪，是指依法被指定、确定的枪支制造企业、销售企业，违反枪支管理规定，非法制造、销售枪支的行为。

本罪的客观方面表现为实施下列行为之一：以非法销售为目的，超过限额或者不按照规定的品种制造、配售枪支的；以非法销售为目的，制造无号、重号、假号的枪支的；非法销售枪支或者在境内销售为出口制造的枪支的。犯罪主体是依法被指定、确定的枪支制造企业、销售企业，因而本罪是纯正的单位犯罪。犯罪主观方面是故意。

根据我国刑法第 126 条之规定，犯违规制造、销售枪支罪的，对单位判处罚金，并对其直接负责的主管人员和其他直接责任人员，处 5 年以下有期徒刑；情节严重的，处 5 年以上 10 年以下有期徒刑；情节特别严重的，处 10 年以上有期徒刑或者无期徒刑。

二十九、盗窃、抢夺枪支、弹药、爆炸物、危险物质罪

盗窃、抢夺枪支、弹药、爆炸物、危险物质罪，是指秘密窃取或者公然夺取枪支、弹药、爆炸物、危险物质，危害公共安全的行为。

本罪的客观方面表现为秘密窃取或者公然夺取枪支、弹药、爆炸物、危险物质。犯罪主

体是一般主体。犯罪主观方面是故意，即明知是盗窃、抢夺枪支、弹药、爆炸物、危险物质的行为而有意实施的主观心理状态。不知是上述物品而实施窃取、抢夺的，不构成本罪。

根据我国刑法第127条第1款[刑法修正案(三)第6条第1款]之规定，犯盗窃、抢夺枪支、弹药、爆炸物、危险物质罪的，处3年以上10年以下有期徒刑；情节严重的，处10年以上有期徒刑、无期徒刑或者死刑。第2款[刑法修正案(三)第1条]规定，犯本罪而盗窃、抢夺国家机关、军警人员、民兵的枪支、弹药、爆炸物的，处10年以上有期徒刑、无期徒刑或者死刑。

三十、抢劫枪支、弹药、爆炸物、危险物质罪

抢劫枪支、弹药、爆炸物、危险物质罪，是指以暴力、胁迫或者其他方法，抢劫枪支、弹药、爆炸物、危险物质，危害公共安全的行为。

本罪的客观方面表现为当场以暴力、胁迫或者其他方法，强行劫夺或迫使他人交出枪支、弹药、爆炸物、危险物质的行为。犯罪主体是一般主体。犯罪主观方面是故意，即明知是上述物品而实施抢劫。不知是上述物品而实施抢劫的，不构成本罪。

根据我国刑法第127条第2款[刑法修正案(三)第6条第2款]之规定，犯抢劫枪支、弹药、爆炸物、危险物质罪的，处10年以上有期徒刑、无期徒刑或者死刑。

三十一、非法持有、私藏枪支、弹药罪

非法持有、私藏枪支、弹药罪，是指违反法律规定，持有、私藏枪支、弹药的行为。

本罪的客观方面表现为非法持有、私藏枪支、弹药的行为。非法持有，是指不符合配备、配置枪支、弹药案件的人员，违反枪支管理法律、法规的规定，擅自持有枪支、弹药的行为。私藏，是指私自藏匿所配备、配置的枪支、弹药且拒不交出的行为。实施上述行为之一的，即构成本罪。犯罪主体是一般主体。犯罪主观方面是故意。

根据我国刑法第128条第1款之规定，犯非法持有、私藏枪支、弹药罪的，处3年以下有期徒刑、拘役或者管制；情节严重的，处3年以上7年以下有期徒刑。

三十二、非法出租、出借枪支罪

非法出租、出借枪支罪，是指依法配备公务用枪的人员，违反枪支管理规定，出租、出借枪支，或者依法配置枪支的人员，违反枪支管理规定，出租、出借枪支，造成严重后果的行为。

本罪的客观方面表现为非法出租、出借枪支。这里的非法出租，是指以牟利为目的，将自己配备的枪支有偿租借给他人。非法出借枪支，是指擅自将自己配备的枪支借给他人。犯罪主体是依法配备公务用枪的人员和依法配置枪支的人员，也可以是单位。犯罪主观方面是故意。

根据我国刑法第128条第2、第3款之规定，犯非法出租、出借枪支罪的，依照第1款规定处罚，即处3年以下有期徒刑、拘役或者管制；情节严重的，处3年以上7年以下有期徒刑。第4款规定；单位犯本罪的，对单位判处罚金，并对其直接负责的主管人员和其他直接责任人员，依照第1款的规定处罚。

三十三、丢失枪支不报罪

丢失枪支不报罪，是指依法配备公务用枪的人员，丢失枪支不及时报告，造成严重后果的行为。

本罪的客观方面表现为不慎将依法配备的公务用枪丢失，不及时报告，造成严重后果的行为。刑法惩治的并不是丢失枪支行为，而是丢失枪支以后不及时报告，造成严重后果的行为。所谓“造成严重后果”，是指丢失的枪支被犯罪分子用作犯罪工具，被丢失枪支造成他人伤亡，被丢失枪支造成公私财产重大损失或者造成其他严重危害公共安全的情形。犯罪主体是依法配备公务用枪的人员，也可以是单位。犯罪主观方面是故意，是指明知丢失枪支应当及时报告而不及时报告的主观心理状态。

根据我国刑法第 129 条之规定，犯丢失枪支不报罪的，处 3 年以下有期徒刑或者拘役。

三十四、非法携带枪支、弹药、管制刀具、危险物品危及公共安全罪

非法携带枪支、弹药、管制刀具、危险物品危及公共安全罪，是指违反法律规定，携带枪支、弹药、管制刀具，或者爆炸性、易燃性、放射性、毒害性、腐蚀性物品，进入公共场所或者公共交通工具，危及公共安全，情节严重的行为。

本罪的客观方面表现为，非法携带枪支、弹药、管制刀具，或者爆炸性、易燃性、放射性、毒害性、腐蚀性物品，进入公共场所或者公共交通工具，危及公共安全，情节严重的行为。本罪的对象只能是上述特定物品。犯罪主体是一般主体。犯罪主观方面是故意犯罪。实施上述行为，情节轻微的，不构成本罪。

根据我国刑法第 130 条之规定，犯非法携带枪支、弹药、管制刀具、危险物品危及公共安全罪的，处 3 年以下有期徒刑、拘役或者管制。

三十五、重大飞行事故罪

重大飞行事故罪，是指航空人员违反规章制度，致使发生重大飞行事故，造成严重后果的行为。

本罪的客观方面表现为违反与飞行安全有关的规章制度，致使发生重大飞行事故，造成严重后果的行为。犯罪主体是特殊主体，是从事民用航空活动的空勤人员和地面人员，包括驾驶人员、飞行机械人员、乘务人员、航空器维修人员、航空调度人员等。犯罪主观方面是过失。

根据我国刑法第 131 条之规定，犯重大飞行事故罪的，处 3 年以下有期徒刑或者拘役；造成飞机坠毁或者人员死亡的，处 3 年以上 7 年以下有期徒刑。

三十六、铁路运营安全事故罪

铁路运营安全事故罪，是指铁路职工违反规章制度，致使发生铁路运营安全事故，造成严重后果的行为。

本罪的客观方面表现为违反规章制度，致使发生铁路运营事故，造成严重后果的行为。犯罪主体是特殊主体，是从事铁路运输的工作人员，包括铁路运输管理人员、维修人员、列车司机等。犯罪主观方面是过失。

根据我国刑法第 132 条之规定，犯铁路运营安全事故罪的，处 3 年以下有期徒刑或者拘役；造成特别严重后果的，处 3 年以上 7 年以下有期徒刑。

三十七、交通肇事罪

交通肇事罪，是指违反交通运输管理法规，因而发生重大事故，致人重伤、死亡或者使公私财产遭受重大损失的行为。

本罪侵犯的客体是交通运输安全，即在交通运输中不特定多数人的生命、健康和重大公私财产的安全。

犯罪客观方面表现为违反交通运输管理法规，因而发生重大事故，致人重伤、死亡或者使公私财产遭受重大损失的行为。这里的交通运输，是指公路、航运和城市机动车辆的交通运输。违反交通运输管理法规，是指违反国家有关交通运输管理的法律规定和国家有关主管部门制定的交通运输安全的规章。交通肇事罪的结果是致人重伤、死亡或者使公私财产遭受重大损失。由于交通肇事罪包含过失致人重伤、过失致人死亡的内容，因而在本罪与过失致人重伤罪、过失致人死亡罪之间存在整体法与部分法的法条竞合关系。

根据我国相关司法解释的规定，交通肇事罪的致人重伤、死亡或者使公私财产遭受重大损失是指具有下列情形之一的：(1) 死亡 1 人或者重伤 3 人以上，负事故全部或者主要责任的；(2) 死亡 3 人以上，负事故同等责任的；(3) 造成公共财产或者他人财产直接损失，负事故全部或者主要责任，无能力赔偿数额在 30 万元以上的。

交通肇事致 1 人以上重伤，负事故全部或者主要责任，并具有下列情形之一的，以交通肇事罪定罪处罚：(1) 酒后、吸食毒品后驾驶机动车辆的；(2) 无驾驶资格驾驶机动车辆的；(3) 明知是安全装置不全或者安全机件失灵的机动车辆而驾驶的；(4) 明知是无牌证或者已报废的机动车辆而驾驶的；(5) 严重超载的；(6) 为逃避法律追究逃离事故现场的。

本罪的主体包括从事交通运输的人员和非交通运输人员。此外，根据我国 2000 年 11 月 10 日《最高人民法院关于审理交通肇事刑事案件具体应用法律若干问题的解释》第 7 条之规定，单位主管人员、机动车辆所有人或者机动车辆承包人指使、强令他人违章驾驶造成重大交通事故的，也可以成为本罪的主体。

犯罪主观方面是过失，即应当预见到违反规章制度行为可能发生重大事故，致人重伤、死亡或者使公私财产遭受重大损失的结果，因为疏忽大意而没有预见，或者已经预见而轻信能够避免，以致发生这种结果的主观心理状态。

在司法实践中，认定交通肇事罪应当注意以下问题：

相关司法解释规定："行为人在交通肇事后为逃避法律追究，将被害人带离事故现场后隐藏或者遗弃，致使被害人无法得到救助而死亡或者严重残疾的，应当分别依照我国刑法第 232 条、第 234 条第 2 款的规定，以故意杀人罪或者故意伤害罪定罪处罚。"根据这一规定，交通肇事罪转化为故意杀人罪、故意伤害罪的条件是：

(1) 主观目的是为逃避法律追究。

(2) 客观行为是将被害人带离事故现场后隐藏或者遗弃。这里的隐藏，是指藏匿在不易被人发现的处所。遗弃,是指舍弃在偏僻之处。由于上述两种行为而使被害人无法获得救助。

(3) 客观上存在致人死亡或者严重残疾的结果。在具备上述3种条件的情况下,行为人应以故意杀人罪、故意伤害罪定罪处罚。

根据我国刑法第133条之规定,犯交通肇事罪的,处3年以下有期徒刑或者拘役;交通运输肇事后逃逸或者有其他特别恶劣情节的,处3年以上7年以下有期徒刑;因逃逸致人死亡的,处7年以上有期徒刑。

交通运输肇事后逃逸或者有其他特别恶劣情节的,是本罪的加重处罚事由。这里的交通肇事后逃逸,是指行为人具有前述规定的六种情形之一,在发生交通事故后,为逃逸法律追究而逃跑的行为。其他恶劣情节,根据我国司法解释的规定,是指具有下列情形之一:(1) 死亡2人以上或者重伤5人以上,负事故全部或者主要责任的;(2) 死亡6人以上,负事故同等责任的;(3) 造成公共财产或者他人财产直接损失,负事故全部或者主要责任,无能力赔偿数额在60万元以上的。在刑法理论上,交通肇事后逃逸的共犯能否等同于交通肇事的共犯,仍然是一个值得研究的问题。

三十八、重大责任事故罪

重大责任事故罪,是指工厂、矿山、林场、建筑企业或者其他企业、事业单位的职工,由于不服管理、违反规章制度,或者强令工人违章冒险作业,因而发生重大伤亡事故或者造成其他严重后果的行为。

本罪侵犯的客体是工矿企业或其他企业的事业单位的生产安全。犯罪客观方面表现为行为人不服管理、违反规章制度,或者强令工人违章冒险作业,发生重大伤亡事故或者造成其他严重后果。这里的不服管理,是指不服从本单位管理人员的管理,或者不服从本单位领导出于安全生产考虑对工作的安排。重大责任事故罪的主体是工厂、矿山、林场、建筑企业或者其他企业、事业单位的职工。这里的工厂、矿山、林场、建筑企业或者其他企业、事业单位的职工,既包括国有或者集体的企业、事业单位的职工,也包括私营企业的职工。本罪的危害结果表现为以下三种情形:(1) 致人死亡一人以上的;(2) 致人重伤三人以上的;(3) 造成直接经济损失5万元以上的,或者经济损失虽不足规定数额,但情节严重,使生产、工作受到重大损害的。重大责任事故罪的责任形式是过失。这里的过失,是指应当预见到自己的行为可能发生重大伤亡事故或者造成其他严重后果,因为疏忽大意而没有预见或者已经预见而轻信能够避免,以致发生这种结果的主观心理状态。犯罪主体是特殊主体,只能是工厂、矿山、林场、建筑企业或其他企业事业单位的职工。犯罪主观方面是过失。

根据我国刑法第134条第1款之规定,犯重大责任事故罪的,处3年以下有期徒刑或者拘役;情节特别恶劣的,处3年以上7年以下有期徒刑。

三十九、重大劳动安全事故罪

重大劳动安全事故罪,是指工厂、矿山、林场、建筑企业或者其他企业、事业单位的劳动安全设施不符合国家规定,经有关部门或者单位职工提出后,对事故隐患仍不采取措施,因而发生重大伤亡事故或者造成其他严重后果的行为。

本罪的客观方面表现为，劳动安全设施不符合国家规定，经有关部门或者单位职工提出后，对事故隐患仍不采取措施，发生重大伤亡事故或者造成其他严重后果的行为。这里的重大伤亡事故，是指致使他人重伤、死亡或致使国家财产和人民财产遭受重大损失。犯罪主体是工厂、矿山、林场、建筑企业或者其他企业、事业单位的直接责任人员。犯罪主观方面是过失，即应当预见到自己的行为可能发生重大伤亡事故或者造成其他严重后果，因为疏忽大意而没有预见或者已经预见而轻信能够避免，以致这种结果发生的主观心理状态。

根据我国刑法第 135 条第 1 款之规定，犯重大劳动安全事故罪的，处 3 年以下有期徒刑或者拘役；情节特别恶劣的，处 3 年以上 7 年以下有期徒刑。

四十、强令违章冒险作业罪

强令违章冒险作业罪，是指强令他人违章冒险作业，因而发生重大伤亡事故或者造成其他严重后果的行为。

本罪的客观方面表现为，强令他人违章冒险作业，因而发生重大伤亡事故或者造成其他严重后果的行为。犯罪主体为特殊主体，主要是指生产、施工、作业等工作的管理人员。犯罪主观方面表现为过失，即行为人对自己行为造成的严重后果具有过失，而不是指对行为的违章性的认识过失。

根据我国刑法第 134 条第 2 款之规定，犯强令违章冒险作业罪的，处 5 年以下有期徒刑或者拘役；情节特别恶劣的，处 5 年以上有期徒刑。

四十一、重大劳动安全事故罪

重大劳动安全事故罪，是指安全生产设施或者安全生产条件不符合国家规定，因而发生重大伤亡事故或者造成其他严重后果的行为。

本罪的客观方面表现为，从事生产经营的企事业单位的安全生产设施或者生产安全条件不符合国家规定，因而发生重大伤亡事故或者造成其他严重后果的行为。犯罪主体为特殊主体。我国刑法修正案（六）将本罪的主体从原来的企业、事业单位扩大到所有从事生产、经营的自然人、法人及非法人实体。

根据我国刑法第 135 条第 2 款之规定，犯重大劳动安全事故罪的，对直接负责的主管人员和其他直接责任人员，处 3 年以下有期徒刑或者拘役；情节特别恶劣的，处 3 年以上 7 年以下有期徒刑。

四十二、大型群众性活动重大安全事故罪

大型群众性活动重大安全事故罪，是指举办大型群众性活动违反安全管理规定，因而发生重大伤亡事故或者造成其他严重后果的行为。

本罪的客观方面表现为，举办大型群众性活动违反安全管理规定，因而发生重大伤亡事故或者造成其他严重后果的行为。犯罪主体为特殊主体，是对大型群众性活动重大安全事故直接负责的主管人员和其他直接责任人员。犯罪主观方面为过失。

根据我国刑法第 135 条第 2 款[刑法修正案（六）第 3 条]的规定，犯大型群众性活动重

大安全事故罪的，对直接负责的主观人员和其他直接责任人员，处 3 年以下有期徒刑或者拘役；情节特别恶劣的，处 3 年以上 7 年以下有期徒刑。

四十三、危险物品肇事罪

危险物品肇事罪，是指违反爆炸性、易燃性、放射性、毒害性、腐蚀性物品的管理规定，在生产、储存、运输、使用中发生重大事故，造成严重后果的行为。

本罪的客观方面表现为，违反爆炸性、易燃性、放射性、毒害性、腐蚀性物品的管理规定，在生产、储存、运输、使用中发生重大事故，造成严重后果的行为。犯罪主体是一般主体。犯罪主观方面是过失。

根据我国刑法第 136 条之规定，犯危险物品肇事罪的，处 3 年以下有期徒刑或者拘役；后果特别严重的，处 3 年以上 7 年以下有期徒刑。

四十四、工程重大安全事故罪

工程重大安全事故罪，是指建设单位、设计单位、施工单位、工程监理单位违反国家规定，降低工程质量标准，造成重大安全事故的行为。

本罪的客观方面表现为，违反国家规定，降低工程质量标准，造成重大安全事故。违反国家规定，是指违反国家或者行业管理部门制定的关于建筑工程质量标准的法律规定。降低工程质量标准，是指不按建筑工程质量标准进行设计或者施工。重大安全事故，是指建筑工程交付使用后，由于工程质量不合格，导致建筑工程坍塌、断裂，造成人员伤亡或者公私财产遭受重大损失。犯罪主体是建设单位、设计单位、施工单位、工程监理单位，本罪是纯正的单位犯罪。犯罪主观方面是过失。

根据我国刑法第 137 条之规定，犯工程重大安全事故罪的，对其直接责任人员，处 5 年以下有期徒刑或者拘役，并处罚金；后果特别严重的，处 5 年以上 10 年以下有期徒刑，并处罚金。

四十五、教育设施重大安全事故罪

教育设施重大安全事故罪，是指明知校舍或者教育教学设施有危险，而不采取措施或者不及时报告，致使发生重大伤亡事故的行为。

本罪的客观方面表现为，明知校舍或者教育教学设施有危险，而不采取措施或者不及时报告，致使发生重大伤亡事故的行为。不采取措施，是指在明知有危险的情况下不采取防范措施。不及时报告，是指在明知有危险的情况下不向有关主管部门报告。因此，本罪是不作为犯罪。犯罪主体是特殊主体，即教学单位中对校舍或者教育教学设施安全负责的直接责任人员。重大伤亡事故，是指校舍倒塌、教育教学设施毁坏，造成人员伤亡。犯罪主观方面是过失，即应当预见自己的行为可能发生重大伤亡事故的结果，因为疏忽大意而没有预见或者已经预见而轻信能够避免，以致发生这种结果的主观心理状态。在我国刑法第 138 条虽然规定明知校舍或者教育教学设施有危险，但这里的明知并不表明本罪的责任形式是故意。对于发生重大伤亡事故，行为人主观的责任形式是过失。

根据我国刑法第 138 条之规定，犯教育设施重大安全事故罪的，对直接责任人员，处 3

年以下有期徒刑或者拘役；后果特别严重的，处 3 年以上 7 年以下有期徒刑。

四十六、消防责任事故罪

消防责任事故罪，是指违反消防管理法规，经消防监督机构通知采取改正措施而拒绝执行，造成严重后果的行为。

本罪的客观方面表现为，违反消防管理法规，经消防监督机构通知采取改正措施而拒绝执行，造成严重后果的行为。造成严重后果，是指导致发生重大火灾，造成人员伤亡，或者公私财产遭受严重损失等。犯罪主体是一般主体。犯罪主观方面是过失，即应当预见到自己的行为可能造成严重后果，因为疏忽大意而没有预见或者已经预见而轻信能够避免，以致发生这种结果的主观心理状态。

根据我国刑法第 139 条第 1 款之规定，犯消防责任事故罪的，对直接责任人员，处 3 年以下有期徒刑或者拘役；后果特别严重的，处 3 年以上 7 年以下有期徒刑。

四十七、不报、谎报安全事故罪

不报、谎报安全事故罪，是指安全事故发生后，负有报告职责的人员不报或者谎报事故情况，贻误事故抢救，情节严重的行为。

本罪的客观方面表现为，在安全事故发生后，负有报告职责的人员不报或者谎报事故情况，贻误事故抢救，情节严重的行为。犯罪主体是特殊主体，即对安全事故负有报告职责的人员。犯罪主观方面为过失，即行为人对事故后果进一步扩大具有过失，而对自己不报或者谎报事故情况的行为是明知的。

根据我国刑法第 139 条第 2 款[刑法修正案(六)第 4 条]的规定，犯不报、谎报安全事故罪，处 3 年以下有期徒刑或者拘役；情节特别严重的，处 3 年以上 7 年以下有期徒刑。

第二十章 破坏社会主义市场经济秩序罪

第一节 破坏社会主义市场经济秩序罪概述

一、破坏社会主义市场经济秩序罪的概念与特征

破坏社会主义市场经济秩序罪，是指违反国家经济管理法规，在市场经济运行或经济管理活动中进行非法经济活动，严重破坏社会主义市场经济秩序的行为。

破坏社会主义市场经济秩序罪具有以下构成特征：

第一，破坏社会主义市场经济秩序罪侵犯的同类客体，是我国社会主义市场经济秩序。

第二，破坏社会主义市场经济秩序罪的客观方面，表现为行为人实施违反国家的市场经济管理法规，破坏社会主义经济秩序，危害市场经济发展的行为。本类犯罪行为大部分以违反国家的市场经济管理法规为前提，如生产、销售伪劣商品的犯罪以违反产品质量法规为前提，走私罪以违反海关法规为前提等。但是，并非违反市场经济管理法规的行为都是犯罪，只有其中的严重破坏市场经济秩序，严重危害市场经济发展的行为，才被刑法规定为犯罪。所以，本类犯罪许多以情节严重、数额较大为构成要件。

第三，破坏社会主义市场经济秩序罪的主观方面，绝大部分表现为故意，其中许多犯罪要求具有特定目的，如金融诈骗犯罪，要求出于非法占有的目的。

第四，破坏社会主义市场经济秩序罪的主体，既可以是已满16周岁具有刑事责任能力的自然人，也可以是单位。刑法所规定的单位犯罪，大部分集中在本类犯罪中。

二、破坏社会主义市场经济秩序罪的类型

根据我国刑法分则第三章的规定，破坏社会主义市场经济秩序罪分为八类。

(一) 生产、销售伪劣商品罪

包括9种具体犯罪，即生产、销售伪劣产品罪，生产、销售假药罪，生产、销售劣药罪，生产、销售不符合卫生标准的食品罪，生产、销售有毒、有害食品罪，生产、销售不符合标准的医用器材罪，生产、销售不符合安全标准的产品罪，生产、销售伪劣农药、兽药、化肥、种子罪，生

产、销售不符合卫生标准的化妆品罪。

（二）走私罪

包括10种具体犯罪，即走私武器、弹药罪，走私核材料罪，走私假币罪，走私文物罪，走私贵重金属罪，走私珍贵动物、珍贵动物制品罪，走私珍稀植物、珍稀植物制品罪，走私淫秽物品罪，走私废物罪，走私普通货物、物品罪。

（三）妨害对公司、企业的管理秩序罪

包括16种具体犯罪，即虚报注册资本罪，虚假出资、抽逃出资罪，欺诈发行股票、债券罪，违规披露、不披露重要信息罪，妨害清算罪，隐匿、销毁会计凭证、会计账簿、财务会计报告罪，虚假破产罪，非国家工作人员受贿罪，对非国家工作人员行贿罪，非法经营同类营业罪，为亲友非法牟利罪，签订、履行合同失职被骗罪，国有公司、企业、事业单位人员失职罪，国有公司、企业、事业单位人员滥用职权罪，徇私舞弊低价折股、低价出售国有资产罪，背信损害上市公司利益罪。

（四）破坏金融管理秩序罪

包括29种具体犯罪，即伪造货币罪，出售、购买、运输假币罪，金融工作人员购买假币、以假币换取货币罪，持有、使用假币罪，变造货币罪，擅自设立金融机构罪，伪造、变造、转让金融机构经营许可证、批准文件罪，高利转贷罪，骗取贷款、票据承兑、金融票证罪，非法吸收公众存款罪，伪造、变造金融票证罪，妨害信用卡管理罪，窃取、收买、非法提供信用卡信息罪，伪造、变造国家有价证券罪，伪造、变造股票、公司、企业债券罪，擅自发行股票、公司、企业债券罪，内幕交易、泄露内幕信息罪，编造并传播证券、期货交易虚假信息罪，诱骗投资者买卖证券、期货合约罪，操纵证券、期货交易价格罪，背信运用受托财产罪，违法运用资金罪，违法发放贷款罪，吸收客户资金不入账罪，违规出具金融票证罪，对违法票据承兑、付款、保证罪，骗购外汇罪，逃汇罪，洗钱罪。

（五）金融诈骗罪

包括8种具体犯罪，即集资诈骗罪，贷款诈骗罪，票据诈骗罪，金融凭证诈骗罪，信用证诈骗罪，信用卡诈骗罪，有价证券诈骗罪，保险诈骗罪。

（六）危害税收征管罪

包括12种具体犯罪，即偷税罪，抗税罪，逃避追缴欠税罪，骗取出口退税罪，虚开增值税专用发票、用于骗取出口退税、抵扣税款发票罪，伪造、出售伪造的增值税专用发票罪，非法出售增值税专用发票罪，非法购买增值税专用发票、购买伪造的增值税专用发票罪，非法制造、出售非法制造的用于骗取出口退税、抵扣税款发票罪，非法制造、出售非法制造的发票罪，非法出售用于骗取出口退税、抵扣税款发票罪，非法出售发票罪。

（七）侵犯知识产权罪

包括7种具体犯罪，即假冒注册商标罪，销售假冒注册商标的商品罪，非法制造、销售非法制造的注册商标标识罪，假冒专利罪，侵犯著作权罪，销售侵权复制品罪，侵犯商业秘密罪。

(八) 扰乱市场秩序罪

包括12种具体犯罪,即损害商业信誉、商品声誉罪,虚假广告罪,串通投标罪,合同诈骗罪,非法经营罪,强迫交易罪,伪造、倒卖伪造的有价票证罪,倒卖车票、船票罪,非法转让、倒卖土地使用权罪,提供虚假证明文件罪,出具证明文件重大失实罪,逃避商检罪。

第二节　生产、销售伪劣商品罪

一、生产、销售伪劣产品罪

生产、销售伪劣产品罪,是指生产者、销售者违反国家产品质量管理法规,在产品中掺杂、掺假,以假充真,以次充好或者以不合格产品冒充合格产品,销售金额在5万元以上的行为。

本罪侵犯的客体是国家对产品质量的监督管理制度、市场管理制度和消费者的合法权益。犯罪对象是伪劣产品。伪劣产品,指在产品中掺杂、掺假,以假充真,以次充好或者以不合格产品冒充合格的产品。客观方面表现为指生产者、销售者违反国家产品质量管理法规,在产品中掺杂、掺假,以假充真,以次充好或者以不合格产品冒充合格产品,销售金额在5万元以上的行为。犯罪主体为一般主体,单位可以构成。犯罪主观方面是故意,通常具有非法牟利的目的,但是犯罪目的和动机如何并不能影响定罪。

在司法实践中,认定生产、销售伪劣商品罪应当注意本罪与本节规定的生产、销售特定种类的伪劣产品犯罪的区别。

(1) 本罪与生产、销售特定种类的伪劣产品犯罪的区别有:第一,犯罪对象不同。本罪的犯罪对象是伪劣产品,并不特指哪一种产品,生产、销售特定种类的伪劣产品则是特定具体的犯罪对象,如假药、有毒有害食品等。第二,犯罪成立的要件不同。在客观上销售金额必须达到5万元以上才能构成本罪,生产、销售特定种类的伪劣产品犯罪则没有销售金额数量的限制要求,但是以"足以严重危害人体健康"或"对人体健康造成严重危害"等为构成犯罪的要件。

(2) 本罪与生产、销售特定种类的伪劣产品犯罪形成普通法与特别法的关系,从法条之间的关系看属于法条竞合。按照刑法规定,解决办法为:第一,一般情况下,特别法优于普通法,即如果生产、销售的特定种类的伪劣产品,首先适用生产、销售特定种类的伪劣产品犯罪的条款。第二,特殊情况下,选择重法优于轻法,即如果生产、销售的特定种类伪劣产品,尚未足以严重危害人体健康或尚未对人体健康造成严重危害而不能定生产、销售特定种类的伪劣产品罪,但是其销售金额在5万元以上的,就按照生产、销售伪劣产品罪定罪处罚。

根据我国刑法第140条、150条的规定,犯生产、销售伪劣商品罪的,销售金额在5万元以上不满20万元的,处2年以下有期徒刑或者拘役,并处或者单处销售金额50%以上2倍以下罚金;销售金额20万以上不满50万元的,处2年以上7年以下有期徒刑,并处销售金额50%以上2倍以下罚金;销售金额50万以上不满200万元的,处7年以上有期徒刑,并处销售金额50%以上2倍以下罚金;销售金额200万元以上的,处15年有期徒刑或者无期徒刑,并处销售金额50%以上2倍以下罚金或者没收财产。单位犯本罪的,对单位判处罚金,并对其直接负责的主管人员和其他直接责任人员,依照上述规定处罚。

二、生产、销售假药罪

生产、销售假药罪,是指违反国家药品管理法规,生产、销售假药,足以严重危害人体健康的行为。

本罪侵犯的客体是国家对药品的管理制度和不特定多数人的身体健康、生命安全。犯罪对象是假药。所谓假药,是指依照《中华人民共和国药品管理法》的规定属于假药和按假药处理的药品、非药品。

根据该法第33条的规定,假药指:(1) 药品所含成分的名称与国家药品标准或省、自治区、直辖市药品标准不符合。(2) 以非药品冒充药品。(3) 以他种药品冒充此种药品。

按假药处理的药品指:(1) 国务院卫生行政部门规定禁止使用的。(2) 未取得批准文号生产的。(3) 变质不能药用的。(4) 被污染不能药用的。作为本罪犯罪对象的假药,专指人用药,而不包括兽用药及其他动植物用药。本罪的客观方面,表现为违反国家药品管理法规,生产、销售假药,足以严重危害人体健康的行为。本罪是危险犯。犯罪主体为一般主体,单位可以构成。犯罪主观方面是故意,通常具有非法营利的目的,但是犯罪目的和动机如何并不能影响定罪。

依照我国刑法规定,只有生产、销售了足以严重危害人体健康的假药,才能构成本罪。对于那些生产、销售了不足以严重危害人体健康的假药,而且销售金额不足5万元的,情节较轻,属于一般的违法行为,可由工商部门予以行政处罚。但是对于生产、销售假药不足以严重危害人体健康,但销售金额在5万元以上,应依刑法第140条之规定,按生产、销售伪劣产品罪予以处罚。

根据我国刑法第141条第1款、第150条的规定,犯生产、销售假药罪的,处3年以下有期徒刑或者拘役,并处或者单处销售金额50%以上2倍以下罚金;对人体健康造成严重危害的,处3年以上10年以下有期徒刑,并处销售金额50%以上2倍以下罚金;致人死亡或者对人体健康造成特别严重危害的,处10年以上有期徒刑、无期徒刑或者死刑,并处销售金额50%以上2倍以下罚金或者没收财产。单位犯本罪的,对单位判处罚金,并对其直接负责的主管人员和其他直接责任人员,依照上述规定处罚。

三、生产、销售劣药罪

生产、销售劣药罪,是指违反国家药品管理法规,生产、销售劣药,对人体健康造成严重危害的行为。所谓劣药,是指依照《中华人民共和国药品管理法》的规定属于劣药的药品。根据该法第34条的规定,劣药包括:(1) 药品成分的含量与国家药品标准或者省、自治区、直辖市药品标准规定不符合的;(2) 超过有效期的;(3) 其他不符合药品标准规定的。

本罪是实害犯,只有生产、销售劣药行为对人体健康造成严重危害的结果,才成立本罪。

根据我国刑法第142条第1款、第150条的规定,犯生产、销售劣药罪的,处3年以上

10年以下有期徒刑，并处销售金额50%以上2倍以下罚金；后果特别严重的，处10年以上有期徒刑或者无期徒刑，并处销售金额50%以上2倍以下罚金或者没收财产。单位犯本罪的，对单位判处罚金，并对其直接负责的主管人员和其他直接责任人员，依照上述规定处罚。

四、生产、销售不符合卫生标准的食品罪

生产、销售不符合卫生标准的食品罪，是指违反国家食品卫生管理法规，生产、销售不符合卫生标准的食品，足以造成严重食物中毒事故或者其他严重食源性疾患的行为。本罪是危险犯。

根据我国刑法第143条、150条的规定，犯生产、销售不符合卫生标准的食品罪的，处3年以下有期徒刑或者拘役，并处或者单处销售金额50%以上2倍以下罚金；对人体健康造成严重危害的，处3年以上7年以下有期徒刑，并处销售金额50%以上2倍以下罚金；后果特别严重的，处7年以上有期徒刑或者无期徒刑，并处销售金额50%以上2倍以下罚金或者没收财产。单位犯本罪的，对单位判处罚金，并对其直接负责的主管人员和其他直接责任人员，依照上述规定处罚。

五、生产、销售有毒、有害食品罪

生产、销售有毒、有害食品罪，是指违反国家食品卫生管理法规，在生产、销售的食品中掺入有毒、有害的非食品原料或者销售明知掺有有毒、有害的非食品原料的食品的行为。

本罪侵犯的客体是不特定多数人的身体健康和国家对食品卫生的监督管理制度。犯罪客观方面表现为，在生产、销售的食品中掺入有毒、有害的非食品原料或者销售明知掺有有毒、有害的非食品原料的食品的行为。本罪为行为犯，即只要行为人出于故意实施了在所生产、销售的食品中掺入有毒、有害的非食品原料的行为，无论是否出现了危害结果，均可构成本罪。犯罪主体为一般主体，单位可以构成。犯罪主观方面是故意，即行为人明知是有毒、有害的非食品原料而故意掺入或明知是掺有有毒、有害的非食品原料的食品而故意销售。至于行为人对生产、销售的有毒、有害食品可能会造成的严重后果则是采取放任的心理态度。其动机一般是节省原料，降低成本，牟取暴利。

根据我国刑法第144条、150条的规定，犯生产、销售有毒、有害食品罪的，处5年以下有期徒刑或者拘役，并处或者单处销售金额50%以上2倍以下罚金；造成严重食物中毒事故或者其他严重食源性疾患，对人体健康造成严重危害的，处5年以上10年以下有期徒刑，并处销售金额50%以上2倍以下罚金；致人死亡或者对人体健康造成特别严重危害的，处10年以上有期徒刑、无期徒刑或者死刑，并处销售金额50%以上2倍以下罚金或者没收财产。单位犯本罪的，对单位判处罚金，并对其直接负责的主管人员和其他直接责任人员，依照上述规定处罚。

六、生产、销售不符合标准的医用器材罪

生产、销售不符合标准的医用器材罪，是指生产不符合保障人体健康的国家标准、行业

标准的医疗器械、医用卫生材料，或者销售明知是不符合保障人体健康的国家标准、行业标准的医疗器械、医用卫生材料，对人体健康造成严重危害的行为。

根据我国刑法第145条、150条的规定，犯生产、销售不符合标准的医用器材罪的，处5年以下有期徒刑，并处销售金额50%以上2倍以下罚金；后果特别严重的，处5年以上10年以下有期徒刑，并处销售金额50%以上2倍以下罚金；其中情节特别恶劣的，处10年以上有期徒刑或者无期徒刑，并处销售金额50%以上2倍以下罚金或者没收财产。单位犯本罪的，对单位判处罚金，并对其直接负责的主管人员和其他直接责任人员，依照上述规定处罚。

七、生产、销售不符合安全标准的产品罪

生产、销售不符合安全标准的产品罪，是指生产不符合保障人身、财产安全的国家标准、行业标准的电器、压力容器、易燃易爆产品或者其他不符合保障人身、财产安全的国家标准、行业标准的产品，或者销售明知是以上不符合保障人身、财产安全的国家标准、行业标准的产品，造成严重后果的行为。

根据我国刑法第146条、150条的规定，犯生产、销售不符合安全标准的产品罪的，处5年以下有期徒刑，并处销售金额50%以上2倍以下罚金；后果特别严重的，处5年以上有期徒刑，并处销售金额50%以上2倍以下罚金。单位犯本罪的，对单位判处罚金，并对其直接负责的主管人员和其他直接责任人员，依照上述规定处罚。

八、生产、销售伪劣农药、兽药、化肥、种子罪

生产、销售伪劣农药、兽药、化肥、种子罪，是指生产假农药、假兽药、假化肥，销售明知是假的或者失去使用效能的农药、兽药、化肥、种子，或者生产者、销售者以不合格的农药、兽药、化肥、种子冒充合格的农药、兽药、化肥、种子，使生产遭受较大损失的行为。

根据我国刑法第147条、150条的规定，犯生产、销售伪劣农药、兽药、化肥、种子罪的，处3年以下有期徒刑或者拘役，并处或者单处销售金额50%以上2倍以下罚金；使生产遭受重大损失的，处3年以上7年以下有期徒刑，并处销售金额50%以上2倍以下罚金；使生产遭受特别重大损失的，处7年以上有期徒刑或者无期徒刑，并处销售金额50%以上2倍以下罚金或者没收财产。单位犯本罪的，对单位判处罚金，并对其直接负责的主管人员和其他直接责任人员，依照上述规定处罚。

九、生产、销售不符合卫生标准的化妆品罪

生产、销售不符合卫生标准的化妆品罪，是指生产不符合卫生标准的化妆品，或者销售明知是不符合卫生标准的化妆品，造成严重后果的行为。

根据我国刑法第148条、150条的规定，犯生产、销售不符合卫生标准的化妆品罪的，处3年以下有期徒刑或者拘役，并处或者单处销售金额50%以上2倍以下罚金。单位犯本罪的，对单位判处罚金，并对其直接负责的主管人员和其他直接责任人员，依

照上述规定处罚。

第三节 走私罪

一、走私武器、弹药罪

走私武器、弹药罪，是指违反海关法规、逃避海关监管，非法携带、运输、邮寄武器、弹药进出国（边）境的行为。

本罪侵犯的客体是国家对武器、弹药的禁止进出口制度，犯罪对象是武器、弹药。

本罪的客观方面表现为，违反海关法规，逃避海关监管，非法携带、运输、邮寄武器、弹药进出国（边）境的行为。所谓逃避海关监管，是指采用各种方法，躲避海关的监督、检查，企图将武器、弹药通过国（边）境。有的绕过关口，在没有海关或边卡检查站的地方，非法携带、运输武器、弹药进出境；有的虽通过关口，但企图以隐匿、伪装、假报等手段，欺骗海关，蒙混过关，有的则是采用藏匿、伪报等方法，以逃过邮检和海关的查验，非法邮寄武器、弹药进出国（边）境等。这些行为都是走私武器、弹药的典型行为，此外，走私武器、弹药还有一些非典型行为，根据刑法的有关规定，主要包括下列情形：(1) 直接向走私人非法收购武器、弹药的；(2) 在内海、领海运输、收购、贩卖武器、弹药的；(3) 与走私武器、弹药的犯罪分子进行通谋，为其提供贷款、资金、账号、发票、证明或为其提供运输、保管、邮寄或者其他方便条件的等。

本罪的主体为一般主体，单位可以构成。本罪的主观方面是故意，即明知是武器、弹药而仍然非法携带、运输、邮寄，企图使之进出国（边）境。过失不能构成本罪。如果行为人不知自己所携带、运输或邮寄的是武器、弹药，则不能以本罪论处，构成犯罪的，应以他罪如走私普通货物、物品罪等处罚。至于其目的，一般是为了牟利，但是否具有这种目的，并不影响本罪成立。

根据我国刑法第 151 条第 1、4、5 款的规定，犯走私罪的，处 7 年以上有期徒刑，并处罚金或者没收财产；情节较轻的，处 3 年以上 7 年以下有期徒刑，并处罚金；情节特别严重的，处无期徒刑或者死刑，并处没收财产。单位犯本罪的，对单位判处罚金，并对其直接负责的主管人员和其他直接责任人员，依照上述规定处罚。

二、走私核材料罪

走私核材料罪，是指违反海关法规、逃避海关监管，非法携带、运输、邮寄核材料进出国（边）境的行为。

根据我国刑法第 151 条第 1、4、5 款的规定，犯走私核材料罪的，处 7 年以上有期徒刑，并处罚金或者没收财产；情节较轻的，处 3 年以上 7 年以下有期徒刑，并处罚金；情节特别严重的，处无期徒刑或者死刑，并处没收财产。单位犯本罪的，对单位判处罚金，并对其直接负责的主管人员和其他直接责任人员，依照上述规定处罚。

三、走私假币罪

走私假币罪，是指违反国家货币管理及海关法规，逃避海关监管，明知是伪造的货币而非法运输、携带或者邮寄进出国(边)境的行为。

本罪是行为犯，一般情况下只要行为人出于故意实施了走私伪造的货币的行为，就可构成本罪，原则上都要判处相应的刑罚。

根据我国刑法第151条第1、4、5款的规定，犯走私假币罪的，处7年以上有期徒刑，并处罚金或者没收财产；情节较轻的，处3年以上7年以下有期徒刑，并处罚金；情节特别严重的，处无期徒刑或者死刑，并处没收财产。单位犯本罪的，对单位判处罚金，并对其直接负责的主管人员和其他直接责任人员，依照上述规定处罚。

四、走私文物罪

走私文物罪，是指违反海关法规、逃避海关监管，非法携带、运输、邮寄、国家禁止出口的文物出入国(边)境的行为。

根据我国刑法第151条第2、4、5款的规定，犯走私文物罪的，处5年以上有期徒刑，并处罚金；情节较轻的，处5年以下有期徒刑，并处罚金；情节特别严重的，处无期徒刑或者死刑，并处没收财产。单位犯本罪的，对单位判处罚金，并对其直接负责的主管人员和其他直接责任人员，依照上述规定处罚。

五、走私贵重金属罪

走私贵重金属罪，是指违反海关法规，逃避海关监管，将国家禁止出口的黄金、白银和其他贵重金属非法携带、运输、邮寄出国(边)境的行为。

根据我国刑法第151条第2、4、5款的规定，犯走私贵重金属罪的，处5年以上有期徒刑，并处罚金；情节较轻的，处5年以下有期徒刑，并处罚金；情节特别严重的，处无期徒刑或者死刑，并处没收财产。单位犯本罪的，对单位判处罚金，并对其直接负责的主管人员和其他直接责任人员，依照上述规定处罚。

六、走私珍贵动物、珍贵动物制品罪

走私珍贵动物、珍贵动物制品罪，是指违反海关法规，逃避海关监管，非法携带、运输、邮寄国家禁止进出口的珍贵动物或其制品进出国(边)境的行为。

本罪属选择性罪名，具体可分解为走私珍贵动物罪、走私珍贵动物制品罪。走私其中之一的即构成本罪，既走私了珍贵动物又走私了珍贵动物制品，也只构成本罪一罪，不能实行数罪并罚。

根据我国刑法第151条第2、4、5款的规定，犯走私珍贵文物、珍贵动物制品罪的，处5年以上有期徒刑，并处罚金；情节较轻的，处5年以下有期徒刑，并处罚金；情节特别严重的，处无期徒刑或者死刑，并处没收财产。单位犯本罪的，对单位判处罚金，并对其直接负责的主管人员和其他直接责任人员，依照上述规定处罚。

七、走私珍稀植物、珍稀植物制品罪

走私珍稀植物、珍稀植物制品罪，是指违反海关法规，逃避海关监管，非法携带、运输、邮寄国家禁止进出口的珍稀植物及其制品进出国（边）境的行为。

本罪属选择性罪名，如果走私了珍稀植物或珍稀植物制品其中之一的，则根据对象分别以走私珍稀植物罪或走私珍稀植物制品罪定罪处刑。既走私了珍稀植物又走私了其制品的，亦只构成本罪，无须数罪并罚，罪名则为走私珍稀植物、珍稀植物制品罪。

根据我国刑法第 151 条第 3、5 款的规定，犯走私珍稀植物、珍稀植物制品罪的，处 5 年以下有期徒刑，并处或单处罚金；情节严重的，处 5 年以上有期徒刑，并处罚金。单位犯本罪的，对单位判处罚金，并对其直接负责的主管人员和其他直接责任人员，依照上述规定处罚。

八、走私淫秽物品罪

走私淫秽物品罪，是指以牟利或者传播为目的，违反海关法规，逃避海关监管，非法运输、携带、邮寄淫秽的影片、录像带、录音带、图片、书刊或者其他淫秽物品进出境的行为。

本罪在主观上必须具有牟利或者传播的目的，否则不构成本罪。

根据我国刑法第 152 条第 1、3 款的规定，犯走私淫秽物品罪的，处 3 年以上 10 年以下有期徒刑，并处罚金；情节严重的，处 10 年以上有期徒刑或者无期徒刑，并处罚金或者没收财产；情节较轻的，处 3 年以下有期徒刑、拘役或者管制，并处罚金。单位犯本罪的，对单位判处罚金，并对其直接负责的主管人员和其他直接责任人员，依照上述规定处罚。

九、走私废物罪

走私废物罪，是指违反海关法规和固体废物污染环境防治法规，逃避海关监管，将境外国家禁止进口的废物或者国家限制进口的可用作原料的废物运输进境的行为。

根据我国刑法第 152 条第 2、3 款的规定，犯走私废物罪的，处 5 年以下有期徒刑，并处或者单处罚金；情节特别严重的，处 5 年以上有期徒刑，并处罚金。单位犯本罪的，实行双罚制，即对单位判处罚金，并对其直接负责的主管人员和其他直接责任人员按照上述规定处罚。

十、走私普通货物、物品罪

走私普通货物、物品罪，是指违反海关法规，非法从事运输、携带、邮寄普通货物、物品进出国（边）境，偷逃应缴税额较大的行为。

本罪侵犯的客体是国家对外贸易管制中关于普通货物、物品进出口的监管制度和征收关税制度。犯罪对象是普通货物、物品，即除武器、弹药、伪造的货币，国家禁止出口的文物、黄金、白银和其他贵重金属，国家禁止进出口的珍贵动物及其制品、珍稀植物及其制品、淫秽物品、毒品、固体废物以外的一切货物与物品。

本罪的客观方面表现为，违反海关法规，逃避海关监管，非法携带、运输、邮寄普通货物、物品进出国（边）境，偷逃数额在5万元以上的行为。根据走私普通货物、物品罪行为方式的具体不同，本罪具体表现为以下情况：

（1）非法运输、携带或邮寄武器、弹药等违禁品以外的其他货物、物品进出境。

（2）根据我国刑法第154条的规定，下面两种行为以走私普通货物、物品罪定罪处罚：第一，未经海关许可并且未补缴关税，擅自将批准进口的来料加工、来件装配、补偿贸易的原料、零件、制成品、设备等保税货物在境内销售牟利的；第二，未经海关许可并且未补缴关税，擅自将捐赠进口货物、物品或者其他特定减免税货物、物品在境内销售牟利的。

（3）间接走私普通货物、物品行为。

根据我国刑法第155条的规定，直接向走私人非法收购走私进口的一般货物、物品数额较大的，或者在内海、领海运输、收购、贩卖国家限制进出门的货物、物品等以外的其他违禁品，数额较大，没有合法证明的，以及伪造、买卖海关单证及进出口许可证用于走私一般货物、物品的应以走私普通货物、物品罪论处。

本罪的主体为一般主体，单位可以构成。本罪的主观方面是故意，过失不构成本罪，并且本罪在犯罪目的上是牟利。

根据我国刑法第153条的规定，犯走私普通货物、物品罪的，根据情节轻重分别依照下列规定处罚：

（1）走私货物、物品偷逃应缴税额在50万元以上的，处10年以上有期徒刑或者无期徒刑，并处偷逃应缴税额1倍以上5倍以下罚金或者没收财产；情节特别严重的，处无期徒刑或者死刑，并处没收财产。

（2）走私货物、物品偷逃应缴税额在15万元以上不满50万元的，处3年以上10年以下有期徒刑，并处偷逃应缴税额1倍以上5倍以下罚金；情节特别严重的，处10年以上有期徒刑或者无期徒刑，并处偷逃应缴税额1倍以上5倍以下罚金或者没收财产。

（3）走私货物、物品偷逃应缴税额在5万元以上不满15万元的，处3年以下有期徒刑，并处偷逃应缴税额1倍以上5倍以下罚金；

（4）对多次走私未经处理的，按照累计走私货物、物品的偷逃应缴税额处罚。在累计应缴税额时，应根据各次走私的货物、物品的完税价格和走私行为发生时的税率分别计算然后相加。

（5）单位犯本罪的，判处罚金，并对直接负责的主管人员和其他直接责任人员，处3年以下有期徒刑或者拘役；情节严重的，处3年以上10年以下有期徒刑；情节特别严重的，处10年以上有期徒刑。

十一、关于武装走私、抗拒缉私和帮助走私问题

我国刑法第156条规定：与走私罪犯通谋，为其提供贷款、资金、账号、发票、证明，或者为其提供运输、保管、邮寄或者其他方便的，以走私罪的共犯论处。

我国刑法第157条第1款规定：武装掩护走私的，依照本法第151条第1款、第4款的规定从重处罚。

我国刑法第157条第2款规定：以暴力、威胁方法抗拒缉私的，以走私罪和本法第277条规定的阻碍国家机关工作人员依法执行职务罪，依照数罪并罚的规定处罚。

第四节　妨害对公司、企业的管理秩序罪

一、虚报注册资本罪

虚报注册资本罪，是指申请公司登记的单位，使用虚假证明文件或者采取其他欺诈手段虚报注册资本，欺骗公司登记主管部门，取得公司登记，虚报注册资本数额巨大、后果严重或者其他严重情节的行为。

本罪的主体是特殊主体，即申请公司登记的人或单位。

根据我国刑法第 158 条的规定，犯虚报注册资本罪的，处 3 年以下有期徒刑或者拘役，并处或者单处虚报注册资本金额 1％以上 5％以下罚金；单位犯本罪的，对单位判处罚金，并对其直接负责的主管人员和其他直接责任人员，处 3 年以下有期徒刑或者拘役。

二、虚假出资、抽逃出资罪

虚假出资、抽逃出资罪，是指公司的发起人、股东违反公司法的规定未交付货币、实物或者未转移财产权，虚假出资，或者在公司成立后又抽逃其出资、数额巨大、后果严重或者有其他严重情节的行为。

本罪主体是虚假出资或抽逃出资的公司发起人和股东。发起人和股东可以是个人或单位，对单位犯罪实行双罚。

根据我国刑法第 159 条规定，犯虚假出资、抽逃出资罪的，处 5 年以下有期徒刑或者拘役，并处或者单处虚假投资金额或者抽逃出资金额 2％以上 10％以下的罚金；单位犯本罪的，对单位判处罚金，并且对其直接负责的主管人员和其他直接责任人员，处 5 年以下有期徒刑或者拘役。

三、欺诈发行股票、债券罪

欺诈发行股票、债券罪，是指在招股说明书、认股书、公司、企业债券募集办法中隐瞒重要事实或者编造重大虚假内容，发行股票或者公司、企业债券，数额巨大，后果严重或具有其他情节严重的行为。

本罪主体是特殊主体，自然人、单位均可构成，但只能由具备股票、债券发行资格的公司、企业及其工作人员构成，对单位犯罪实行双罚。

根据我国刑法第 160 条规定，犯欺诈发行股票、债券罪的，处 5 年以下有期徒刑或者拘役，并处或者单处非法募集资金金额 1％以上 5％以下罚金；单位犯本罪的，对单位判处罚金，并且对其直接负责的主管人员和其他直接责任人员，处 5 年以下有期徒刑或者拘役。

四、违规披露、不披露重要信息罪

违规披露、不披露重要信息罪，是指依法负有信息披露义务的公司、企业向股东和社会公众提供虚假的或者隐瞒重要事实的财务会计报告或者对依法应当披露的其他重要信息不按照规定披露，严重损害股东或者其他人利益，或者有其他严重情节的行为。本罪为单纯的单位犯罪，即只有公司、企业等单位才构成本罪。

根据我国刑法第 161 条的规定，本罪为单罚罪，即只对该犯罪单位的直接负责的主管人员和其他直接责任人员，处 3 年以下有期徒刑或者拘役，并处或者单处 2 万元以上 20 万元以下罚金。

五、妨害清算罪

妨害清算罪，是指公司、企业进行清算时，隐匿财产，对资产负债表或者财产清单作虚伪记载或者在未清偿债务前分配公司、企业财产，严重损害债权人或者其他人利益的行为。本罪为单纯的单位犯罪。

根据我国刑法第 162 条第 1 款规定，本罪为单罚罪，即只对该犯罪单位的直接负责的主管人员和其他直接责任人员，处 5 年以下有期徒刑或者拘役，并处或者单处 2 万元以上 20 万元以下罚金。

六、隐匿、销毁会计凭证、会计账簿、财务会计报告罪

隐匿、销毁会计凭证、会计账簿、财务会计报告罪，是指隐匿或者故意销毁依法应当保存的会计凭证、会计账簿、财务会计报告，情节严重的行为。

根据我国刑法第 162 条第 2、3 款的规定，犯隐匿、销毁会计凭证、会计账簿、财务会计报告罪的，处 5 年以下有期徒刑或者拘役，并处或者单处 2 万元以上 20 万元以下罚金；单位犯本罪的，对单位判处罚金，并且对其直接负责的主管人员和其他直接责任人员，处 5 年以下有期徒刑或者拘役。

七、虚假破产罪

虚假破产罪，是指公司、企业通过隐匿财产、承担虚假债务或者以其他方式转移财产、处分财产，实施虚假破产，严重损害债权人和其他人利益的行为。

根据我国刑法第 162 条第 4 款的规定，本罪为单罚罪，即只对该犯罪单位的直接负责的主管人员和其他直接责任人员，处 5 年以下有期徒刑或者拘役，并处或者单处 2 万元以上 20 万元以下罚金。

八、非国家工作人员受贿罪

非国家工作人员受贿罪，是指公司、企业或者其他单位的工作人员利用职务上的便利，

索取他人财物或者非法收受他人财物，为他人谋取利益，数额较大的行为。本罪是选择性罪名。

本罪侵犯的客体是复杂客体，包括公司、企业或者其他单位的正常管理制度和公司、企业或者其他单位工作人员的职务廉洁性。犯罪对象为财物。

本罪的客观方面表现为，公司、企业或者其他单位的工作人员利用职务上的便利，索取他人财物或者非法收受他人财物，为他人谋取利益，数额较大的行为。具体分析如下：

(1) 利用职务上的便利，是指行为人利用自己的公司、企业或者其他单位任职所拥有的主管、经手、管理的便利条件。

(2) 索取或者非法收受他人财物，是指主动强行索要或者被动收受他人财物。

(3) 为他人谋取利益，是指行为人利用职务之便为他人谋取某种利益。无论该利益是合法还是非法、是物质性还是非物质的，都是本法包含的利益。

(4) 索取或非法收受他人财物必须数额较大才成立本罪。

此外，公司、企业或者其他单位的工作人员在经济往来中，违反国家规定，收受各种名义的回扣、手续费，归个人所有的，应以受贿行为论处。

本罪的主体为特殊主体，即公司、企业或者其他单位的工作人员。本罪的主观方面是故意。

根据我国刑法第 163 条的规定，犯非国家工作人员受贿罪的，处 5 年以下有期徒刑或者拘役；数额巨大的，处 5 年以上有期徒刑，可以并处没收财产。

九、对非国家工作人员行贿罪

对非国家工作人员行贿罪，是指为谋取不正当利益，给予公司、企业或者其他单位的工作人员以财物，数额较大的行为。本罪是选择性罪名。

本罪的客体是复杂客体，包括公司、企业或者其他单位的正常管理制度和公司、企业或者其他单位工作人员的职务廉洁性。犯罪对象为财物。本罪的客观方面表现为，行为人给予公司、企业或者其他单位的工作人员以财物，数额较大的行为。本罪的主体为一般主体，单位也可以构成。本罪的主观方面是故意，并且具有谋取不正当利益的目的。所谓不正当利益是指非法的利益和在公平竞争中不能获得的利益。

根据我国刑法第 164 条的规定，犯对非国家工作人员行贿罪的，处 3 年以下有期徒刑或者拘役；数额巨大的，处 3 年以上 10 年以下有期徒刑，并处罚金。单位犯本罪的，对单位判处罚金，并对其直接负责的主管人员和其他责任人员，依照上述规定处罚。行贿人在被追诉前主动交代行贿行为的，可以减轻处罚或者免除处罚。

十、非法经营同类营业罪

非法经营同类营业罪，是指国有公司、企业的董事、经理利用职务便利，自己经营或者为他人经营与其所任职公司、企业同类的营业，获取非法利益，数额巨大的行为。

根据我国刑法第 165 条的规定，犯非法经营同类营业罪的，处 3 年以下有期徒刑或者拘役，并处或者单处罚金；数额特别巨大的，处 3 年以上 7 年以下有期徒刑，并处罚金。

十一、为亲友非法牟利罪

为亲友非法牟利罪，是指国有公司、企业、事业单位的工作人员，利用职务便利，损公肥私，将本单位的盈利业务交由自己的亲友经营的，或者以明显高于市场的价格向自己的亲友经营管理的单位采购商品或者以明显低于市场的价格向自己的亲友经营管理的单位销售商品的，或者向自己的亲友经营管理的单位采购不合格商品，致使国家利益遭受重大损失的行为。

根据我国刑法第166条的规定，犯为亲友非法牟利罪的，处3年以下有期徒刑或者拘役，并处或者单处罚金；致使国家利益遭受特别重大损失的，处3年以上7年以下有期徒刑，并处罚金。

十二、签订、履行合同失职被骗罪

签订、履行合同失职被骗罪，是指国有公司、企业、事业单位直接负责的主管人员，在签订、履行合同过程中，因严重不负责任被诈骗，致使国家利益遭受重大损失的行为。

根据我国刑法第167条的规定，犯签订、履行合同失职被骗罪的，处3年以下有期徒刑或者拘役；致使国家利益遭受特别重大损失的，处3年以上7年以下有期徒刑。

十三、国有公司、企业、事业单位人员失职罪

国有公司、企业、事业单位人员失职罪，是指国有公司、企业的工作人员，由于严重不负责任，造成国有公司、企业破产或者严重损失，或者国有事业单位工作人员严重不负责任，致使国家利益遭受重大损失的行为。

根据我国刑法第168条的规定，犯国有公司、企业、事业单位人员失职罪的，处3年以下有期徒刑或者拘役；致使国家利益遭受特别重大损失的，处3年以上7年以下有期徒刑。上述人员徇私舞弊犯本罪的，应从重处罚。

十四、国有公司、企业、事业单位人员滥用职权罪

国有公司、企业、事业单位人员滥用职权罪，是指国有公司、企业的工作人员滥用职权，造成国有公司、企业破产或者严重损失，或者国有事业单位工作人员滥用职权，致使国家利益遭受重大损失的行为。

根据我国刑法第168条的规定，犯国有公司、企业、事业单位人员滥用职权罪的，处3年以下有期徒刑或者拘役；致使国家利益遭受特别重大损失的，处3年以上7年以下有期徒刑。上述人员徇私舞弊犯本罪的，应从重处罚。

十五、徇私舞弊低价折股、低价出售国有资产罪

徇私舞弊低价折股、低价出售国有资产罪，是指国有公司、企业或者其上级主管部门直

接负责的主管人员，徇私舞弊，将国有资产低价折股或者低价出售，致使国家利益遭受重大损失的行为。

根据我国刑法第 169 条的规定，犯徇私舞弊低价折股、低价出售国有资产罪的，处 3 年以下有期徒刑或者拘役；致使国家利益遭受特别重大损失的，处 3 年以上 7 年以下有期徒刑。

十六、背信损害上市公司利益罪

背信损害上市公司利益罪，是指上市公司的董事、监事、高级管理人员违背对公司的忠实义务，利用职务便利，操纵上市公司损害公司利益，致使上市公司利益遭受重大损失的行为。

本罪侵犯的客体是复杂客体，包括国家对上市公司的正常管理制度、上市公司董事、监事等高级管理职务的廉洁性和上市公司的经济利益。犯罪对象为财物。

本罪的客观方面表现为，行为人违背对公司的忠实义务，利用职务便利，操纵上市公司损害公司利益，致使上市公司利益遭受重大损失的行为。具体表现为以下行为：

(1) 无偿向其他单位或者个人提供资金、商品、服务或者其他资产的；

(2) 以明显不公平的条件，提供或者接受资金、商品、服务或者其他资产的；

(3) 向明显不具有清偿能力的单位或者个人提供资金、商品、服务或者其他资产的；

(4) 为明显不具有清偿能力的单位或者个人提供担保，或者无正当理由为其他单位或者个人提供担保的；

(5) 无正当理由放弃债权、承担债务的；

(6) 采用其他方式损害上市公司利益的。

本罪的主体为特殊主体，即上市公司的董事、监事、高级管理人员，包括作为控股股东或实际控制人的自然人和单位。本罪的主观方面是故意，过失行为不构成本罪。

根据我国刑法第 169 条的规定，犯背信损害上市公司利益罪的，处 3 年以下有期徒刑或者拘役，并处或者单处罚金；致使上市公司利益遭受特别重大损失的，处 3 年以上 7 年以下有期徒刑，并处罚金。犯本罪的上市公司的控股股东或者实际控制人是单位的，对单位判处罚金，并对其直接负责的主管人员和其他直接责任人员，依照上述规定处罚。

第五节　破坏金融管理秩序罪

一、伪造货币罪

伪造货币罪，是指仿照人民币或者外币的面额、图案、色彩、质地、式样、规格等，使用各种方法，非法制造假货币，冒充真币的行为。

本罪侵犯的客体是国家货币管理制度。本罪的对象是货币。所谓货币，也称通货，是指在一国或地区具有强制流通力的、代表一定价值的、用作支付手段的特定物。货币包括本国货币和合法的外币。本罪的客观方面表现为，违反国家货币管理法规，伪造货币的行为。所谓伪造货币，是指没有货币制造权的人，仿照人民币或者外币的面额、图案、色彩、质地、式样、规格等，使用多种方法，非法制造假货币，冒充真币的行为。本罪系行为犯，行为人只要出于故意实施了伪造货币的行为，就可构成本罪。本罪的主体为一般主体，凡达到刑事责任年龄且具备刑事责任能力的自然人均可以构成，单位不能构成本罪主体。本罪的主观方面只能由直接故意构成，间接故意和过失不构成本罪。

根据我国刑法第170条的规定，犯伪造货币罪的，处3年以上10年以下有期徒刑，并处5万元以上50万元以下罚金；对于伪造货币集团的首要分子、伪造货币数额特别巨大或者有其他特别严重情节的，处10年以上有期徒刑、无期徒刑或者死刑，并处5万元以上50万元以下罚金或者没收财产。

二、出售、购买、运输假币罪

出售、购买、运输假币罪，是指出售、购买伪造的货币或者明知是伪造的货币而运输，数额较大的行为。

根据我国刑法第171条第1、3款的规定，犯出售、购买、运输假币罪的，处3年以下有期徒刑或者拘役，并处2万元以上20万元以下罚金；数额巨大的，处3年以上10年以下有期徒刑，并处5万元以上50万元以下罚金；数额特别巨大的，处10年以上有期徒刑或者无期徒刑，并处5万元以上50万元以下罚金或者没收财产。伪造货币并出售或者运输伪造的货币的，依照刑法第170条规定的伪造货币罪定罪从重处罚。

三、金融工作人员购买假币、以假币换取货币罪

金融工作人员购买假币、以假币换取货币罪，是指银行或者其他金融机构的工作人员购买伪造的货币或者利用职务上的便利，以伪造的货币换取货币的行为。

根据我国刑法第171条第2款的规定，犯金融工作人员购买假币、以假币换取货币罪的，处3年以上10年以下有期徒刑，并处2万元以上20万元以下罚金；数额巨大或者有其他严重情节的，处10年以上有期徒刑或者无期徒刑，并处2万元以上20万元以下罚金或者没收财产；情节较轻的，处3年以下有期徒刑或者拘役，并处或者单处1万元以上10万元以下罚金。

四、持有、使用假币罪

持有、使用假币罪，是指明知是伪造的货币而持有、使用，数额较大的行为。

根据我国刑法第172条的规定，犯持有、使用假币罪的，处3年以下有期徒刑或者拘役，并处或单处1万元以上10万元以下罚金；数额巨大的，处3年以上10年以下有期徒刑，并处2万元以上20万元以下罚金；数额特别巨大的，处10年以上有期徒刑，并处5万元以上50万元以下罚金或者没收财产。

五、变造货币罪

变造货币罪，是指对真币采用挖补、剪贴、揭层、拼凑、涂改等方法进行加工处理，改变货

币的真实形状、图案、面值或张数,增大票面面额或者增加票张数量,数额较大的行为。

根据我国刑法第 173 条的规定,犯变造货币罪的,处 3 年以下有期徒刑或者拘役,并处或单处 1 万元以上 10 万元以下罚金;数额巨大的,处 3 年以上 10 年以下有期徒刑,并处 2 万元以上 20 万元以下罚金。

六、擅自设立金融机构罪

擅自设立金融机构罪,是指未经国家有关主管部门批准,擅自设立商业银行、证券交易所、期货交易所、证券公司、期货经纪公司、保险公司或者其他金融机构的行为。本罪的主体,既可以是自然人,也可以是单位。

根据我国刑法第 174 条第 1、3 款的规定,犯擅自设立金融机构罪的,处 3 年以下有期徒刑或者拘役,并处或单处 2 万元以上 20 万元以下罚金;情节严重的,处 3 年以上 10 年以下有期徒刑,并处 5 万元以上 50 万元以下罚金。单位犯本罪的,对单位判处罚金,并对其直接负责的主管人员和其他直接责任人员,依照上述规定处罚。

七、伪造、变造、转让金融机构经营许可证、批准文件罪

伪造、变造、转让金融机构经营许可证、批准文件罪,是指伪造、变造、转让商业银行、证券交易所、期货交易所、证券公司、期货经纪公司、保险公司或者其他金融机构的经营许可证或者批准文件的行为。本罪的主体,既可以是自然人,也可以是单位。

根据我国刑法第 174 条第 2、3 款的规定,犯伪造、变造、转让金融机构经营许可证、批准文件罪的,处 3 年以下有期徒刑或者拘役,并处或单处 2 万元以上 20 万元以下罚金;情节严重的,处 3 年以上 10 年以下有期徒刑,并处 5 万元以上 50 万元以下罚金。单位犯本罪的,对单位判处罚金,并对其直接负责的主管人员和其他直接责任人员,依照上述规定处罚。

八、高利转贷罪

高利转贷罪,是指以转贷牟利为目的,套取金融机构信贷资金高利转贷他人,违法所得数额较大的行为。本罪的主体,既可以是自然人,也可以是单位。

根据我国刑法第 175 条第 1、2 款的规定,犯高利转贷罪的,处 3 年以下有期徒刑或者拘役,并处违法所得 1 倍以上 5 倍以下罚金;数额巨大的,处 3 年以上 7 年以下有期徒刑,并处违法所得 1 倍以上 5 倍以下罚金。单位犯本罪的,对单位判处罚金,并对其直接负责的主管人员和其他直接责任人员,处 3 年以下有期徒刑或者拘役。

九、骗取贷款、票据承兑、金融票证罪

骗取贷款、票据承兑、金融票证罪,是指以欺骗手段取得银行或者其他金融机构贷款、票据承兑、信用证、保函等,给银行或者其他金融机构造成重大损失或者有其他严重情节的行为。

根据我国刑法第 175 条第 3、4 款的规定,犯骗取贷款、票据承兑、金融票证罪的,处 3 年

以下有期徒刑或者拘役，并处或者单处罚金；给银行或者其他金融机构造成特别重大损失或者有其他特别严重情节的，处3年以上7年以下有期徒刑，并处罚金。单位犯本罪的，对单位判处罚金，并对其直接负责的主管人员和其他直接责任人员，依照上述规定处罚。

十、非法吸收公众存款罪

非法吸收公众存款罪，是指违反国家金融管理法规，非法吸收公众存款或者变相吸收公众存款，扰乱金融秩序的行为。

根据我国刑法第176条的规定，犯非法吸收公众存款罪的，处3年以下有期徒刑或者拘役，并处或单处2万元以上20万元以下罚金；数额巨大或者有其他严重情节的，处3年以上10年以下有期徒刑，并处5万元以上50万元以下罚金。单位犯本罪的，对单位判处罚金，并对其直接负责的主管人员和其他直接责任人员，依照上述规定处罚。

十一、伪造、变造金融票证罪

伪造、变造金融票证罪，是指伪造、变造汇票、本票、支票、委托收款凭证、汇款凭证、银行存单及其他银行结算凭证、信用证或者附随的单据、文件以及伪造信用卡的行为。

根据我国刑法第177条第1、2款的规定，犯伪造、变造金融票证罪的，处5年以下有期徒刑或者拘役，并处或单处2万元以上20万元以下罚金；情节严重的，处5年以上10年以下有期徒刑，并处5万元以上50万元以下罚金；情节特别严重的，处10年以上有期徒刑或者无期徒刑，并处没收财产。单位犯本罪的，对单位判处罚金，并对其直接负责的主管人员和其他直接责任人员，依照上述规定处罚。

十二、妨害信用卡管理罪

妨害信用卡管理罪，是指以明知为前提持有、运输伪造的信用卡或者伪造的空白信用卡数量较大，非法持有他人信用卡数量较大，使用虚假的身份证明骗领信用卡，以及出售、购买、为他人提供伪造的信用卡或者以虚假的身份证明骗领的信用卡的行为。

根据我国刑法第177条第3款的规定，犯妨害信用卡管理罪的，处3年以下有期徒刑或者拘役，并处或单处1万元以上10万元以下罚金；数量巨大或者有其他严重情节的，处3年以上10年以下有期徒刑，并处2万元以上20万元以下罚金。

十三、窃取、收买、非法提供信用卡信息罪

窃取、收买、非法提供信用卡信息罪，是指窃取、收买或者非法提供他人信用卡信息资料的行为。

根据我国刑法第177条第3、4款的规定，犯窃取、收买、非法提供信用卡信息罪的，处3年以下有期徒刑或者拘役，并处或单处1万元以上10万元以下罚金；数量巨大或者有其他严重情节的，处3年以上10年以下有期徒刑，并处2万元以上20万元以下罚金。银行或者其他金融机构的工作人员利用职务上的便利，犯本罪的，从重处罚。

十四、伪造、变造国家有价证券罪

伪造、变造国家有价证券罪，是指伪造、变造国库券或者国家发行的其他有价证券，数额较大的行为。

根据我国刑法第178条第1、3款的规定，犯伪造、变造国家有价证券罪的，处3年以下有期徒刑或者拘役，并处或单处2万元以上20万元以下罚金；数额巨大的，处3年以上10年以下有期徒刑，并处5万元以上50万元以下罚金；数额特别巨大的，处10年以上有期徒刑或者无期徒刑，并处5万元以上50万元以下罚金或者没收财产。单位犯本罪的，对单位判处罚金，并对其直接负责的主管人员和其他直接责任人员，依照上述规定处罚。

十五、伪造、变造股票、公司、企业债券罪

伪造、变造股票、公司、企业债券罪，是指伪造、变造股票或者公司、企业债券，数额较大的行为。

根据我国刑法第178条第2、3款的规定，犯伪造、变造股票、公司、企业债券罪的，处3年以下有期徒刑或者拘役，并处或单处1万元以上10万元以下罚金；数额巨大的，处3年以上10年以下有期徒刑，并处2万元以上20万元以下罚金。单位犯本罪的，对单位判处罚金，并对其直接负责的主管人员和其他直接责任人员，依照上述规定处罚。

十六、擅自发行股票、公司、企业债券罪

擅自发行股票、公司、企业债券罪，是指未经国家有关主管部门批准，擅自发行股票或公司、企业债券，数额巨大、后果严重或者有其他严重情节的行为。

根据我国刑法第179条的规定，犯擅自发行股票、公司、企业债券罪的，处5年以下有期徒刑或者拘役，并处或单处非法募集资金金额1%以上5%以下罚金。单位犯本罪的，对单位判处罚金，并对其直接负责的主管人员和其他直接责任人员，处5年以下有期徒刑或者拘役。

十七、内幕交易、泄露内幕信息罪

内幕交易、泄露内幕信息罪，是指证券、期货交易内幕信息的知情人员或者非法获取证券、期货交易内幕信息的人员，在涉及证券的发行，证券、期货交易或者其他对证券、期货交易价格有重大影响的信息尚未公开前，买入或者卖出该证券，或者从事与该内幕信息有关的期货交易，或者泄露该信息，情节严重的行为。

本罪侵犯的客体是国家对证券、期货市场的管理秩序和其他证券、期货投资者的合法权益。犯罪对象是有关证券、期货发行、交易的内幕信息。本罪的客观方面，表现为内幕交易或者泄露内幕信息的行为。“内幕信息”和“知情人员”的范围，根据相关法律、法规确定，情节严重的行为才构成本罪。本罪为情节犯，情节严重的行为才构成本罪。本罪的主体为特殊主体，是指证券、期货交易内幕信息的知情人员或者非法获取证券、期货交易内幕人员。本罪的主观方面是故意，一般具有为本人或者他人谋取非法利益的目的。

根据我国刑法第180条的规定，犯内幕交易、泄露内幕信息罪的，处5年以下有期徒刑或者拘役，并处或单处违法所得1倍以上5倍以下罚金；情节特别严重的，处5年以上10年以下有期徒刑，并处违法所得1倍以上5倍以下罚金。单位犯本罪的，对单位判处罚金，并对其直接负责的主管人员和其他直接责任人员，处5年以下有期徒刑或者拘役。

十八、编造并传播证券、期货交易虚假信息罪

编造并传播证券、期货交易虚假信息罪，是指编造并传播影响证券、期货交易的虚假信息，扰乱证券、期货交易市场，造成严重后果的行为。

根据我国刑法第181条第1、3款的规定，犯编造并传播证券、期货交易虚假信息罪的，处5年以下有期徒刑或者拘役，并处或单处1万元以上10万元以下罚金。单位犯本罪的，对单位判处罚金，并对其直接负责的主管人员和其他直接责任人员，处5年以下有期徒刑或者拘役。

十九、诱骗投资者买卖证券、期货合约罪

诱骗投资者买卖证券、期货合约罪，是指证券交易所、期货交易所、证券公司、期货经纪公司的从业人员，证券业协会、期货业协会或者证券、期货管理监督部门的工作人员，故意提供虚假信息或者伪造、变造、销毁交易记录，诱骗投资者买卖证券、期货合约，造成严重后果的行为。

根据我国刑法第181条第2、3款的规定，犯诱骗投资者买卖证券、期货合约罪的，处5年以下有期徒刑或者拘役，并处或单处1万元以上10万元以下罚金；情节特别恶劣的，处5年以上10年以下有期徒刑，并处2万元以上20万元以下罚金。单位犯本罪的，对单位判处罚金，并对其直接负责的主管人员和其他直接责任人员，处5年以下有期徒刑或者拘役。

二十、操纵证券、期货交易价格罪

操纵证券、期货交易价格罪，是指故意操纵证券、期货交易价格，获取不正当利益或者转嫁风险，情节严重的行为。

本罪侵犯的客体是国家对证券、期货市场的管理秩序和其他证券、期货投资者的合法权益。

本罪的客观方面，表现为操纵证券、期货交易价格，获取不正当利益或者转嫁风险，情节严重的行为。具体包括：

（1）单独或者合谋，集中资金优势、持股或者持仓优势或者利用信息优势联合或者连续买卖，操纵证券、期货交易价格或者证券、期货交易量的。

（2）与他人串通，以事先约定的时间、价格和方式相互进行证券、期货交易，或者相互买卖并不持有的证券，影响证券、期货交易价格或者证券、期货交易量的。

（3）以自己为交易对象，进行不转移证券所有权的自买自卖，或者以自己为交易对象，自买自卖期货合约，影响证券、期货交易价格或者证券、期货交易量的。

（4）以其他方法操纵证券、期货交易价格的。

本罪的主体为特殊主体，是指证券、期货交易内幕信息的知情人员或者非法获取证券、期货交易内幕人员。本罪的主观方面是故意，一般具有为本人或者他人谋取非法利益的目的。

根据我国刑法第182条的规定，犯操纵证券、期货交易价格罪的，处5年以下有期徒刑或者拘役，并处或单处违法所得1倍以上5倍以下罚金。单位犯本罪的，对单位判处罚金，并对其直接负责的主管人员和其他直接责任人员，处5年以下有期徒刑或者拘役。

二十一、背信运用受托财产罪

背信运用受托财产罪，是指商业银行、证券交易所、期货交易所、证券公司、期货经纪公司、保险公司或者其他金融机构，违背受托义务，擅自运用客户资金或者其他委托、信托的财产，情节严重的行为。本罪是典型的单位犯罪，犯罪主体只限于上述金融机构。

根据我国刑法第185条第3款的规定，犯背信运用受托财产罪的，对单位判处罚金，并对其直接负责的主管人员和其他直接责任人员，处3年以下有期徒刑或者拘役，并处3万元以上30万元以下罚金；情节特别严重的，处3年以上10年以下有期徒刑，并处5万元以上50万元以下罚金。

二十二、违法运用资金罪

违法运用资金罪，是指社会保障基金管理机构、住房公积金管理机构等公众资金管理机构，以及保险公司、保险资产管理公司、证券投资基金管理公司，违反国家规定运用资金，情节严重的行为。本罪是典型的单位犯罪。

根据我国刑法第185条第3款的规定，犯违法运用资金罪的，对单位判处罚金，并对其直接负责的主管人员和其他直接责任人员，处3年以下有期徒刑或者拘役，并处3万元以上30万元以下罚金；情节特别严重的，处3年以上10年以下有期徒刑，并处5万元以上50万元以下罚金。

二十三、违法发放贷款罪

违法发放贷款罪，是指银行或者其他金融机构的工作人员违反国家规定发放贷款，数额巨大或者造成重大损失的行为。

根据我国刑法第186条的规定，犯违法发放贷款罪的，处5年以下有期徒刑或者拘役，并处1万元以上10万元以下罚金；数额特别巨大或者造成特别重大损失的，处5年以上有期徒刑，并处2万元以上20万元以下罚金。银行或者其他金融机构的工作人员违反国家规定，向关系人发放贷款的，依照前款的规定从重处罚。单位犯本罪的，对单位判处罚金，并对其直接负责的主管人员和其他直接责任人员，依照上述规定处罚。

二十四、吸收客户资金不入账罪

吸收客户资金不入账罪，是指银行或者其他金融机构的工作人员吸收客户资金不入账的，数额巨大或者造成重大损失的行为。

根据我国刑法第187条的规定，犯吸收客户资金不入账罪的，处5年以下有期徒刑或者拘役，并处2万元以上20万元以下罚金；数额特别巨大或者造成特别重大损失的，处5年以上有期徒刑，并处5万元以上50万元以下罚金。单位犯本罪的，对单位判处罚金，并对其直接负责的主管人员和其他直接责任人员，依照上述规定处罚。

二十五、违规出具金融票证罪

违规出具金融票证罪，是指银行或者其他金融机构的工作人员或者单位，违反规定，为他人出具信用证或者其他保函、票据、存单、资信证明，造成较大损失的行为。

根据我国刑法第188条的规定，犯违规出具金融票证罪的，处5年以下有期徒刑或者拘役；造成重大损失的，处5年以上有期徒刑。单位犯本罪的，对单位判处罚金，并对其直接负责的主管人员和其他直接责任人员，依照上述规定处罚。

二十六、对违法票据承兑、付款、保证罪

对违法票据承兑、付款、保证罪，是指银行或者其他金融机构的工作人员或者单位，在票据业务中，对违反票据法规定的票据予以承兑、付款或者保证，造成重大损失的行为。

根据我国刑法第189条的规定，犯对违法票据承兑、付款、保证罪的，处5年以下有期徒刑或者拘役；造成特别重大损失的，处5年以上有期徒刑。单位犯本罪的，对单位判处罚金，并对其直接负责的主管人员和其他直接责任人员，依照上述规定处罚。

二十七、骗购外汇罪

骗购外汇罪，是指单位或者自然人，使用伪造的海关和外汇管理部门的报关和进口单证、重复使用报关单证以及用其他方法骗购外汇，数额较大，破坏国家外汇管理秩序的行为。

根据《全国人大常委会关于惩治骗购外汇、逃汇和非法买卖外汇犯罪的决定》的规定，犯骗购外汇罪的，处5年以下有期徒刑或者拘役，并处骗购外汇数额5%以上30%以下罚金；数额巨大或者有其他严重情节的，处5年以上10年以下有期徒刑，并处骗购外汇数额5%以上30%以下罚金；数额特别巨大或者有其他特别严重情节的，处10年以上有期徒刑或者无期徒刑，并处骗购外汇数额5%以上30%以下罚金或者没收财产。单位犯本罪的，对单位依照上述规定判处罚金，并对其直接负责的主管人员和其他直接责任人员，处5年以下有期徒刑或者拘役；数额巨大或者有其他严重情节的，处5年以上10年以下有期徒刑；数额特别巨大或者有其他特别严重情节的，处10年以上有期徒刑或者无期徒刑。

二十八、逃汇罪

逃汇罪，是指公司、企业或者其他单位，违反国家规定，擅自将外汇存放境外，或者将境内的外汇非法转移到境外，情节严重的行为。

根据《全国人大常委会关于惩治骗购外汇、逃汇和非法买卖外汇犯罪的决定》的规定，犯

逃汇罪的，对单位判处逃汇数额5%以上30%以下罚金，并对其直接负责的主管人员和其他直接责任人员处5年以下有期徒刑或者拘役；数额巨大或者有其他严重情节的，对单位判处逃汇数额5%以上30%以下罚金，并对其直接负责的主管人员和其他直接责任人员处5年以上有期徒刑。

二十九、洗钱罪

洗钱罪，是指明知是毒品犯罪、黑社会性质的组织犯罪、贪污贿赂犯罪、恐怖活动犯罪、走私犯罪等的违法所得及其收益，为掩饰、隐瞒其来源和性质，通过存入金融机构、投资或者上市流通等手段使非法所得收入合法化的行为。

本罪侵犯的客体是复杂客体，即它既侵犯了金融秩序，又侵犯了社会经济管理秩序，还侵犯了国家正常的金融管理活动及外汇管理的相关规定。

本罪的客观方面，表现为以各种方法掩饰、隐瞒毒品犯罪、黑社会性质的组织犯罪、贪污贿赂犯罪、恐怖活动犯罪、走私犯罪等的违法所得及其收益的性质和来源。具体方式有：

(1) 提供资金账户；

(2) 协助将财产转为现金或者金融票据；

(3) 通过转账或者其他结算方式协助资金转移；

(4) 协助将资金汇往境外；

(5) 通过典当、租赁、买卖、投资等方式，协助转移、转换犯罪所得及其收益；

(6) 通过与商场、饭店、娱乐场所等现金密集型场所的经营收入相混合的方式，协助转移、转换犯罪所得及其收益；

(7) 通过虚构交易、虚设债权债务、虚假担保、虚报收入等方式，协助将犯罪所得及其收益转换为“合法”财物；

(8) 通过买卖彩票、奖券等方式，协助转换犯罪所得及其收益；

(9) 通过赌博方式，协助将犯罪所得及其收益转换为赌博收益；

(10) 协助将犯罪所得及其收益携带、运输或者邮寄出入境；

(11) 以其他方式掩饰、隐瞒犯罪的违法所得及其收益来源和性质。

此外，以下6种情形，除有证据证明确实不知道的之外，均可以认定行为人对犯罪所得及其收益具有主观“明知”，也将被追责：知道他人从事犯罪活动，协助转换或者转移财物的；没有正当理由，通过非法途径协助转换或者转移财物的；没有正当理由，以明显低于市场的价格收购财物的；没有正当理由，协助转换或者转移财物，收取明显高于市场的“手续费”的。此外还包括没有正当理由，协助他人将巨额现金散存于多个银行账户或者在不同银行账户之间频繁划转的；协助近亲属或者其他关系密切的人转换或者转移与其职业或者财产状况明显不符的财物的。

本罪的主体为一般主体，包括年满16周岁以上、具有刑事责任能力的自然人和单位。本罪的主观方面是故意，即行为人明知自己的行为是在为犯罪违法所得掩饰、隐瞒其来源和性质、为利益而故意为之，并希望这种结果发生认定。

根据我国刑法第191条的规定，犯洗钱罪的，没收实施犯罪的违法所得及其产生的收益，处5年以下有期徒刑或者拘役，并处或者单处洗钱数额5%以上20%以下罚金；情节严重的，没收实施犯罪的违法所得及其产生的收益，处5年以上10年以下有期徒刑，并处洗钱数额5%

以上 20%以下罚金;单位犯本罪,对单位处罚金,并对其直接负责的主管人员和其他直接责任人员处 5 年以下有期徒刑或者拘役;情节严重的,处 5 年以上 10 年以下有期徒刑。

第六节 金融诈骗罪

一、集资诈骗罪

集资诈骗罪,是指以非法占有为目的,违反有关金融法律、法规的规定,使用诈骗方法进行非法集资,扰乱国家正常金融秩序,侵犯公私财产所有权,且数额较大的行为。

本罪侵犯的客体是复杂客体,既侵犯了公私财产所有权,又侵犯了国家金融管理制度。本罪的客观方面,表现为行为人必须实施了使用诈骗方法非法集资,数额较大的行为。所谓诈骗方法,是指行为人采取虚构集资用途,以虚假的证明文件、良好的经济效益和高回报率为诱饵,骗取集资款的手段。非法集资,是指单位或者个人,为经有关机关批准,向社会公众募集资金的行为。非法集资的数额较大的,才构成本罪。本罪的主体为一般主体,既可以是自然人,也可以是单位。本罪的主观方面是故意,并且具有非法占有的目的。

根据我国刑法第 192 条、199 条、200 条的规定,犯集资诈骗罪的,处 5 年以下有期徒刑或者拘役,并处或单处 2 万元以上 20 万元以下罚金;数额巨大或者有其他严重情节的,处 5 年以上 10 年以下有期徒刑,并处 5 万元以上 50 万元以下罚金;数额特别巨大或者有其他特别严重情节的,处 10 年以上有期徒刑或者无期徒刑,并处 5 万元以上 50 万元以下罚金或者没收财产;数额特别巨大并且给国家和人民利益造成特别重大损失的,处无期徒刑或者死刑,并处没收财产。单位犯本罪的,对单位判处罚金,并对其直接负责的主管人员和其他直接责任人员,处 5 年以下有期徒刑或者拘役;数额巨大或者有其他严重情节的,处 5 年以上 10 年以下有期徒刑;数额特别巨大或者有其他特别严重情节的,处 10 年以上有期徒刑或者无期徒刑。

二、贷款诈骗罪

贷款诈骗罪,是指以非法占有为目的,诈骗银行或者其他金融机构的贷款,数额较大的行为。

本罪侵犯的客体是国家的金融管理制度和金融机构对信贷资金的所有权。本罪的客观方面表现为行为人使用诈骗手段,诈骗银行或者其他金融机构的贷款,数额较大的行为。具体表现为:(1) 编造引进资金、项目等虚假理由的;(2) 使用虚假的经济合同的;(3) 使用虚假的证明文件的;(4) 使用虚假的产权证明作担保或者超出抵押物价值重复担保的;(5) 以其他方法诈骗贷款的。本罪的主体为一般主体,单位不能成为本罪的主体。本罪的主观方面是故意,并且具有非法占有的目的。

根据我国刑法第 193 条的规定,犯贷款诈骗罪的,处 5 年以下有期徒刑或者拘役,并处或单处 2 万元以上 20 万元以下罚金;数额巨大或者有其他严重情节的,处 5 年以上 10 年以下有期徒刑,并处 5 万元以上 50 万元以下罚金;数额特别巨大或者有其他特别严重情节的,处10年以上有期徒刑或者无期徒刑，并处5万元以上50万元以下罚金或者没收财产。

三、票据诈骗罪

票据诈骗罪，是指以非法占有为目的，利用金融票据进行诈骗活动，数额较大的行为。本罪具体表现为下列情形之一：

(1) 明知是伪造、变造的汇票、本票、支票而使用的；

(2) 明知是作废的汇票、本票、支票而使用的；

(3) 冒用他人的汇票、本票、支票的；

(4) 签发空头支票或者与其预留印鉴不符的支票，骗取财物的；

(5) 汇票、本票的出票人签发无资金保证的汇票、本票或者在出票时作虚假记载，骗取财物的。

根据我国刑法第194条、199条、200条的规定，犯票据诈骗罪的，处5年以下有期徒刑或者拘役，并处或单处2万元以上20万元以下罚金；数额巨大或者有其他严重情节的，处5年以上10年以下有期徒刑，并处5万元以上50万元以下罚金；数额特别巨大或者有其他特别严重情节的，处10年以上有期徒刑或者无期徒刑，并处5万元以上50万元以下罚金或者没收财产；数额特别巨大并且给国家和人民利益造成特别重大损失的，处无期徒刑或者死刑，并处没收财产。单位犯本罪的，对单位判处罚金，并对其直接负责的主管人员和其他直接责任人员，处5年以下有期徒刑或者拘役；数额巨大或者有其他严重情节的，处5年以上10年以下有期徒刑；数额特别巨大或者有其他特别严重情节的，处10年以上有期徒刑或者无期徒刑。

四、金融凭证诈骗罪

金融凭证诈骗罪，是指以非法占有为目的，故意以伪造的变造的委托收款凭证、汇款凭证、银行存单等其他银行结算凭证，骗取财物，数额较大的行为。

根据我国刑法第194条、199条、200条的规定，犯金融凭证诈骗罪的，处5年以下有期徒刑或者拘役，并处或单处2万元以上20万元以下罚金；数额巨大或者有其他严重情节的，处5年以上10年以下有期徒刑，并处5万元以上50万元以下罚金；数额特别巨大或者有其他特别严重情节的，处10年以上有期徒刑或者无期徒刑，并处5万元以上50万元以下罚金或者没收财产；数额特别巨大并且给国家和人民利益造成特别重大损失的，处无期徒刑或者死刑，并处没收财产。单位犯本罪的，对单位判处罚金，并对其直接负责的主管人员和其他直接责任人员，处5年以下有期徒刑或者拘役；数额巨大或者有其他严重情节的，处5年以上10年以下有期徒刑；数额特别巨大或者有其他特别严重情节的，处10年以上有期徒刑或者无期徒刑。

五、信用证诈骗罪

信用证诈骗罪，是指以非法占有为目的，利用信用证进行诈骗活动的行为。

本罪侵犯的客体是国家对信用证的管理制度和他人的财产所有权。客观方面表现为行为人使用欺诈手段，进行信用证诈骗活动的行为。具体表现为：(1) 使用伪造、变造的信用证或者附随的单据、文件的；(2) 使用作废的信用证的；(3) 骗取信用证的；(4) 以其他方法进行信用证诈骗活动的。主体为一般主体，个人和单位均可构成。本罪的主观方面是故意，并且具有非法占有的目的。

根据我国刑法第195条、199条、200条的规定，犯信用证诈骗罪的，处5年以下有期徒刑或者拘役，并处或单处2万元以上20万元以下罚金；数额巨大或者有其他严重情节的，处5年以上10年以下有期徒刑，并处5万元以上50万元以下罚金；数额特别巨大或者有其他特别严重情节的，处10年以上有期徒刑或者无期徒刑，并处5万元以上50万元以下罚金或者没收财产；数额特别巨大并且给国家和人民利益造成特别重大损失的，处无期徒刑或者死刑，并处没收财产。单位犯本罪的，对单位判处罚金，并对其直接负责的主管人员和其他直接责任人员，处5年以下有期徒刑或者拘役；数额巨大或者有其他严重情节的，处5年以上10年以下有期徒刑；数额特别巨大或者有其他特别严重情节的，处10年以上有期徒刑或者无期徒刑。

六、信用卡诈骗罪

信用卡诈骗罪，是指以非法占有为目的，利用信用卡进行诈骗活动，数额较大的行为。

本罪侵犯的客体是国家对信用卡的管理制度和他人的财产所有权。本罪的犯罪对象是信用卡。客观方面表现为利用信用卡进行诈骗活动，数额较大的行为。具体表现为：(1)使用伪造的信用卡，或者使用以虚假的身份证明骗领的信用卡的；(2)使用作废的信用卡；(3)冒用他人的信用卡；(4)恶意透支。所谓恶意透支，是指持卡人以非法占有为目的，超过规定限额或者规定期限透支，并且经发卡银行催收后仍不归还的行为。诈骗数额较大的，才能构成本罪。本罪的主体为一般主体，单位不能构成本罪。本罪的主观方面是故意，并且具有非法占有的目的。

根据我国刑法第196条的规定，犯信用卡诈骗罪的，处5年以下有期徒刑或者拘役，并处或单处2万元以上20万元以下罚金；数额巨大或者有其他严重情节的，处5年以上10年以下有期徒刑，并处5万元以上50万元以下罚金；数额特别巨大或者有其他特别严重情节的，处10年以上有期徒刑或者无期徒刑，并处5万元以上50万元以下罚金或者没收财产。

七、有价证券诈骗罪

有价证券诈骗罪，是指以非法占有为目的，使用伪造、变造的国库券或者国家发行的其他有价证券进行诈骗活动，数额较大的行为。

根据我国刑法第197条的规定，犯有价证券诈骗罪的，处5年以下有期徒刑或者拘役，并处或单处2万元以上20万元以下罚金；数额巨大或者有其他严重情节的，处5年以上10年以下有期徒刑，并处5万元以上50万元以下罚金；数额特别巨大或者有其他特别严重情节的，处10年以上有期徒刑或者无期徒刑，并处5万元以上50万元以下罚金或者没收财产。

八、保险诈骗罪

保险诈骗罪，是指以非法占有为目的，利用信用卡进行诈骗活动，数额较大的行为。

本罪侵犯的客体是国家对信用卡的管理制度和他人的财产所有权。本罪的犯罪对象是信用卡。客观方面表现为利用信用卡进行诈骗活动，数额较大的行为。具体表现为：

(1) 使用伪造的信用卡;(2) 使用作废的信用卡;(3) 冒用他人的信用卡;(4) 恶意透支。诈骗数额较大的,才构成本罪。本罪的主体为一般主体,单位不能构成本罪。本罪的主观方面是故意,并且具有非法占有的目的。

根据我国刑法第 196 条的规定,犯保险诈骗罪的,处 5 年以下有期徒刑或者拘役,并处或单处 2 万元以上 20 万元以下罚金;数额巨大或者有其他严重情节的,处 5 年以上 10 年以下有期徒刑,并处 5 万元以上 50 万元以下罚金;数额特别巨大或者有其他特别严重情节的,处 10 年以上有期徒刑或者无期徒刑,并处 5 万元以上 50 万元以下罚金或者没收财产。

第七节 危害税收征管罪

一、逃避缴纳税款罪

逃避缴纳税款罪,也称偷税罪,是指纳税人或扣缴义务人违反税收管理法规,采取伪造、变造、隐匿、擅自销毁账簿、记账凭证,在账簿上多列支出或者不列、少列收入,经税务机关通知申报而拒不申报或者进行虚假的纳税申报的手段,不缴或者少缴应纳税款,数额较大或者曾因偷税被税务机关给予过两次行政处罚又偷税的行为。

本罪侵犯的客体是国家的税收管理制度。

本罪的客观方面表现为违反国家税收法规,以虚假手段不缴或者少缴税款,偷税数额达到法定标准或者曾因偷税被税务机关给予过两次行政处罚又偷税的行为。偷税罪是结果犯,它必须达到法定结果才能成立。法定结果(即偷税罪成立的最低标准)有两个:其一,偷税数额达 1 万元以上,且占应纳税额的 10%;其二,行为人因偷税受到两次行政处罚。这两点呈并列关系,行为人只要具备其中一点,即可构成偷税罪。本罪的主体为特殊主体,既包括负有纳税义务的个人,也包括负有纳税义务的国有、集体、私有企事业单位以及外资企业、中外合资企业等法人或单位,而且还包括扣缴义务人,即依照法律或行政法规规定负有代扣代缴、代收代缴税款义务的单位和个人;既可以是中国公民,也可以是外国公民。没有纳税义务的公民,如与纳税、扣缴义务人相互勾结,为偷税犯罪提供账号、发票证明或者以其他手段共同实施偷税行为的,应以偷税共犯论处。税务工作人员构成共犯的,应当从重处罚。

本罪的主观方面是出于直接故意,并且具有逃避缴纳应缴税款义务而非法获利的目的。所谓直接故意,是指行为人明知自己的行为是违反税收法规,逃避缴纳应缴纳税款义务的行为,其结果会使国家税收受到影响,而希望或追求这种结果的发生。如果不具有这种主观上的直接故意和非法获利的目的,比如过失行为,则不构成偷税罪。

根据我国刑法第 201 条、第 204 条第 2 款、第 211 条和第 212 条的规定,犯逃避缴纳税款罪的,处 3 年以下有期徒刑或者拘役,并处偷税数额 1 倍以上 5 倍以下罚金;偷税数额占应纳税额的 30%以上并且偷税数额在 10 万元以上的,处 3 年以上 7 年以下有期徒刑,并处偷税数额 1 倍以上 5 倍以下罚金。单位犯本罪的,对单位判处罚金,并对其直接负责的主管人员和其他直接责任人员,依照上述规定处罚。判处罚金刑的,在执行前,应当先由税务机关追缴税款,即实行"先追缴后处罚"原则。

二、抗税罪

抗税罪，是指负有纳税义务或者代扣代缴、代收代缴义务的个人或者企业事业单位的直接责任人员，故意违反税收法规，以暴力、威胁方法拒不缴纳税款的行为。

本罪侵犯的客体是既侵犯国家的税收管理制度，又侵犯执行征税职务活动的税务人员的人身权利。其犯罪对象，包括依法应缴纳的税款及依法征税的税务人员。这里的税款是除关税以外的国内税收。这里的税务人员也限于依法征收国内税的工作人员。

本罪的客观方面，表现为违反税收法规，以暴力、威胁方法拒不缴纳税款的行为。其一，违反税收征收管理法律、法规。其二，采取暴力、威胁方法，实施拒不缴纳应纳税款的行为。本罪的暴力，并不限于只能针对人身而实施，为阻碍执行征税而砸毁其使用的交通工具、聚众冲击打砸税务机关的，也应视为使用暴力。所谓威胁，是指对征税工作人员实行的精神强制。其三，抗税行为在税收工作人员执行职务期间实施。所谓执行职务期间，是指从开始执行征税时起直至结束的时间范围。本罪的主体为依法负有纳税义务和扣缴税款义务的人，既包括个人，也包括单位。

本罪的主观方面是出于直接故意，表现为明知负有纳税义务而故意抗拒缴纳税款，并且通过使用暴力、威胁方法而公开拒不缴纳税款、非法获利的目的。如果行为人不具有这种主观故意和非法获利的目的，则不构成抗税罪。

根据我国刑法第 202 条和第 212 条的规定，犯抗税罪的，处 3 年以下有期徒刑或者拘役，并处拒缴税款 1 倍以上 5 倍以下罚金；情节严重的，处 3 年以上 7 年以下有期徒刑，并处拒缴税款 1 倍以上 5 倍以下罚金。判处罚金刑的，在执行前，应当先由税务机关追缴其所逃避的税款。

三、逃避追缴欠税罪

逃避追缴欠税罪，是指纳税义务人欠缴应纳税款，采取转移或者隐匿财产的手段，致使税务机关无法追缴欠缴的税款，数额在 1 万元以上的行为。

本罪的客观方面表现为欠缴应缴税款，采取转移或者隐匿财产的手段，致使税务机关无法追缴的欠缴的税款，数额在 1 万元以上的行为。本罪的主体的一般主体，个人或单位都可以构成。

根据我国刑法第 203 条、第 211 条和第 212 条的规定，犯逃避追缴欠税罪的，处 3 年以下有期徒刑或者拘役，并处或单处欠缴税款 1 倍以上 5 倍以下的罚金；数额在 10 万元以上，处 3 年以上 7 年以下有期徒刑，并处欠缴税款 1 倍以上 5 倍以下的罚金。单位犯本罪的，对单位判处罚金，并对其直接负责的主管人员和其他直接责任人员，依照上述规定处罚。判处罚金刑的，在执行前，应当先由税务机关追缴其所欠缴的税款。

四、骗取出口退税罪

骗取出口退税罪，是指故意违反税收法规，采取以假报出口等欺骗手段，骗取国家出口退税款,数额较大的行为。

本罪侵犯的客体是复杂客体,包括国家出口退税的管理制度和国家财产所有权。所谓出口退税,指税务机关根据国家法律、法规和政策的规定,对于在国内已征收税款的产品,在其出口时,将已征收税款予以全部或者部分返还的制度。本罪的客观方面表现为使用假报出口或者其他欺骗手段,骗取国家出口退税款,数额较大的行为。

根据 2002 年 9 月《最高人民法院关于审理骗取出口退税刑事案件具体应用法律若干问题的解释》第 1 条至第 3 条的规定,所谓“假报出口”,是指以虚构已税货物出口事实为目的,具有下列情形之一的行为:(1) 伪造或者签订虚假的买卖合同;(2) 以伪造、变造或者其他非法手段取得出口货物报关单、出口收汇核销单、出口货物专用缴款书等有关出口退税单据、凭证;(3) 虚开、伪造、非法购买增值税专用发票或者其他可以用于出口退税的发票;(4) 其他虚构已税货物出口事实的行为。所谓“其他欺骗手段”,是指下列情形之一:(1) 骗取出口货物退税资格的;(2) 将未纳税或者免税货物作为已税货物出口的;(3) 虽有货物出口,但虚构该出口货物的品名、数量、单价等要素,骗取未实际纳税部分出口退税款的;(4) 以其他手段骗取出口退税款的。所谓“数额较大”,是指骗取国家出口退税款 5 万元以上的。本罪的主体为一般主体,既包括个人,也包括单位。本罪的主观方面是直接故意,并且具有骗取出口退税的目的。

根据我国刑法第 204 条、第 211 条和第 212 条的规定,犯骗取出口退税罪的,处 5 年以下有期徒刑或者拘役,并处骗取税款 1 倍以上 5 倍以下的罚金;数额巨大或者有其他严重情节的,处 5 年以上 10 年以下有期徒刑,并处骗取税款 1 倍以上 5 倍以下的罚金;数额特别巨大或者有其他特别严重情节的,处 10 年以上有期徒刑或者无期徒刑,并处骗取税款 1 倍以上 5 倍以下的罚金或者没收财产。

五、虚开增值税专用发票、用于骗取出口退税、抵扣税款发票罪

虚开增值税专用发票、用于骗取出口退税、抵扣税款发票罪,是指为了牟取非法经济利益,故意违反国家发票管理规定,虚开增值税专用发票或者用于骗取出口退税、抵扣税款的其他发票的行为。本罪是选择性罪名,司法实践中应根据具体案情,选择适用或并合适用。

虚开增值税专用发票或者虚开用于骗取出口退税、抵扣税款的其他发票,是指有为他人虚开、为自己虚开、让他人为自己虚开、介绍他人虚开行为之一的。

根据我国刑法第 205 条的规定,犯虚开增值税专用发票、用于骗取出口退税、抵扣税款发票罪的,处 3 年以下有期徒刑或者拘役,并处 2 万元以上 20 万元以下罚金;虚开的税款数额较大或者有其他严重情节的,处 3 年以上 10 年以下有期徒刑,并处 5 万元以上 50 万元以下罚金;虚开的税款数额巨大或者有其他特别严重情节的,处 10 年以上有期徒刑或者无期徒刑,并处 5 万元以上 50 万元以下罚金或者没收财产。前款行为骗取国家税款,数额特别巨大,情节特别严重,给国家利益造成特别重大损失的,处无期徒刑或者死刑,并处没收财产。单位犯本罪的,对单位判处罚金,并对其直接负责的主管人员和其他直接责任人员,处 3 年以下有期徒刑或者拘役;虚开的税款数额较大或者有其他严重情节的,处 3 年以上 10 年以下有期徒刑;虚开的税款数额巨大或者有其他特别严重情节的,处 10 年以上有期徒刑或者无期徒刑。

六、伪造、出售伪造的增值税专用发票罪

伪造、出售伪造的增值税专用发票罪，是指仿照增值税专用发票的式样，非法印制假增值税专用发票或者出售非法印制的假增值税专用发票的行为。本罪是选择性罪名，司法实践中应根据具体案情，选择适用或并合适用。

根据我国刑法第206条的规定，犯伪造、出售伪造的增值税专用发票罪的，处3年以下有期徒刑、拘役或者管制，并处2万元以上20万元以下罚金；数额较大或者有其他严重情节的，处3年以上10年以下有期徒刑，并处5万元以上50万元以下罚金；数额巨大或者有其他特别严重情节的，处10年以上有期徒刑或者无期徒刑，并处5万元以上50万元以下罚金或者没收财产。伪造并出售伪造的增值税专用发票，数量特别巨大，情节特别严重，严重破坏经济秩序的，处无期徒刑或者死刑，并处没收财产。对单位判处罚金，并对其直接负责的主管人员和其他直接责任人员，处3年以下有期徒刑、拘役或者管制；数额较大或者有其他严重情节的，处3年以上10年以下有期徒刑；数额巨大或者有其他特别严重情节的，处10年以上有期徒刑或者无期徒刑。

七、非法出售增值税专用发票罪

非法出售增值税专用发票罪，是指违反国家发票管理法规，非法出售增值税专用发票的行为。

根据我国刑法第207条和第211条的规定，犯非法出售增值税专用发票罪的，处3年以下有期徒刑、拘役或者管制，并处2万元以上20万元以下罚金；数额较大的，处3年以上10年以下有期徒刑，并处5万元以上50万元以下罚金；数额巨大的，处10年以上有期徒刑或者无期徒刑，并处5万元以上50万元以下罚金或者没收财产。单位犯本罪的，对单位判处罚金，并对其直接负责的主管人员和其他直接责任人员，依照上述规定处罚。

八、非法购买增值税专用发票、购买伪造的增值税专用发票罪

非法购买增值税专用发票、购买伪造的增值税专用发票罪，是指故意违反国家发票管理法规，非法购买增值税专用发票或者购买伪造的增值税专用发票的行为。本罪是选择性罪名，司法实践中应根据具体案情，选择适用或并合适用。

根据我国刑法第208条和第211条的规定，犯非法购买增值税专用发票、购买伪造的增值税专用发票罪的，处5年以下有期徒刑或者拘役，并处或者单处2万元以上20万元以下罚金。单位犯本罪的，对单位判处罚金，并对其直接负责的主管人员和其他直接责任人员，依照上述规定处罚。非法购买增值税专用发票或者购买伪造的增值税专用发票又虚开或者出售的，分别依照本法第205条规定的虚开增值税专用发票罪、第206条规定的出售伪造的增值税专用发票罪、第207条规定的非法出售增值税专用发票罪定罪处罚。

九、非法制造、出售非法制造的用于骗取出口退税、抵扣税款发票罪

非法制造、出售非法制造的用于骗取出口退税、抵扣税款发票罪，是指故意违反国家发

票管理法规，伪造、擅自制造或者出售伪造、擅自制造的可以用于骗取出口退税、抵扣税款的非增值税专用发票的行为。本罪是选择性罪名，司法实践中应根据具体案情，选择适用或并合适用。

根据我国刑法第 207 条和第 211 条的规定，犯非法制造、出售非法制造的用于骗取出口退税、抵扣税款发票罪的，处 3 年以下有期徒刑、拘役或者管制，并处 2 万元以上 20 万元以下罚金；数额巨大的，处 3 年以上 7 年以下有期徒刑，并处 5 万元以上 50 万元以下罚金；数额特别巨大的，处 7 年以上有期徒刑，并处 5 万元以上 50 万元以下罚金或者没收财产。单位犯本罪的，对单位判处罚金，并对其直接负责的主管人员和其他直接责任人员，依照上述规定处罚。

十、非法制造、出售非法制造的发票罪

非法制造、出售非法制造的发票罪，是指故意违反国家发票管理法规，伪造、擅自制造或者出售伪造、擅自制造的非用于骗取出口退税、抵扣税款的其他发票的行为。本罪是选择性罪名，司法实践中应根据具体案情，选择适用或并合适用。

根据我国刑法第 209 条第 2 款和第 211 条的规定，犯非法制造、出售非法制造的发票罪的，处 2 年以下有期徒刑、拘役或者管制，并处 1 万元以上 5 万元以下罚金；情节严重的，处 2 年以上 7 年以下有期徒刑，并处 5 万元以上 50 万元以下罚金。单位犯本罪的，对单位判处罚金，并对其直接负责的主管人员和其他直接责任人员，依照上述规定处罚。

十一、非法出售用于骗取出口退税、抵扣税款发票罪

非法出售用于骗取出口退税、抵扣税款发票罪，是指故意违反国家发票管理法规，非法出售可以用于骗取出口退税、抵扣税款的非增值税专用发票的行为。本罪是选择性罪名，司法实践中应根据具体案情，选择适用或并合适用。

根据我国刑法第 209 条第 3 款和第 211 条的规定，犯非法出售用于骗取出口退税、抵扣税款发票罪的，处 3 年以下有期徒刑、拘役或者管制，并处 2 万元以上 20 万元以下罚金；数额巨大的，处 3 年以上 7 年以下有期徒刑，并处 5 万元以上 50 万元以下罚金；数额特别巨大的，处 7 年以上有期徒刑，并处 5 万元以上 50 万元以下罚金或者没收财产。单位犯本罪的，对单位判处罚金，并对其直接负责的主管人员和其他直接责任人员，依照上述规定处罚。

十二、非法出售发票罪

非法出售发票罪，是指故意违反国家发票管理法规，非法出售除增值税专用发票、可以用于骗取出口退税、抵扣税款的非增值税专用发票以外的普通发票的行为。

根据我国刑法第 209 条第 4 款的规定，犯非法出售发票罪的，处 2 年以下有期徒刑、拘役或者管制，并处 1 万元以上 5 万元以下罚金；情节严重的，处 2 年以上 7 年以下有期徒刑，并处 5 万元以上 50 万元以下罚金。单位犯本罪的，对单位判处罚金，并对其直接负责的主管人员和其他直接责任人员，依照上述规定处罚。

第八节　侵犯知识产权罪

一、假冒注册商标罪

假冒注册商标罪，是指违反国家商标管理法规，未经注册商标所有人许可，在同一种商品上使用与其注册商标相同的商标，情节严重的行为。

本罪侵犯的客体是复杂客体，包括国家对商标的管理制度和他人的注册商标专用权。本罪的犯罪对象是他人的注册商标。客观方面表现为违反国家商标管理法规，实施了假冒他人注册商标，且情节严重的行为。首先，行为人必须违反国家商标管理法规，这是构成本罪的前提条件。其次，行为人实施了假冒他人注册商标的行为，指行为人在同一种商品上，使用与他人注册商标相同的商标的行为。最后，必须情节严重。本罪的主体为一般主体，个人和单位均可构成。本罪的主观方面，只能由故意构成，表现为行为人明知是他人已经注册的商标，在未征得所有权人许可的情况下，故意在同一种商品上使用同一注册商标。假冒商标者通常出于营利或者谋取非法利益的目的，但不以此种目的为犯罪成立要件。

根据我国刑法第 213 条和第 220 条的规定，犯假冒注册商标罪的，处 3 年以下有期徒刑或者拘役，并处或者单处罚金；情节特别严重的，处 3 年以上 7 年以下有期徒刑，并处罚金。单位犯本罪的，对单位判处罚金，并对其直接负责的主管人员和其他直接责任人员，依照上述规定处罚。

二、销售假冒注册商标的商品罪

销售假冒注册商标的商品罪，是指违反国家商标管理法规，销售明知是假冒注册商标的商品，销售金额数额较大的行为。

根据我国刑法第 214 条和第 220 条的规定，犯销售假冒注册商标的商品罪的，处 3 年以下有期徒刑或者拘役，并处或者单处罚金；销售金额数额巨大的，处 3 年以上 7 年以下有期徒刑，并处罚金。单位犯本罪的，对单位判处罚金，并对其直接负责的主管人员和其他直接责任人员，依照上述规定处罚。

三、非法制造、销售非法制造的注册商标标识罪

非法制造、销售非法制造的注册商标标识罪，是指伪造、擅自制造他人注册商标标识，或者销售伪造、擅自制造的注册商标标识，情节严重的行为。

根据我国刑法第 215 条和第 220 条的规定，犯非法制造、销售非法制造的注册商标标识罪的，处 3 年以下有期徒刑、拘役或者管制，并处或者单处罚金；情节特别严重的，处 3 年以上 7 年以下有期徒刑，并处罚金。单位犯本罪的，对单位判处罚金，并对其直接负责的主管人员和其他直接责任人员，依照上述规定处罚。

四、假冒专利罪

假冒专利罪，是指违反国家专利法规，假冒他人专利，情节严重的行为。

本罪侵犯的客体是复杂客体，包括国家的专利管理制度和他人的专利专用权。本罪的犯罪对象是他人的专利。本罪的客观方面表现为未经专利权人许可，假冒他人专利的行为；首先，未经专利权人许可实施假冒他人专利的行为；其次，假冒行为必须发生在专利权的有效保护期限内；最后，必须情节严重。本罪的主体为一般主体，个人和单位均可构成。本罪的主观方面只能由故意构成，一般具有获取非法利益的目的，但也不排除其他目的。

根据我国刑法第 216 条和第 220 条的规定，犯假冒专利罪的，处 3 年以下有期徒刑或者拘役，并处或者单处罚金。单位犯本罪的，对单位判处罚金，并对其直接负责的主管人员和其他直接责任人员，依照上述规定处罚。

五、侵犯著作权罪

侵犯著作权罪，是指以营利为目的，未经著作权人或与著作权有关的权益人许可，复制发行其作品，出版他人享有专有出版权的图书，未经录音录像制作者许可复制发行其制作的音像制品，或者制售假冒他人署名的美术作品，违法所得数额较大或者有其他严重情节的行为。

本罪侵犯的客体是国家的著作权管理制度以及他人的著作权和与著作权相关的权益。本罪的犯罪对象是他人依法享有著作权的作品。本罪的客观方面表现为行为人实施了下列侵犯著作权的行为之一：(1) 未经著作权人许可，复制发行其文字作品、音乐、电影、电视、录像作品、计算机软件及其他作品的；(2) 出版他人享有专有出版权的图书的；(3) 未经录音录像制作者许可，复制发行其制作的录音录像的；(4) 制作、出售假冒他人署名的美术作品的。本罪的主体为一般主体，包括个人和单位。本罪的主观方面必须出于直接故意，并且具有营利的目的。

根据我国刑法第 217 条和第 220 条的规定，犯侵犯著作权罪的，处 3 年以下有期徒刑或者拘役，并处或者单处罚金；违法所得数额巨大或者有其他特别严重情节的，处 3 年以上 7 年以下有期徒刑，并处罚金。单位犯本罪的，对单位判处罚金，并对其直接负责的主管人员和其他直接责任人员，依照上述规定处罚。

六、销售侵权复制品罪

销售侵权复制品罪，是指以营利为目的，销售明知是侵犯他人著作权的复制品，违法所得数额巨大的行为。

根据我国刑法第 218 条和第 220 条的规定，犯销售侵权复制品罪的，处 3 年以下有期徒刑、拘役或者管制，并处或者单处罚金。单位犯本罪的，对单位判处罚金，并对其直接负责的主管人员和其他直接责任人员，依照上述规定处罚。

七、侵犯商业秘密罪

侵犯商业秘密罪，是指违反国家商业秘密保护法规，侵犯他人商业秘密，给商业秘密权利人造成重大损失的行为。

本罪侵犯的客体是商业秘密的专用权。本罪的犯罪对象是商业秘密。所谓商业秘密，是指不为公众所知悉，能为权利人带来经济利益，具有实用性并经权利人采取保密措施的技术信息和经营信息。本罪的客观方面，为行为人实施了侵犯他人商业秘密，并且给权利人造成了重大损失的行为。具体表现为以下几种情况：(1) 以盗窃、利诱、胁迫或者其他不正当手段获取权利人的商业秘密的；(2) 披露、使用或者允许他人使用以前项手段获取的权利人的商业秘密的；(3) 违反约定或者违反权利人有关保守商业秘密的要求，披露、使用或者允许他人使用其所掌握的商业秘密的；(4) 明知或应知前述三种违法行为，而获取、使用或者披露他人商业秘密，这是间接侵犯商业秘密的行为。本罪是结果犯，指侵犯商业秘密的行为必须给权利人造成重大损失。本罪的主体为一般主体，包括个人和单位。犯罪的自然人是一般主体，但通常是合同约定负有保密义务的当事人和本公司、企业知悉或掌握商业秘密的人。本罪的主观方面表现为故意，无论行为人出于何种动机、目的，均不影响本罪的认定。

根据我国刑法第 219 条和第 220 条的规定，犯侵犯商业秘密罪的，处 3 年以下有期徒刑或者拘役，并处或者单处罚金；造成特别严重后果的，处 3 年以上 7 年以下有期徒刑，并处罚金。单位犯本罪的，对单位判处罚金，并对其直接负责的主管人员和其他直接责任人员，依照上述规定处罚。

第九节　扰乱市场秩序罪

一、损害商业信用、商品声誉罪

损害商业信用、商品声誉罪，是指违反反不正当竞争管理法规，捏造并散布虚伪事实，损害他人的商业信誉、商品声誉，给他人造成重大损失或者有其他严重情节的行为。本罪是选择性罪名，在司法实践中应根据具体案情，选择适用或并合适用。

根据我国刑法第 221 条和第 231 条的规定，犯损害商业信用、商品声誉罪的，处 2 年以下有期徒刑或拘役，并处或者单处罚金。单位犯本罪的，对单位判处罚金，并对其直接负责的主管人员和其他直接责任人员，依照上述规定处罚。

二、虚假广告罪

虚假广告罪，是指广告主、广告经营者、广告发布者违反国家规定，利用广告对商品或者服务作虚假宣传，情节严重的行为。

本罪的客体是复杂客体，即国家对广告的管理制度和消费者的合法权益。本罪的客观方面表现为违反国家规定，利用广告对商品作虚假宣传，情节严重的行为。本罪的主体为特殊主体，必须是广告主、广告经营者、广告发布者。既可以是个人，也可以是单位。本罪的主观方面一般表现为故意，但因主体的不同身份而有所不同。广告主作为本罪主体时，其主观方面表现为直接故意。广告经营者和广告发布者既可以表现为直接故意也可以表现为间接故意,但是如果对广告的虚假内容不是明知,即使有过失,也不能以本罪论处。

根据我国刑法第222条和第231条的规定,犯虚假广告罪的,处2年以下有期徒刑或拘役,并处或者单处罚金。单位犯本罪的,对单位判处罚金,并对其直接负责的主管人员和其他直接责任人员,依照上述规定处罚。

三、串通投标罪

串通投标罪,是指投标人相互串通投标报价,损害招标人或者其他投标人的利益,情节严重的行为,或者投标人与招标人串通投标,损害国家、集体、公民的合法利益的行为。

根据我国刑法第223条和第231条的规定,犯串通投标罪的,处3年以下有期徒刑或拘役,并处或者单处罚金。单位犯本罪的,对单位判处罚金,并对其直接负责的主管人员和其他直接责任人员,依照上述规定处罚。

四、合同诈骗罪

合同诈骗罪,是指以非法占有为目的,在签订、履行合同过程中,以虚构事实或隐瞒真相的方法,骗取对方当事人的财物,数额较大的行为。

本罪侵犯的客体是复杂客体,即国家对经济合同的管理秩序和公私财产所有权。本罪的犯罪对象是公私财物。本罪的客观方面,表现为在签订、履行经济合同过程中,以虚构事实或者隐瞒真相的方法,骗取对方当事人财物,数额较大的行为。本罪的诈骗行为表现为以下形式:(1)以虚构的单位或者冒用他人名义签订合同的;(2)以伪造、变造、作废的票据或者其他虚假的产权证明作担保的;(3)没有实际履行能力,以先履行小额合同或者部分履行合同的方法,诱骗对方当事人继续签订和履行合同的;(4)收受对方当事人给付的货物、货款、预付款或者担保财产后逃匿的;(5)以其他方法骗取对方当事人财物的。本罪的主体为一般主体,既可以是个人,也可以是单位。本罪的主观方面,表现为直接故意,且具有非法占有对方当事人财物的目的。

根据我国刑法第224条和第231条的规定,犯合同诈骗罪的,处3年以下有期徒刑或拘役,并处或者单处罚金;数额巨大或者有其他严重情节的,处3年以上10年以下有期徒刑,并处罚金;数额特别巨大或者有其他特别严重情节的,处10年以上有期徒刑或者无期徒刑,并处罚金或者没收财产。单位犯本罪的,对单位判处罚金,并对其直接负责的主管人员和其他直接责任人员,依照上述规定处罚。

五、非法经营罪

非法经营罪,是指违反国家规定,从事非法经营活动,扰乱市场秩序,情节严重的行为。

本罪侵犯的客体是国家对市场的管理秩序。本罪的客观方面表现为违反国家规定,从事非法经营活动,扰乱市场秩序,情节严重的行为。本罪的非法经营活动包括:(1)未经许可经营法律、行政法规规定的专营、专卖物品或者其他限制买卖的物品;(2)买卖进出口许可证、进出口原产地证明以及其他法律、行政法规规定的经营许可证或者批准文件;(3)在国家规定的交易场所以外非法买卖外汇;(4)未经国家有关主管部门批准,非法经营证券、期货或者保险业务;(5) 其他严重扰乱市场管理秩序的非法经营行为。本罪的主体为一般主体,既可以是个人,也可以是单位。本罪的主观方面,表现为故意,过失不构成本罪。

根据我国刑法第 225 条和第 231 条的规定,犯非法经营罪的,处 5 年以下有期徒刑或拘役,并处或者单处违法所得 1 倍以上 5 倍以下的罚金;情节特别严重的,处 5 年以上有期徒刑,并处违法所得 1 倍以上 5 倍以下的罚金或者没收财产。单位犯本罪的,对单位判处罚金,并对其直接负责的主管人员和其他直接责任人员,依照上述规定处罚。

六、强迫交易罪

强迫交易罪,是指以暴力、威胁手段强买强卖商品、强迫他人提供服务或者强迫他人接受服务,情节严重的行为。

根据我国刑法第 226 条和第 231 条的规定,犯强迫交易罪的,处 3 年以下有期徒刑或拘役,并处或者单处罚金。单位犯本罪的,对单位判处罚金,并对其直接负责的主管人员和其他直接责任人员,依照上述规定处罚。

七、伪造、倒卖伪造的有价票证罪

伪造、倒卖伪造的有价票证罪,是指伪造或者倒卖伪造的车票、船票、邮票或者其他有价票证,数额较大的行为。

根据我国刑法第 227 条第 1 款和第 231 条的规定,犯伪造、倒卖伪造的有价证券罪的,处 2 年以下有期徒刑、拘役或者管制,并处或者单处票证价额 1 倍以上 5 倍以下的罚金;数额巨大的,处 2 年以上 7 年以下有期徒刑,并处票证价额 1 倍以上 5 倍以下的罚金。单位犯本罪的,对单位判处罚金,并对其直接负责的主管人员和其他直接责任人员,依照上述规定处罚。

八、倒卖车票、船票罪

倒卖车票、船票罪,是指以牟取非法利益为目的,倒卖车票、船票,情节严重的行为。

根据我国刑法第 227 条第 2 款和第 231 条的规定,犯倒卖车票、船票罪的,处 3 年以下有期徒刑、拘役或者管制,并处或者单处票证价额 1 倍以上 5 倍以下的罚金。单位犯本罪的,对单位判处罚金,并对其直接负责的主管人员和其他直接责任人员,依照上述规定处罚。

九、非法转让、倒卖土地使用权罪

非法转让、倒卖土地使用权罪,是指以牟利为目的,违反土地管理法规,非法转让、倒卖土地使用权,情节严重的行为。

根据我国刑法第 228 条和第 231 条的规定,犯非法转让、倒卖土地使用权罪的,处 3 年以下有期徒刑或者拘役,并处或者单处非法转让、倒卖土地使用权价额 5%以上 20%以下的罚金;情节特别严重的,处 3 年以上 7 年以下有期徒刑,并处非法转让、倒卖土地使用权价额 5%以上 20%以下的罚金。单位犯本罪的,对单位判处罚金,并对其直接负责的主管人员和其他直接责任人员,依照上述规定处罚。

十、提供虚假证明文件罪

提供虚假证明文件罪，是指承担资产评估、验资、验证、会计、审计、法律服务等职责的中介组织人员，故意提供虚假的证明文件，情节严重的行为。

根据我国刑法第229条第1款、第2款和第231条的规定，犯提供虚假证明文件罪的，处5年以下有期徒刑或者拘役，并处罚金；索取他人财物或者非法收受他人财物而犯本罪的，处5年以上10年以下有期徒刑，并处罚金。单位犯本罪的，对单位判处罚金，并对其直接负责的主管人员和其他直接责任人员，依照上述规定处罚。

十一、出具证明文件重大失实罪

出具证明文件重大失实罪，是指承担资产评估、验资、验证、会计、审计、法律服务等职责的中介组织人员，严重不负责任，出具的证明文件有重大失实，造成严重后果的行为。

根据我国刑法第229条第3款和第231条的规定，犯出具证明文件重大失实罪的，处3年以下有期徒刑或者拘役，并处或者单处罚金。单位犯本罪的，对单位判处罚金，并对其直接负责的主管人员和其他直接责任人员，依照上述规定处罚。

十二、逃避商检罪

逃避商检罪，是指违反进出口商品检验法的规定，逃避商品检验，将必须经商检机构检验的进口商品未报经检验而擅自销售、使用，或者将必须经商检机构检验的出口商品未报经检验合格而擅自出口，情节严重的行为。

根据我国刑法第230条和第231条的规定，犯逃避商检罪的，处3年以下有期徒刑或者拘役，并处或者单处罚金。单位犯本罪的，对单位判处罚金，并对其直接负责的主管人员和其他直接责任人员，依照上述规定处罚。

第二十一章 侵犯公民人身权利罪

第一节 侵犯公民人身权利罪概述

一、侵犯公民人身权利、民主权利罪的概念和构成

侵犯公民人身权利、民主权利罪，是指故意或过失侵犯他人人身权利及与人身权利相关的权利，或者非法剥夺、妨害公民依法行使管理国家和参加社会政治活动及其他民主权利的行为。

本类罪的构成要件包括：

(1) 本类犯罪侵犯的客体是公民的人身权利与民主权利。所谓公民的人身权利，是指法律规定的与公民人身不可分离的权利。一般认为，公民的人身权利包括生命权、健康权、人身自由权、人格权以及婚姻家庭方面的权利。所谓公民的民主权利，是指法律规定公民享有的参加国家管理及社会政治活动的权利以及其他民主权利。一般认为，公民的民主权利包括选举权与被选举权、批评权、控告权、通信自由权、宗教信仰权、民族风俗习惯权等。

(2) 本罪的客观方面表现为非法侵犯公民人身权利、民主权利的行为。

(3) 本罪的主体大多数为一般主体，也有一些犯罪为特殊主体。

(4) 本罪的主观方面大多数为故意构成，只有过失致人死亡罪和过失致人重伤犯罪除外。

二、侵犯公民人身权利、民主权利罪的种类

根据侵犯公民人身权利、民主权利罪侵犯的直接客体的不同，可以分为：

(1) 侵犯生命、健康的犯罪：故意杀人罪，过失致人死亡罪，故意伤害罪，过失致人重伤罪。

(2) 侵犯妇女、儿童身心健康的犯罪：强奸罪，强制猥亵、侮辱妇女罪，猥亵儿童罪。

(3) 侵犯人身自由的犯罪：非法拘禁罪，绑架罪，拐卖妇女、儿童罪，收买被拐卖的妇女、儿童罪，聚众阻碍解救被收买的妇女、儿童罪，强迫职工劳动罪，雇用童工从事危重劳动罪，非法搜查罪，非法侵入住宅罪。

(4) 侵犯名誉的犯罪：侮辱罪、诽谤罪。

(5) 侵犯民主权利的犯罪：非法剥夺公民宗教信仰自由罪，侵犯少数民族风俗习惯罪，

侵犯通信自由罪，私自开拆、隐匿、毁弃邮件、电报罪，报复陷害罪，破坏选举罪。

(6) 妨害婚姻家庭权利的犯罪：暴力干涉婚姻自由罪、重婚罪、破坏军婚罪、虐待罪、遗弃罪、拐骗儿童罪。

(7) 侵犯其他权利的犯罪：诬告陷害罪，刑讯逼供罪，暴力取证罪，虐待被监管人员罪，煽动民族仇恨、民族歧视罪，出版歧视、侮辱少数民族作品罪，打击报复会计、统计人员罪。

第二节　侵犯公民人身权利罪分述

一、故意杀人罪

故意杀人罪，是指故意非法剥夺他人生命的行为。

本罪侵犯的客体是他人的生命权利。本罪的犯罪对象是有生命的自然人。本罪的客观方面表现为非法剥夺他人生命的行为。首先，剥夺他人生命的行为必须是非法的；其次，实施了剥夺他人生命的行为，行为方式既可以是作为，也可以是不作为；最后，在死亡结果发生的情况下，杀害行为与死亡结果之间必须有因果关系，否则不成立本罪的既遂。本罪的主体为一般主体，凡年满 14 周岁的具有刑事责任能力的自然人均可构成。本罪的主观方面，表现为故意，包括直接故意和间接故意；故意杀人的动机是多种多样的，但动机不影响本罪的成立，只是量刑的情节。

在司法实践中，应注意以下问题：

1. 刑法相关条文对本罪的规定

根据我国刑法第 238 条、247 条、248 条、289 条、292 条的规定，对非法拘禁使用暴力致人死亡的，刑讯逼供或暴力取证致人死亡的，虐待被监管人致人死亡的，聚众“打砸抢”致人死亡的，聚众斗殴致人死亡的，应以故意杀人罪论处。

2. 对各种诱因致使自杀行为的定性

自杀本身不构成犯罪，但引起、促成自杀的原因比较复杂，有的涉及刑事责任问题。

(1) 相约自杀。即 2 人以上相互约定自愿共同自杀的行为。如果是各自完成自杀行为或者双方都已经死亡的，一般不追究刑事责任；如果由其中一方先杀死另一方，继而自杀未得逞的，就应以故意杀人罪论处，不过在量刑时从轻处罚。如果以相约自杀为名，诱骗他人自杀，则构成故意杀人罪。

(2) 引起他人自杀。即行为人所实施的某种行为引起他人自杀身亡。第一，正当行为引起他人自杀不构成本罪；第二，错误行为或轻微违法行为引起他人自杀的，也不构成本罪；第三，严重违法行为引起他人自杀，可能会承担刑事责任，如侮辱行为、虐待行为等，被害人自杀成为这些罪的情节严重的情况。

(3) 教唆或帮助他人自杀。第一，我国刑法禁止安乐死，实施安乐死的，构成本罪；第二，对教唆他人自杀，应构成本罪；第三，帮助他人自杀，构成本罪。

(4) 逼迫他人自杀。即行为人凭借某种权势或利用某种特殊关系，以暴力、威胁方法，故意强迫他人自杀身亡。这是典型的借刀杀人，应以本罪论处。

根据我国刑法第 232 条的规定，犯故意杀人罪的，处死刑、无期徒刑或者 10 年以上有期徒刑；情节较轻的，处 3 年以上 10 年以下有期徒刑。

二、过失致人死亡罪

过失致人死亡罪，是指由于普通过失致使他人死亡的行为。

根据我国刑法第 233 条的规定，犯过失致人死亡罪的，处 3 年以上 7 年以下有期徒刑；情节较轻的，处 3 年以下有期徒刑。本法另有规定的，依照规定。所谓“本法另有规定的”，是指对其他因过失致人死亡的情况，如刑法分则作了专门的规定，有独立的罪名与法定刑，另行按照上述各条的规定定罪处刑，不再以本罪论处。

三、故意伤害罪

故意伤害罪，是指故意非法损害他人身体健康的行为。

本罪侵犯的客体是他人的身体健康权。本罪的客观方面表现为非法损害他人身体健康的行为。故意伤害行为的方式多种多样，既可以是作为方式，也可以是不作为方式，既可以是暴力方式，也可以是非暴力方式。故意伤害以轻伤为限，轻微伤不构成本罪，按照民事侵权处理。如果行为人实施伤害行为只是为了实施目的行为的手段，如伤害他人是为了抢劫，那么一般不以本罪论处，但是发生了致人伤亡的严重后果，则可能又以本罪论处；军人为了逃避军事义务，在战时自伤身体的，应按照我国刑法第 434 条的规定追究刑事责任。本罪的主体为一般主体，凡年满 16 周岁的具有刑事责任能力的自然人均可构成，其中，对于故意伤害致人重伤或死亡的，主体为已满 14 周岁具有刑事责任能力的自然人。本罪的主观方面，只能是伤害的故意。如果是杀人的故意，没有造成被害人死亡的，构成故意杀人罪未遂，而不能定故意伤害罪。

根据我国刑法第 234 条的规定，犯故意伤害罪的，处 3 年以下有期徒刑、拘役或者管制；致人重伤的，处 3 年以上 10 年以下有期徒刑；致人死亡或者以特别残忍手段致人重伤造成严重残疾的，处 10 年以上有期徒刑、无期徒刑或者死刑。本法另有规定的，依照规定。

四、过失重伤罪

过失重伤罪，是指过失致他人重伤的行为。本罪成立的条件，必须造成他人重伤的结果。

根据我国刑法第 235 条的规定，犯过失重伤罪的，处 3 年以下有期徒刑或者拘役。本法另有规定的，依照规定。

五、强奸罪

强奸罪，是指以暴力、胁迫或者其他手段，违背妇女意志，强行与妇女性交，或者故意与不满 14 周岁的幼女发生性关系的行为。

根据刑法第 236 条第 1 款、第 3 款的规定，犯强奸罪的，处 3 年以上 10 年以下有期徒刑。奸淫不满 14 周岁幼女的，以强奸论，从重处罚。强奸妇女、奸淫幼女，有下列情形之一的，处10年以上有期徒刑、无期徒刑或者死刑：(1) 强奸妇女、奸淫幼女情节恶劣的；(2) 强奸妇女、奸淫幼女多人的；(3) 在公共场所当众强奸妇女的；(4) 2人以上轮奸的；(5) 致使被害人重伤、死亡或者造成其他严重后果的。

六、强制猥亵、侮辱妇女罪

强制猥亵、侮辱妇女罪，是指以暴力、胁迫或者其他手段，违背妇女意志，强制猥亵、侮辱妇女的行为。

根据我国刑法第237条第1款、第2款的规定，犯强制猥亵、侮辱妇女罪的，处5年以下有期徒刑或者拘役。聚众或者在公共场所当众犯本罪的，处5年以上有期徒刑。

七、猥亵儿童罪

猥亵儿童罪，是指猥亵不满14周岁的儿童的行为。

根据我国刑法第237条第3款的规定，犯猥亵儿童罪的，依照强制猥亵、侮辱妇女罪的法定刑从重处罚。

八、非法拘禁罪

非法拘禁罪，是指非法拘禁他人或者以其他方法非法剥夺他人人身自由的行为。

根据我国刑法第238条的规定，犯非法拘禁罪的，处3年以下有期徒刑、拘役、管制或者剥夺政治权利。具有殴打、侮辱情节的，从重处罚。致人重伤的，处3年以上10年以下有期徒刑；致人死亡的，处10年以上有期徒刑。使用暴力致人伤残、死亡的，依照本法第234条规定的故意伤害罪、第232条规定的故意杀人罪定罪处罚。

九、绑架罪

绑架罪，是指以勒索财物为目的绑架他人，或者绑架他人作为人质的行为。

本罪侵犯的客体是复杂客体，包括他人的人身自由权利、健康、生命权利及公私财产所有权利。本罪的客观方面表现为利用被绑架人的近亲属或者他人对被绑架人安危的忧虑，而使用暴力、胁迫或者麻醉方法劫持或以实力控制他人的行为。本罪属于行为犯，只要行为人实施了绑架行为，无论行为人的目的是否达到，都成立绑架罪的既遂。本罪的主体为一般主体，即年满16周岁、具有刑事责任能力的自然人。本罪的主观方面是直接故意，犯罪目的包括两种情况：一是以勒索财物为目的，二是以其他不法要求为目的。

根据我国刑法第239条的规定，犯绑架罪的，处10年以上有期徒刑或者无期徒刑，并处罚金或者没收财产；致使被绑架人死亡或者杀害被绑架人的，处死刑，并处没收财产。

十、拐卖妇女、儿童罪

拐卖妇女、儿童罪，是指以出卖为目的，拐骗、绑架、收买、贩卖、接送、中转妇女、儿童的行为。

本罪侵犯的客体是人身权利中的人身不受买卖的权利。犯罪对象是妇女和儿童。妇女是指已满 14 周岁的未成年妇女和成年妇女。儿童是指不满 14 周岁的男、女儿童。本罪的客观方面，表现为实施了拐骗、绑架、收买、贩卖、接送、中转妇女、儿童的行为。所谓拐骗，是指采用欺骗、利诱等非强制性手段，将妇女、儿童置于自己的控制之下的行为。所谓收买，是指以出卖为目的，用货币等从他人处先买下妇女、儿童的行为。所谓贩卖，是指将妇女、儿童卖给第三者换取钱财的行为。所谓接送与中转，是指在拐卖妇女、儿童过程中，分工实施藏匿、移送、接转被拐卖的妇女、儿童的行为。只要实施上述行为之一的，即符合本罪客观方面的要件。至于拐卖行为是否"违背被害人意志"，不影响以本罪论处。本罪的主体为一般主体，即年满 16 周岁、具有刑事责任能力的自然人。本罪的主观方面是直接故意，且必须具有出卖的目的。

行为人在拐卖妇女、儿童的过程中同时实施了其他犯罪的，应根据刑法有关规定区别不同情况认定：

(1) 在拐卖过程中因殴打、捆绑等行为过失致伤害、死亡结果发生的，应以本罪论处。

(2) 因被害人反抗等原因而故意将被害人杀死或实施伤害的，应以故意杀人罪或故意伤害罪与本罪一起实行数罪并罚。

(3) 奸淫(包括强奸)被拐卖的妇女或诱骗、强迫其卖淫的，应以本罪论处。

根据我国刑法第 240 条的规定，犯拐卖妇女、儿童罪的，处 5 年以上 10 年以下有期徒刑，并处罚金；有下列情形之一的，处 10 年以上有期徒刑或者无期徒刑，并处罚金或者没收财产；情节特别严重的，处死刑，并处没收财产：(1) 拐卖妇女、儿童集团的首要分子；(2) 拐卖妇女、儿童 3 人以上的；(3) 奸淫被拐卖的妇女的；(4) 诱骗、强迫被拐卖的妇女卖淫或者将被拐卖的妇女卖给他人迫使其卖淫的；(5) 以出卖为目的，使用暴力、胁迫或者麻醉方法绑架妇女、儿童的；(6) 以出卖为目的，偷盗婴幼儿的；(7) 造成被拐卖的妇女、儿童或者其亲属重伤、死亡或者其他严重后果的；(8) 将妇女、儿童卖往境外的。

十一、收买被拐卖的妇女、儿童罪

收买被拐卖的妇女、儿童罪，是指不以出卖为目的，收买被拐卖的妇女、儿童的行为。本罪是结果犯，只有买到被拐卖的妇女、儿童才构成本罪，并为既遂。

根据我国刑法第 241 条的规定，犯收买被拐卖的妇女、儿童罪的，处 3 年以下有期徒刑、拘役或者管制。收买被拐卖的妇女，强行与其发生性关系的，或者非法剥夺、限制其人身自由或者有伤害、侮辱等犯罪行为的，应以本罪和相应的有关犯罪实行数罪并罚。收买被拐卖的妇女、儿童又出卖的，依照本法第 240 条的规定以拐卖妇女、儿童罪论处。收买被拐卖的妇女、儿童，按照被买妇女的意愿，不阻碍其返回原居住地的，对被买儿童没有虐待行为，不阻碍对其进行解救的，可以不追究刑事责任。

十二、聚众阻碍解救被收买的妇女、儿童罪

聚众阻碍解救被收买的妇女、儿童罪，是指纠集众人，阻碍国家机关工作人员解救被收买的妇女、儿童的行为。本罪的客体是被收买的妇女、儿童的人身权利和国家机关的公务活

动。本罪的主体是特殊主体，即聚众阻碍解救活动中的首要分子。

根据我国刑法第242条的规定，犯聚众阻碍解救被收买的妇女、儿童罪的，对其首要分子处5年以下有期徒刑或者拘役。其他参与者使用暴力、威胁方法的，按照刑法第277条妨害公务罪论处。所谓首要分子，是指聚众阻碍国家机关工作人员解救被收买的妇女、儿童的策划者、指挥者、组织者。

十三、诬告陷害罪

诬告陷害罪，是指捏造犯罪事实诬陷他人，意图使他人受刑事追究，情节严重的行为。

根据我国刑法第243条的规定，犯诬告陷害罪的，处3年以下有期徒刑、拘役或者管制；造成严重后果的，处3年以上10年以下有期徒刑。国家机关工作人员犯本罪的，从重处罚。

十四、强迫职工劳动罪

强迫职工劳动罪，是指用人单位的直接责任人违反劳动管理法规，以限制人身自由的方法强迫职工劳动，情节严重的行为。

根据我国刑法第244条的规定，犯强迫职工劳动罪的，对直接责任人员，处3年以下有期徒刑或者拘役，并处或者单处罚金。

十五、雇用童工从事危重劳动罪

雇用童工从事危重劳动罪，是指违反劳动管理法规，雇用未满16周岁的未成年人从事超强度体力劳动的，或者从事高空、井下作业的，或者在爆炸性、易燃性、放射性、毒害性等危险环境下从事劳动，情节严重的行为。

根据我国刑法第244条的规定，犯雇用童工从事危重劳动罪的，对直接责任人员，处3年以下有期徒刑或者拘役，并处罚金；情节特别严重的，处3年以上7年以下有期徒刑，并处罚金。有上述行为，造成事故，又构成其他犯罪的，依照数罪并罚的规定处罚。

十六、非法搜查罪

非法搜查罪，是指非法对他人的身体或住宅进行搜查的行为。

根据我国刑法第245条的规定，犯非法搜查罪的，处3年以下有期徒刑或者拘役。司法工作人员滥用职权，犯本罪的，从重处罚。

十七、非法侵入住宅罪

非法侵入住宅罪，是指未经允许非法进入他人住宅或经要求退出无故拒不退出的行为。本罪的客体是公民住宅不受侵犯的权利。

根据我国刑法第245条的规定，犯非法侵入住宅罪的，处3年以下有期徒刑或者拘役。司法工作人员滥用职权，犯本罪的，从重处罚。

十八、侮辱罪

侮辱罪，是指以暴力或者其他方法公然贬低他人人格，破坏他人名誉，情节严重的行为。本罪的客体是公民的人格尊严和名誉权。

根据我国刑法第 246 条的规定，犯侮辱罪的，处 3 年以下有期徒刑、拘役、管制或者剥夺政治权利。同时，犯本罪，告诉的才处理，但是严重危害社会秩序和国家利益的除外。

十九、诽谤罪

诽谤罪，是指故意捏造并散布某种事实，损坏他人人格，破坏他人名誉，情节严重的行为。本罪的客体是公民的人格尊严和名誉权。

根据我国刑法第 246 条的规定，犯诽谤罪的，处 3 年以下有期徒刑、拘役、管制或者剥夺政治权利。同时，犯本罪，告诉的才处理，但是严重危害社会秩序和国家利益的除外。

二十、刑讯逼供罪

刑讯逼供罪，是指司法工作人员对犯罪嫌疑人、被告人使用肉刑或者变相肉刑，逼取口供的行为。

本罪侵犯的客体是复杂客体，既包括公民的人身权利，也包括司法机关的正常活动。犯罪对象是犯罪嫌疑人和被告人。本罪的客观方面表现为实施了使用肉刑或者变相肉刑，逼取犯罪嫌疑人、被告人口供的行为。本罪的主体为司法工作人员，即具有侦查、检察、审判、监管职责的工作人员。本罪的主观方面是直接故意，且出于逼取口供的目的。

根据我国刑法第 247 条的规定，犯刑讯逼供罪的，处 3 年以下有期徒刑或者拘役；致人伤残、死亡的，依照本法第 234 条规定的故意伤害罪、第 232 条规定的故意杀人罪论处定罪从重处罚。

二十一、暴力取证罪

暴力取证罪，是指司法工作人员使用暴力逼取证人证言的行为。本罪的犯罪对象是证人。

根据我国刑法第 247 条的规定，犯暴力取证罪的，处 3 年以下有期徒刑或者拘役。致人伤残、死亡的，依照本法第 234 条规定的故意伤害罪、第 232 条规定的故意杀人罪论处定罪从重处罚。

二十二、虐待被监管人员罪

虐待被监管人员罪，是指监狱、拘留所、看守所等监管机构的监管人员对被监管人进行殴打或者体罚虐待，情节严重的行为。本罪的犯罪对象是被监管的人员。

根据我国刑法第 248 条的规定，犯虐待被监管人员罪的，处 3 年以下有期徒刑或者拘役。情节特别严重的,处3年以上10年以下有期徒刑;致人伤残、死亡的,依照本法第234条规定的故意伤害罪、第232条规定的故意杀人罪论处定罪从重处罚。

二十三、暴力干涉婚姻自由罪

暴力干涉婚姻自由罪,是指以暴力方法干涉他人婚姻自由的行为。

本罪侵犯的客体是他人的婚姻自由权利及人身权利。本罪的客观方面表现为实施了以暴力方法干涉他人婚姻自由的行为。本罪的主体为一般主体,实践中多为被害人的家长或其他亲属。本罪的主观方面是直接故意,且具有干涉他人婚姻自由的目的。

根据我国刑法第257条的规定,犯暴力干涉婚姻自由罪的,处2年以下有期徒刑或者拘役;致使被害人死亡的,处2年以上7年以下有期徒刑。"致使被害人死亡的",是指由于暴力干涉婚姻自由而直接引起被害人自杀身亡或者在实施暴力的过程中因过失导致被害人死亡。根据本条第3款的规定,除"致使被害人死亡的"以外,凡本罪的,告诉的才处理。

二十四、重婚罪

重婚罪,是指有配偶而与他人结婚或者明知他人有配偶而与之结婚的行为。

本罪侵犯的客体是一夫一妻制的婚姻关系。本罪的客观方面,表现为实施了有配偶而与他人结婚或者明知他人有配偶而与之结婚的行为。结婚行为包括法律婚和事实婚。如果只是非法同居关系,就不构成本罪。本罪的主体是特殊主体,包括两种人:一是重婚者,是指有配偶而在其婚姻关系存续期间又与他人结婚的人;二是指虽然本人无配偶但明知他人有配偶而与之结婚的人。本罪的主观方面是故意,具体表现为:第一,有配偶者明知自己有配偶而与他人结婚;第二,无配偶的人明知他人有配偶而与其结婚。

根据我国刑法第258条的规定,犯重婚罪的,处2年以下有期徒刑或者拘役。

二十五、破坏军婚罪

破坏军婚罪,是指明知是现役军人的配偶而与之同居或者结婚的行为。所谓现役军人,是指具有军籍,并正在中国人民解放军或者人民武装警察部队服役的军人。

根据我国刑法第259条的规定,犯本罪的,处3年以下有期徒刑或者拘役。利用职权、从属关系,以胁迫手段奸淫现役军人的妻子的,依照本法第236条的规定以强奸罪论处。

二十六、虐待罪

虐待罪,是指经常以打骂、冻饿、禁闭、有病不予治疗、强迫过度劳动或限制人身自由、凌辱人格等方法,对共同生活的家庭成员进行肉体上、精神上的摧残和折磨,情节恶劣的行为。

本罪侵犯的客体是复杂客体,既包括共同生活的家庭成员在家庭生活中的平等权利,又包括其人身权利。犯罪对象是共同生活的家庭成员。所谓家庭成员,是指基于血亲关系、婚姻关系、收养关系在同一个家庭中生活的成员。不具有亲属关系,即使在一起共同生活,如同居关系,也不能成为本罪的对象。本罪的客观方面,表现为经常对家庭成员进行虐待的行为。在司法实践中：(1) 虐待行为既可以是肉体上也可以是精神上的摧残和折磨。(2) 虐待行为的方式既可表现为作为，也可表现为不作为，但只是纯粹不作为则不能构成虐待罪。这种摧残、折磨必须具有经常性、持续性和一贯性的特点。(3) 虐待行为须达到情节恶劣的程度。本罪的主体为特殊主体，只能是与被虐待人共同生活在一个家庭之中，具有亲属关系的成员。一般来讲，虐待者都是在经济上或亲属关系上居于优势地位的自然人。本罪的主观方面只能是直接故意，动机可以是多种多样的。

根据我国刑法第 260 条的规定，犯虐待罪的，处 2 年以下有期徒刑、拘役或者管制。致使被害人重伤、死亡的，处 2 年以上 7 年以下有期徒刑。这里的"致使被害人重伤、死亡"，是指在进行虐待过程中，由于打骂、冻饿等行为过失地引起被害人的重伤、死亡。除因虐待"致使被害人重伤、死亡"的以外，犯本罪的，告诉的才处理。

二十七、遗弃罪

遗弃罪，是指对于年老、年幼、患病或者其他没有独立生活能力的人，负有扶养义务而拒绝扶养，情节恶劣的行为。本罪是典型的纯正不作为犯罪。

根据我国刑法第 261 条的规定，犯遗弃罪的，处 5 年以下有期徒刑、拘役或者管制。

二十八、拐骗儿童罪

拐骗儿童罪，是指采取蒙骗、利诱或者其他方法，使不满 14 周岁的儿童脱离家庭或者其监护人的行为。本罪不以出卖为目的。

根据我国刑法第 262 条的规定，犯拐骗儿童罪的，处 5 年以下有期徒刑或者拘役。

二十九、组织残疾人、儿童乞讨罪

组织残疾人、儿童乞讨罪，是指以暴力、胁迫手段组织残疾人或者不满 14 周岁的未成年人乞讨的行为。

根据我国刑法第 262 条的规定，犯组织残疾人、儿童乞讨罪的，处 3 年以下有期徒刑或者拘役，并处罚金；情节严重的，处 3 年以上 7 年以下有期徒刑，并处罚金。

第二十二章 侵犯财产罪

第一节 侵犯财产罪概述

一、侵犯财产罪的概念和构成

侵犯财产罪，是指以非法占有为目的，攫取公私财物，以及挪用、毁坏公私财物或破坏生产经营的行为。本类罪的构成要件包括：

(1) 本类罪侵犯的客体主要是公私财物的所有权，即所有人对财物享有的占有、使用、收益、处分的权利。公共财产包括国有财产、集体所有的财产和用于扶贫和其他公益事业的社会捐助或专项基金的财产。此外，在国有单位管理、使用、运输的私人财产，以公共财产论。私人所有的财产包括个人的合法收入、储蓄、房屋和生活资料；归个人所有的生产资料；个体户和私营企业的合法财产；个人所有的股份、股票、债券和其他财产。对无主物、所有权不明财物、违法所得物、违禁品应属于有主物，对其侵犯可构成该类犯罪。

(2) 本类罪客观方面表现为以暴力或非暴力、公开或秘密方法攫取公私财产，挪用或毁坏公私财产以及破坏生产经营的行为。本罪行为可细分为占有行为、挪用行为、毁坏行为、破坏行为。可以作为，也可以不作为。构成本罪，一般要求侵犯财产数额较大。

(3) 主体大多数是一般主体，少数罪是特殊主体，如抢劫罪，且年满 14 周岁的人事实抢劫的，则构成本罪。

(4) 主观方面出于故意，而且基于一定的目的。

二、本类罪的种类

根据刑法分则第五章第 263 条至 276 条的规定，侵犯财产罪有 14 个条文、12 个罪名。按照犯罪的主观目的和客观行为方式的不同，可以分为：

(1) 侵犯财产所有权的犯罪：抢劫罪、盗窃罪、诈骗罪、抢夺罪、聚众哄抢罪、敲诈勒索罪、侵占罪、职务侵占罪。

(2) 挪用财产所有权的犯罪：挪用资金罪、挪用特定款物罪。

(3) 毁损财产所有权的犯罪：故意毁坏财物罪、破坏生产经营罪。

第二节 侵犯财产罪分述

一、抢劫罪

抢劫罪，是指以非法占有为目的，以暴力、胁迫或其他方法，公然夺取公私财物的行为。

本罪侵犯的客体是公私财物的所有权和公民的人身权利。本罪的客观方面表现为用暴力、胁迫或其他方法夺取公私财物的行为。暴力方法是指殴打、捆绑、伤害的方法，强制被害人不能反抗，而取走财物。暴力包括轻重不等的程度，轻到拳打脚踢，重到杀死被害人。胁迫是指以将要使用暴力相威胁，使被害人不敢反抗，而取走财物。其他方法是指用药物、酒麻醉，使被害人不能反抗，取走财物。本罪的主体为一般主体，已满 14 周岁的人都可以成为本罪的主体。本罪的主观方面表现为直接故意，并具有非法占有公私财物的目的。

在司法实践中，认定抢劫罪时应注意以下问题：

1. 转化的抢劫罪。我国刑法第 269 条规定：犯盗窃、诈骗、抢夺罪，为窝藏赃物、抗拒逮捕或者毁灭罪证而当场使用暴力或者以暴力相威胁的，依照我国刑法第 263 条关于抢劫罪的规定定罪处罚。

2. 抢劫罪的既、未遂。有两种观点：一是完全以是否取得财物为标志；另一种认为以人、物中是否有一种受到侵犯作为标志。我们认为，抢劫行为没有造成被害人重伤或死亡的，应以是否取得财物为判断的标准；造成被害人重伤、死亡的，行为人即使没有取得财物，也构成既遂。

根据我国刑法第 263 条的规定，犯抢劫罪的，处 3 年以上 10 年以下有期徒刑，并处罚金。犯抢劫罪有下列情形之一的，处 10 年以上有期徒刑、无期徒刑或者死刑，并处罚金或者没收财产：(1) 入户抢劫的；(2) 在公共交通工具上抢劫的；(3) 抢劫银行或者其他金融机构的；(4) 多次抢劫或者抢劫数额巨大的；(5) 抢劫致人重伤、死亡的；(6) 冒充军警人员抢劫的；(7) 持枪抢劫的；(8) 抢劫军用物资或者抢险、救灾、救济物资的。

二、盗窃罪

盗窃罪，是指以非法占有为目的，秘密窃取公私财物，数额较大的行为。

本罪侵犯的客体是公私财物的所有权。对象是财物，包括不动产和动产、有体物和无体物(如电力、煤气、天然气、电话号码)、公共财产和个人财产。盗窃本人已被司法机关等依法扣押的财物或已交付他人合法持有的本人财物，均可构成本罪侵犯的对象。本罪的客观方面表现为秘密窃取他人财物，数额较大的行为。秘密窃取，是指行为人以自认为不被人发觉的方法占有他人财物。根据财物的形体不同，盗窃财物有三种形式：其一，对可移动之物，秘密转移到自己控制之下；其二，通过传输系统加以使用和消耗；其三，盗接他人通信线路、复制他人电信号码或者明知是盗接、复制的电信设备、设施而使用。本罪的主体为一般主体，单位不能成为盗窃罪的主体。本罪主观上表现为直接故意，而且具有非法占有的目的。

在司法实践中,盗窃罪的认定应当注意以下问题。

1. 盗窃数额的计算方法

(1) 盗窃一般物品的数额计算,应区别情况,以人民币核价计算:流通领域的商品,按零售价的中等价计算,或按定价、指导价计算;对半成品,进行折算;对生产资料、生活资料,原则上按进价计算,但作案时市场价高于原购进价的,按中等价格计算;对农副产品,按农贸市场同类产品的中等价计算;对进出口货物、物品,按上述其一的办法计算;对金、银、珠宝等工艺品按零售价或按指导价计算;对外币,按被盗当日国家外汇管理局的外汇卖出价计算;对文物,按国有文物商店的零售价或核定价计算。

(2) 盗接他人通信线路、复制他人电信号码的,按电话初装费、移动电话入网费计算;销赃数额高于电话初装费、入网费的,以销赃数额论;盗用他人电话使用的,应以合法用户为其支付的电话费计算。

(3) 关于盗窃有价支付凭证、有价证券、有价票证的计算方法为:第一,对不记名、不挂失的有价证券等,不论能否随即兑现,均按票面额和应得的孳息、奖金或奖品一并计算。第二,记名的有价证券等,如果票面价额已定并能随即兑现的,如活期存折、已到期的定期存折和已填好的支票,以及不需要任何手续的提单等,按票面额和案发时应得的利息或可提取的货物价值计算;如果是票面额未定,但已经兑现的,按实际兑现的财物价值计算,尚未兑现的,可作为定罪量刑情节。不能即时兑现的记名有价票证,已被销毁、丢失,而失主通过挂失、补领、补办手续等方式避免实际损失的,不作为定罪量刑的标准,但可以作为量刑情节。

2. 盗窃罪的既遂与未遂

有几种观点:(1) 接触说;(2) 转移说;(3) 控制说;(4) 移动说;(5) 失控说;(6) 失控加控制说。我们认为应采取第5种观点。

根据我国刑法第264条的规定,犯盗窃罪的,处3年以下有期徒刑、拘役或者管制,并处或者单处罚金;数额巨大或者有其他严重情节的,处3年以上10年以下有期徒刑,并处罚金;数额特别巨大或者有其他特别严重情节的,处10年以上有期徒刑或者无期徒刑,并处罚金或者没收财产;有下列情形之一的,处无期徒刑或者死刑,并处没收财产:(1) 对盗窃金融机构,数额特别巨大的;(2) 盗窃珍贵文物,情节严重的。

三、诈骗罪

诈骗罪,是指以非法占有为目的,用虚构事实或者隐瞒事实真相的方法,骗取公私财物,数额较大的行为。

根据我国刑法第266条的规定,犯诈骗罪的,处3年以下有期徒刑、拘役或者管制,并处或者单处罚金;数额巨大或者有其他严重情节的,处3年以上10年以下有期徒刑,并处罚金;数额特别巨大或者有其他特别严重情节的,处10年以上有期徒刑或者无期徒刑,并处罚金或者没收财产。

四、抢夺罪

抢夺罪,是指以非法占有为目的,乘人不备公然夺取公私财物,数额较大的行为。本罪的主要特征是乘人不备公然夺取公私财物,行为人不使用暴力、胁迫或其他强制方法取走财物，如行为人抢夺不过，而使用暴力、胁迫的，则转化为抢劫罪。

根据我国刑法第267条的规定，犯抢夺罪的，处3年以下有期徒刑、拘役或者管制，并处或者单处罚金；抢夺公私财物数额巨大或者有其他严重情节的，处3年以上10年以下有期徒刑，并处罚金；数额特别巨大或者有其他特别严重情节的，处10年以上有期徒刑或者无期徒刑，并处罚金或者没收财产。

五、聚众哄抢罪

聚众哄抢罪，是指以非法占有为目的，聚集多人，哄抢滋扰，公然夺取公私财物，数额巨大的行为。本罪惩罚的是首要分子和积极参加者。

根据我国刑法第268条的规定，犯聚众哄抢罪的，处3年以下有期徒刑、拘役或者管制，并处罚金；数额巨大或者有其他特别严重情节的，处3年以上10年以下有期徒刑，并处罚金。

六、侵占罪

侵占罪，是指以非法占有为目的，将代为保管的他人财物或者合法持有的他人遗忘物、埋藏物非法据为己有，数额巨大，拒不归还的行为。

根据我国刑法第270条的规定，犯侵占罪的，处2年以下有期徒刑、拘役或者罚金；数额巨大或者有其他严重情节的，处2年以上5年以下有期徒刑，并处罚金。本罪为告诉才处理。

七、职务侵占罪

职务侵占罪，是指公司、企业或其他单位的人员，利用职务上的便利，将本单位的财物非法占为己有，数额较大的行为。

本罪的客观方面表现为利用职务上的便利，将自己主管、经手、管理的单位财物，非法占为己有，数额较大的行为。具体行为可分为盗窃、侵吞、骗取或其他方法，占有单位财物。本罪主体是公司、企业或其他单位的人员。国有公司、企业的管理人员实施这一行为的，构成贪污罪。

根据我国刑法第271条的规定，犯职务侵占罪的，处5年以下有期徒刑或者拘役；数额巨大的，处5年以上有期徒刑，可以并处没收财产。

八、挪用资金罪

挪用资金罪，是指公司、企业或者其他单位的人员，利用职务上的便利，挪用本单位资金归个人使用或者借贷给他人，数额较大，超过3个月未还的，或者虽未超过3个月，但数额较大，进行营利活动的，或者进行非法活动的行为。

本罪侵犯的客体是公司、企业等单位对财产的占有权、使用权和收益权。对象是本单位资金。本罪的客观方面表现为利用职务上的便利，挪用单位资金的行为。挪用是指非法地将本人保管、经管的单位资金擅自挪作他用，并准备日后归还的行为。挪用分为三种情况：第一，挪用单位资金，进行非法活动的；第二，挪用单位资金，数额较大，进行营利活动的；第三，挪用单位资金，数额较大，超过3个月未还的。本罪主体是公司、企业等单位人员。国有公司、企业中从事公务的人员实施挪用行为的，应认定为挪用公款罪。本罪的主观方面表现为故意，且不具备占为己有的目的。

根据我国刑法第272条第1款的规定，犯挪用资金罪的，处3年以下有期徒刑或者拘役；情节严重的，处3年以上10年以下有期徒刑。

九、挪用特定款物罪

挪用特定款物罪，是指违反国家财经管理制度，挪用用于救灾、抢险、防汛、扶贫、移民、救济款物，情节严重，致使国家和人民利益遭受重大损失的行为。本罪挪用的对象是特定的款物，而且挪作公用，不是私用。

根据我国刑法第273条的规定，犯挪用特定款物罪的，对直接责任人员处3年以下有期徒刑或者拘役；情节特别严重的，处3年以上7年以下有期徒刑。

十、敲诈勒索罪

敲诈勒索罪，是指以非法占有为目的，以威胁或者要挟的方法，强索公私财物，数额较大的行为。

根据我国刑法第274条的规定，犯敲诈勒索罪的，处3年以下有期徒刑、拘役或者管制；数额巨大或者有其他严重情节的，处3年以上10年以下有期徒刑。

十一、故意毁坏财物罪

故意毁坏财物罪，是指故意非法地毁灭或损坏公私财物，数额较大或者情节严重的行为。

根据我国刑法第275条的规定，犯故意毁坏财物罪的，处3年以下有期徒刑、拘役或者罚金；数额巨大或者有其他特别严重情节的，处3年以上7年以下有期徒刑。

十二、破坏生产经营罪

破坏生产经营罪，是指以泄愤报复或者其他个人目的，破坏机器设备、残害耕畜或者以其他方法破坏生产经营的行为。

根据我国刑法第276条的规定，犯破坏生产经营罪的，处3年以下有期徒刑、拘役或者管制；情节严重的，处3年以上7年以下有期徒刑。

第二十三章　妨害社会管理秩序罪

第一节　妨害社会管理秩序罪概述

一、妨害社会管理秩序罪的概念和特征

妨害社会管理秩序罪，是指妨害国家社会管理活动，破坏社会秩序，依法应当受到刑罚处罚的行为。妨害社会管理秩序罪具有如下构成特征：

第一，妨害社会管理秩序罪侵犯的同类客体，是国家对社会的管理活动和社会管理秩序。

第二，妨害社会管理秩序罪的客观方面，表现为行为人实施了妨害国家管理社会的活动、破坏了社会管理秩序的行为。具体包括以下九类：(1) 扰乱公共秩序；(2) 妨害司法；(3) 妨害国(边)境管理；(4) 妨害文物管理；(5) 危害公共卫生；(6) 破坏环境资源保护；(7) 走私、贩卖、运输、制造毒品；(8) 组织、强迫、引诱、容留、介绍卖淫；(9) 制作、贩卖、传播淫秽物品。

第三，妨害社会管理秩序罪的主观方面，绝大多数表现为故意，也有少数犯罪表现为过失。

第四，妨害社会管理秩序罪的主体，多数是一般主体，也有少数是特殊主体。多数犯罪的主体限于自然人，也有少数犯罪既可以由自然人实施，也可以由单位实施；还有个别犯罪主体只能是单位。

妨害社会管理秩序罪的法定刑规定个不相同，有的罪名规定了法定最高刑是死刑，有的罪名规定了无期徒刑、有期徒刑、拘役和管制，以及罚金和剥夺政治权利。

二、妨害社会管理秩序罪的种类

我国刑法分则第六章从第 277 条至第 367 条分 9 节规定了妨害社会管理秩序罪，包括以下 9 类：(1) 扰乱公共秩序罪；(2) 妨害司法罪；(3) 妨害国(边)境管理罪；(4) 妨害文物管理罪；(5) 危害公共卫生罪；(6) 破坏环境资源保护罪；(7) 走私、贩卖、运输、制造毒品罪；(8) 组织、强迫、引诱、容留、介绍卖淫罪；(9) 制作、贩卖、传播淫秽物品罪。

第二节　扰乱公共秩序罪分述

一、妨害公务罪

妨害公务罪，是指以暴力、威胁的方法，阻碍国家机关工作人员、人大代表、红十字会工作人员依法执行职务、履行职责；或者故意阻碍国家安全机关、公安机关依法执行国家安全工作任务，未使用暴力、威胁方法，造成严重后果的行为。

本罪侵犯的客体是国家机关工作人员、人大代表、红十字会、国家安全机关以及公安机关的公务活动。本罪的客观方面，表现为行为人以暴力、威胁方法，阻碍国家机关工作人员、人大代表、红十字会工作人员执行职务、履行职责，或者故意阻碍国家安全机关、公安机关依法执行国家安全工作任务，未使用暴力、威胁方法，造成严重后果的行为。由此可见，妨害公务罪的手段既可以是使用暴力、威胁方法构成，也可以是未使用暴力、威胁方法。这里的暴力，是指对正在依法执行职务、履行职责的国家机关工作人员、人大代表、红十字会工作人员的身体实行打击或者强制。威胁，是指以杀害、伤害、毁坏财产、损害名誉等进行精神上的恫吓。具体有以下四种情形：(1) 以暴力、威胁方法阻碍国家机关工作人员依法执行职务；(2) 以暴力、威胁方法阻碍人民代表大会代表依法执行代表职务；(3) 在自然灾害和突发性事件中，以暴力、威胁方法阻碍红十字会工作人员依法履行职责；(4) 故意阻碍国家安全机关、公安机关的工作人员依法执行国家安全工作任务。在这种情况下，未使用暴力、威胁方法也可以构成本罪，但必经造成严重后果。所谓严重后果，是指国家安全机关、公安机关执行国家安全工作任务受到严重妨害，严重妨害对危害国家安全犯罪案件的侦破，或者造成严重的政治影响等。

本罪的犯罪对象是以下四种人：(1) 正在依法执行职务的国家机关工作人员；(2) 正在依法执行代表职务的全国人民代表大会和地方各级人民代表大会代表；(3) 在自然灾害和突发事件中，正在依法履行职责的红十字会工作人员；(4) 正在依法执行国家安全工作任务的国家安全机关、公安机关工作人员。犯罪主体是一般主体。犯罪主观方面是故意，即明知是妨害公务行为而有意实施的主观心理状态。

根据刑法第 277 条第 1 款之规定，犯妨害公务罪的，处 3 年以下有期徒刑、拘役、管制或者罚金。

二、煽动暴力抗拒法律实施罪

煽动暴力抗拒法律实施罪，是指煽动群众暴力抗拒国家法律、行政法规实施的行为。

本罪的客观方面表现为煽动群众暴力抗拒国家法律、行政法规实施的行为。煽动，是指使用语言、文字公然诱惑或者鼓动群众。本罪是行为犯，只要实施上述行为即可构成本罪。暴力抗拒国家法律、行政法规实施，是指以杀害、伤害执法人员或者冲击执法机构等暴力手段，抗拒国家法律、行政法规的执行。犯罪主观方面是故意。

根据我国刑法第278条之规定，犯煽动暴力抗拒法律实施罪的，处3年以下有期徒刑、拘役、管制或者剥夺政治权利；造成严重后果的，处3年以上7年以下有期徒刑。

三、招摇撞骗罪

招摇撞骗罪，是指冒充国家机关工作人员进行招摇撞骗活动，损害国家机关的形象、威信和正常活动，扰乱社会公共秩序的行为。

本罪侵犯的客体是国家机关的正常活动。国家机关工作人员具有特殊的身份，手中拥有一定的权力，其任命或录用都须经过特定的程序，如果有人冒充这类人员的特殊身份，必定会影响国家机关的正常活动，必须予以严厉打击。本罪的客观方面，表现为行为人实施了冒充国家机关工作人员进行招摇撞骗活动。这里的冒充国家机关工作人员，是指非国家机关工作人员假冒国家机关工作人员的身份、职位，或者某一国家机关工作人员冒充其他国家机关工作人员的身份、职位。招摇撞骗，是指以假冒的国家机关工作人员的身份进行炫耀，利用人们对国家机关工作人员的信任，以骗取非法利益。本罪的犯罪主体是一般主体。本罪的主观方面是故意，即明知是招摇撞骗行为而有意实施的主观心理状态。

根据我国刑法第279条的规定，犯招摇撞骗罪的，处3年以下有期徒刑、拘役、管制或者剥夺政治权利；情节严重的，处3年以上10年以下有期徒刑。冒充人民警察招摇撞骗的，从重处罚。

四、伪造、变造、买卖国家机关公文、证件、印章罪

伪造、变造、买卖国家机关公文、证件、印章罪，是指伪造、变造、买卖国家机关公文、证件、印章的行为。

本罪的客观方面，表现为行为人实施了伪造、变造、买卖国家机关公文、证件、印章的行为。本罪是选择性罪名，只要实施了伪造、变造、买卖三种行为之一，便构成犯罪。犯罪主体是一般主体。犯罪主观方面是故意，即明知是国家机关公文、证件、印章而有意伪造、变造、买卖的主观心理状态。

根据我国刑法第280条第1款之规定，犯伪造、变造、买卖国家机关公文、证件、印章罪的，处3年以下有期徒刑、拘役、管制或者剥夺政治权利；情节严重的，处3年以上10年以下有期徒刑。

五、盗窃、抢夺、毁灭国家机关公文、证件、印章罪

盗窃、抢夺、毁灭国家机关公文、证件、印章罪，是指盗窃、抢夺、毁灭国家机关公文、证件、印章的行为。

本罪侵犯的客体是国家机关的正常管理活动。犯罪客观方面表现为行为人实施了盗窃、抢夺、毁灭国家机关公文、证件、印章的行为。犯罪主体是一般主体。犯罪主观方面是故意，即明知是国家机关公文、证件、印章而盗窃、抢夺、毁灭的主观心理状态。

根据我国刑法第280条第1款之规定，犯盗窃、抢夺、毁灭国家机关公文、证件、印章罪的，处3年以下有期徒刑、拘役、管制或者剥夺政治权利；情节严重的，处3年以上10年以下

有期徒刑。

六、伪造公司、企业、事业单位、人民团体印章罪

伪造公司、企业、事业单位、人民团体印章罪，是指伪造公司、企业、事业单位、人民团体印章的行为。

本罪侵犯的客体是公司、企业、事业单位、人民团体的正常活动。犯罪客观方面表现为行为人实施了伪造公司、企业、事业单位、人民团体印章的行为。犯罪主体是一般主体。犯罪主观方面是故意，即明知是公司、企业、事业单位、人民团体印章而伪造的主观心理状态。

根据我国刑法第 280 条第 2 款之规定，犯伪造公司、企业、事业单位、人民团体印章罪的，处 3 年以下有期徒刑、拘役、管制或者剥夺政治权利。

七、伪造、变造居民身份证罪

伪造、变造居民身份证罪，是指伪造、变造居民身份证的行为。

本罪侵犯的客体是国家对居民身份证的管理制度。犯罪客观方面表现为行为人实施了伪造、变造居民身份证的行为。犯罪主体是一般主体。犯罪主观方面是故意。

根据我国刑法第 280 条第 3 款之规定，犯伪造、变造居民身份证罪的，处 3 年以下有期徒刑、拘役、管制或者剥夺政治权利；情节严重的，处 3 年以上 7 年以下有期徒刑。

八、非法生产、买卖警用装备罪

非法生产、买卖警用装备罪，是指非法生产、买卖人民警察制式服装、车辆号牌等专用标志、警械，情节严重的行为。

本罪的客观方面表现为行为人实施了非法生产、买卖警用装备的行为。所谓"非法生产"，是指无生产权的单位或者个人擅自制造警用装备，或者虽有权生产，但超过有关部门的订货数量制造警用装备。所谓"非法买卖"，是指无经营、使用权的单位或者个人，擅自销售、购买警用装备，或者有权销售的单位或者个人，向无权购买者销售。构成本罪必须达到"情节严重"，一般是指多次非法生产、买卖警用装备或者生产、买卖警用装备数量较大的，经有关部门责令停止生产、销售、购买拒不听从的；影响恶劣的；非法生产、销售的警用装备用于违法犯罪造成严重后果的等。犯罪主体是一般主体，也可以是单位。犯罪主观方面是故意。

根据我国刑法第 281 条第 1 款之规定，犯非法生产、买卖警用装备罪的，处 3 年以下有期徒刑、拘役或者管制，并处或者单处罚金。第 2 款规定，单位犯本罪的，对单位判处罚金，并对其直接负责的主管人员和其他直接责任人员，依照个人犯罪的规定处罚。

九、非法获取国家秘密罪

非法获取国家秘密罪，是指以窃取、刺探、收买方法，非法获取国家秘密的行为。

根据我国刑法第 282 条第 1 款之规定，犯非法获取国家秘密罪的，处 3 年以下有期徒刑、拘役、管制或者剥夺政治权利；情节严重的，处 3 年以上 7 年以下有期徒刑。

十、非法持有国家绝密、机密文件、资料、物品罪

非法持有国家绝密、机密文件、资料、物品罪，是指非法持有属于国家绝密、机密的文件、资料或者其他物品，拒不说明来源与用途的行为。

本罪侵犯的客体是国家的保密制度。犯罪对象是国家绝密、机密的文件、资料或者其他物品。这里的属于国家绝密、机密的文件、资料，是指依照法定程序确定并且标明为绝密、机密两个等级的文字材料、图纸等。犯罪客观方面表现为行为人非法持有属于国家绝密、机密文件、资料或者其他物品。“非法持有”一般包括以下几种情形：(1) 不应知悉某项国家秘密的人员携带、存放属于该项国家秘密的文件、资料或者其他物品；(2) 可以知悉某项国家秘密的人员，未经办理手续，私自携带、存放属于该项国家秘密的文件、资料或者其他物品。犯罪主体是一般主体。犯罪主观方面是故意，即明知是国家绝密、机密文件、资料、物品而持有的主观心理状态。

根据我国刑法第 282 条第 2 款之规定，犯非法持有国家绝密、机密文件、资料、物品罪的，处 3 年以下有期徒刑、拘役或者管制。

十一、非法生产、销售间谍专用器材罪

非法生产、销售间谍专用器材罪，是指非法生产、销售窃听、窃照等专用间谍器材的行为。

本罪侵犯的客体是国家对间谍专用器材的管理制度。犯罪客观方面表现为行为人实施了非法生产、销售专用间谍器材的行为。非法生产、销售，是指无权生产、销售的人违反国家规定，以营利为目的，擅自制造、买卖专用间谍器材，或者虽有生产、销售权但违反主管部门的规定和下达的指标而超范围、超指标生产和违反规定进行销售。犯罪主体是一般主体。犯罪主观方面是故意，即明知是间谍专用器材而非法生产、销售的主观心理状态。

根据我国刑法第 283 条之规定，犯非法生产、销售间接专用器材罪的，处 3 年以下有期徒刑、拘役或者管制。

十二、非法使用窃听、窃照专用器材罪

非法使用窃听、窃照专用器材罪，是指非法使用窃听、窃照专用器材，造成严重后果的行为。

本罪侵犯的客体是国家对窃听、窃照专用器材的管理制度。犯罪客观方面，表现为行为人实施了非法使用窃听、窃照专用器材，且造成严重后果的行为。所谓“非法使用”，是指违反国家规定使用窃听、窃照专用器材，包括无权使用的人使用和有权使用的人违反规定使用。所谓“造成严重后果”，是指由于非法使用窃听、窃照专用器材，造成他人自杀、精神失常；引起杀人、伤害等犯罪发生；使窃听、窃照单位的经济情报、信息泄露，造成重大经济损失等。犯罪主体是一般主体。犯罪主观方面是故意，即明知是窃听、窃照专用器材而非法使用的主观心理状态。

根据我国刑法第 284 条之规定，犯非法使用窃听、窃照专用器材罪的，处 2 年以下有期

徒刑、拘役或者管制。

十三、非法侵入计算机信息系统罪

非法侵入计算机信息系统罪，是指违反国家规定，侵入国家事务、国防建设、尖端科学技术领域的计算机信息系统的行为。

本罪侵犯的客体是国家事务、国防建设、尖端科学技术领域计算机信息系统的安全。犯罪客观方面，表现为行为人实施了违反国家规定，侵入国家事务、国防建设、尖端科学技术领域计算机信息系统的行为。犯罪主体是一般主体。犯罪主观方面是故意，即明知是国家事务、国家建设、尖端科学技术领域的计算机信息系统而有意侵入的主观心理状态。

根据刑法第285条之规定，犯非法侵入计算机信息系统罪的，处3年以下有期徒刑或者拘役。

十四、破坏计算机信息系统罪

破坏计算机信息系统罪，是指违反国家规定，对计算机信息系统功能进行删除、修改、增加、干扰，造成计算机信息系统不能正常运行，或者对信息系统中存储、处理、传输的数据和应用程序进行删除、修改、增加的操作，或者故意制作、传播计算机病毒等破坏性程序，影响计算机系统正常运行，后果严重的行为。

本罪的客观方面，表现为行为人实施了破坏计算机信息系统的行为。具体表现为以下3种情形：(1) 违反国家规定，对计算机信息系统功能进行删除、修改、增加、干扰，造成计算机信息系统不能正常运行。(2) 违反国家规定，对计算机信息系统中存储、处理或者传输的数据和应用程序进行删除、修改、增加的操作。(3) 故意制作、传播计算机病毒等破坏性程序，影响计算机系统正常运行。所谓后果严重，是指使国家重要的计算机信息系统功能、数据和应用程序遭到破坏，严重破坏计算机信息系统的运行，造成重大经济损失；或者影响重要计算机系统正常运行，使正常的工作秩序遭到严重破坏等。犯罪主体是一般主体。犯罪主观方面是故意。

根据刑法第286条之规定，犯破坏计算机信息系统罪的，处5年以下有期徒刑或者拘役；后果特别严重的，处5年以上有期徒刑。

十五、扰乱无线电通讯管理秩序罪

扰乱无线电通讯管理秩序罪，是指违反国家规定，擅自设置、使用无线电台(站)，或者擅自占用频率，经责令停止使用后拒不停止使用，干扰无线电通讯正常运行，造成严重后果的行为。

本罪侵犯的客体是国家无线电使用管理秩序。犯罪客观方面表现为违反国家规定，擅自设置、使用无线电台(站)，或者擅自占用频率，经责令停止使用后拒不停止使用，干扰无线电通讯的正常进行，造成严重后果的行为。所谓“造成严重后果”，是指干扰重要无线电通讯系统的接收，造成重大误解或者信息遗漏，危害严重的；干扰无线电导航或者其他安全业务的正常进行，造成人身伤亡或者重大经济损失的；干扰按照规划开展的无线电广播电视业务，严重损害、阻碍或者多次阻断广播电视的接收，后果严重的；或者造成其他严重后果的等。犯罪主体是一般主体。犯罪主观方面是故意，即明知是扰乱无线电通讯管理秩序的行为而有意实施的主观心理状态。

根据我国刑法第 288 条第 1 款之规定，犯扰乱无线电通讯管理秩序罪的，处 3 年以下有期徒刑、拘役或者管制，并处或者单处罚金。第 2 款规定，单位犯本罪的，对单位判处罚金，并对其直接负责的主管人员或者直接责任人员，依照个人犯罪的规定处罚。

十六、聚众扰乱社会秩序罪

聚众扰乱社会秩序罪，是指聚众扰乱社会秩序，情节严重，致使工作、生产、营业和教学、科研无法进行，造成严重损失的行为。

本质侵犯的客体是公共秩序。犯罪客观方面表现为行为人实施了聚众扰乱社会秩序的行为。所谓"聚众扰乱社会秩序"，是指在首要分子的煽动、策划下，纠集多人共同扰乱党政机关、企业、事业单位和人民团体的工作、生产、营业和教学、科研秩序。构成本罪需要达到情节严重。所谓"情节严重"，是指扰乱时间长、纠集人数多，造成恶劣影响。造成严重损失，是指公私财物或者经济建设、教学科研等受到严重的损失和破坏等。犯罪主体是一般主体，且仅限于"聚众"的首要分子和积极参加者。对于绝大多数的一般参与人员，不以犯罪论处。犯罪主观方面是故意，即明知是聚众扰乱社会秩序的行为而有意实施的主观心理状态。

根据我国刑法第 290 条第 1 款之规定，犯聚众扰乱社会秩序罪的，对首要分子处 3 年以上 7 年以下有期徒刑；对其他积极参加的，处 3 年以下有期徒刑、拘役、管制或者剥夺政治权利。

十七、聚众冲击国家机关罪

聚众冲击国家机关罪，是指聚众冲击国家机关，致使国家和机关工作无法进行，造成严重损失的行为。

本罪侵犯的客体是国家机关的正常秩序。犯罪客观方面表现为行为人实施了聚众冲击国家机关，致使国家机关工作无法进行，造成严重损失的行为。所谓"聚众冲击国家机关"，是指聚集多人强行冲入国家机关。致使国家机关工作无法进行，是指国家机关及其工作人员行使管理职权、执行职务的活动，因受到冲击而被迫中断或者停止。造成严重损失，是指妨害国家机关重要公务活动的；政治影响恶劣的；致使国家机关长时间无法行使管理职权；严重影响工作秩序的；给国家、集体和个人造成严重损失的等。犯罪主体是一般主体，且仅限于"聚众"的首要分子和积极参加者。对于绝大多数的一般参与人员，不以犯罪论处。犯罪主观方面是故意。

根据我国刑法第 290 条第 2 款之规定，犯聚众冲击国家机关罪的，对首要分子，处 5 年以上 10 年以下有期徒刑；对其他积极参加的，处 5 年以下有期徒刑、拘役、管制或者剥夺政治权利。

十八、聚众扰乱公共场所秩序、交通秩序罪

聚众扰乱公共场所秩序、交通秩序罪，是指聚众扰乱车站、码头、民用航空站、商场、公

园、影剧院、展览会、运动场或者其他公共场所秩序,聚众堵塞交通或者破坏交通秩序,抗拒、阻碍国家治安管理工作人员依法执行职务,情节严重的行为。

本罪侵犯的客体是公共场所秩序或交通秩序。犯罪客观方面表现为行为人实施了聚众扰乱公共秩序,情节严重的行为。所谓“情节严重”,是指聚众扰乱公共场所秩序、交通秩序人数多或者时间长的;造成人员伤亡或者公私财物重大损失的;影响或者行为手段恶劣的等。犯罪主体是一般主体,且仅限于“聚众”的首要分子和积极参加者。对于绝大多数的一般参与人员,不以犯罪论处。犯罪主观方面是故意犯罪。

根据我国刑法第 291 条之规定,犯聚众扰乱公共场所秩序、交通秩序罪的,对首要分子处 5 年以下有期徒刑、拘役或者管制。

十九、投放虚假危险物品罪

投放虚假危险物品罪,是指投放虚假的爆炸性、毒害性、放射性、传染病病原体等物质,严重扰乱社会秩序的行为。

本罪侵犯的客体是社会公共秩序。犯罪客观方面表现为行为人实施了投放虚假的爆炸性、毒害性、放射性、传染病病原体等物质,严重扰乱社会秩序的行为。犯投放虚假危险物品罪而造成严重后果的,是本罪的加重处罚事由。所谓“造成严重后果”,是指由于投放虚假危险物品而引起社会骚乱,致人重伤、死亡或者自伤、自杀的;致使停工停产,造成重大经济损失的,或者造成其他严重后果的等。犯罪主体是一般主体。犯罪主观方面是故意,即明知是投放虚假危险物品的行为而有意实施的主观心理状态。

根据我国刑法第 191 条第 1 款[刑法修正案(三)第 8 条]之规定,犯投放虚假危险物品罪的,处 5 年以下有期徒刑、拘役或者管制;造成严重后果的,处 5 年以上有期徒刑。

二十、编造、故意传播虚假恐怖信息罪

编造、故意传播虚假恐怖信息罪,是指编造爆炸威胁、生物威胁、放射威胁等恐怖信息,或者明知是编造的恐怖信息而故意传播,严重扰乱社会秩序的行为。

本罪的客观方面,表现为行为人实施了编造爆炸威胁、生物威胁、放射威胁等恐怖信息,或者明知是编造的恐怖信息而故意传播,严重扰乱社会秩序的行为。所谓“虚假恐怖信息”,是指爆炸威胁、生物威胁、放射威胁以及突发性传染病疫情等灾害有关的恐怖信息。所谓“严重扰乱社会秩序”,是指造成社会公众的心理恐慌,严重扰乱正常的生产秩序、生活秩序、工作秩序等。犯罪主体是一般主体,犯罪主观方面是故意,即有意编造虚假恐怖信息或者明知是编造的虚假恐怖信息而有意传播的主观心理状态。

根据我国刑法第 191 条[刑法修正案(三)第 8 条]之规定,犯编造、故意传播虚假恐怖信息罪的,处 5 年以下有期徒刑、拘役或者管制;造成严重后果的,处 5 年以上有期徒刑。

二十一、聚众斗殴罪

聚众斗殴罪,是指聚集多人进行斗殴的行为。

本罪侵犯的客体是社会公共秩序,即社会公众生活的安宁状态。犯罪客观方面表现为

聚集多人进行斗殴。聚集多人是指纠集多人、拉帮结伙。斗殴是指互相殴斗。犯罪主体是一般主体，且仅限于“聚众”的首要分子和积极参加者。对于绝大多数的一般参与人员，不以犯罪论处。犯罪主观方面是故意，至于行为人的犯罪目的与动机如何不影响本罪的成立。

根据我国刑法第 292 条第 1 款之规定，犯聚众斗殴罪的，对首要分子和其他积极参加者，处 3 年以下有期徒刑、拘役或者管制。有下列情形之一的，对首要分子和其他积极参加者，处 3 年以上 10 年以下有期徒刑：(1) 多次聚众斗殴的；(2) 聚众斗殴人数多，规模大，社会影响恶劣的；(3) 在公共场所或者交通要道聚众斗殴，造成社会秩序严重混乱的；(4) 持械聚众斗殴的。第 2 款规定，聚众斗殴致人重伤、死亡的，依照本法第 234 条、第 232 条的规定定罪处罚。

二十二、寻衅滋事罪

寻衅滋事罪，是指在公共场所无事生非，起哄闹事，随意殴打、追逐、拦截、辱骂他人，强夺硬要，任意损毁、占用公私财物，破坏公共秩序，情节恶劣或者情节严重、后果严重的行为。犯罪客观方面表现为行为人实施了寻衅滋事，扰乱社会秩序的行为。具体包括以下四种情形：(1) 随意殴打他人，情节恶劣的；(2) 追逐、拦截、辱骂他人，情节恶劣的；(3) 强夺硬要或者任意损毁、占用公私财物，情节严重的。所谓情节严重，是指强夺硬要或者任意损毁、占用公私财物数量大、次数多，造成恶劣影响，或者造成公私财物重大损失的等。(4) 在公共场所起哄闹事，造成公共场所秩序严重混乱的。犯罪主体是一般主体。犯罪主观方面是故意。

根据我国刑法第 293 条之规定，犯寻衅滋事罪的，处 5 年以下有期徒刑、拘役或者管制。

二十三、组织、领导、参加黑社会性质组织罪

组织、领导、参加黑社会性质组织罪，是指组织、领导或者参加以暴力、威胁或者其他手段，有组织地进行违法犯罪活动，称霸一方，为非作恶，欺压、残害群众，严重破坏经济、社会生活秩序的黑社会性质的组织的行为。

本罪的客观方面表现为行为人实施了组织、领导、参加黑社会性质组织的行为。所谓“组织黑社会性质组织”，是指倡导、发起、安排、建立黑社会性质组织。所谓“领导黑社会性质组织”，是指在黑社会性质组织中处于领导地位。所谓“参加黑社会性质组织”，是指加入黑社会性质组织，成为其成员并参加其活动。

所谓“黑社会性质组织”，根据司法解释的规定，一般应具备以下特征：(1) 形成较稳定的犯罪组织，人数较多，有明确的组织者、领导者，骨干成员基本固定；(2) 有组织地通过违法犯罪活动或者其他手段获取经济利益，具有一定的经济实力，以支持该组织的活动；(3) 以暴力、威胁或者其他手段，有组织地多次进行违法犯罪活动，为非作恶，欺压、残害群众；(4) 通过实施违法犯罪活动，或者利用国家工作人员的包庇或者纵容，称霸一方，在一定区域或者行业内，形成非法控制或者重大影响，严重破坏经济、社会生活秩序。犯罪主体是一般主体。犯罪主观方面是故意，即明知是组织、领导、参加黑社会性质组织行为而有意实施的主观心理状态。

根据我国刑法第 294 条第 1 款之规定，犯组织、领导、参加黑社会性质组织罪的，处 3 年

以上 10 年以下有期徒刑;其他参加的,处 3 年以下有期徒刑、拘役、管制或者剥夺政治权利。第 3 款规定,犯本罪又有其他犯罪行为的,依照数罪并罚的规定处罚。

二十四、入境发展黑社会组织罪

入境发展黑社会组织罪,是指境外的黑社会组织的人员到中华人民共和国境内发展组织成员的行为。

本罪的客观方面表现为行为人实施了到我国境内发展黑社会组织成员的行为。根据我国司法解释的规定,所谓"入境发展黑社会组织成员",是指将境内外人员吸收为该黑社会组织成员的行为、对黑社会组织成员进行内部调整等行为,可视为发展组织成员。犯罪主体是境外的黑社会组织的人员。犯罪主观方面是故意,即明知是入境发展黑社会组织的行为而有意实施的主观心理状态。

根据我国刑法第 294 条第 2 款之规定,犯入境发展黑社会组织罪的,处 3 年以上 10 年以下有期徒刑。

二十五、包庇、纵容黑社会性质组织罪

包庇、纵容黑社会性质组织罪,是指国家机关工作人员包庇黑社会性质的组织,或者纵容黑社会性质的组织进行违法犯罪活动的行为。

本罪的客观方面表现为行为人实施了包庇黑社会性质的组织,或者纵容黑社会性质的组织进行违法犯罪活动的行为。犯罪主体是国家机关工作人员。犯罪主观方面是故意,即明知是黑社会性质组织而有意包庇、纵容的主观心理状态。

根据我国刑法第 294 条第 4 款之规定,犯包庇、纵容黑社会性质组织罪的,处 3 年以下有期徒刑、拘役或者剥夺政治权利,情节严重的,处 3 年以上 10 年以下有期徒刑。

二十六、传授犯罪方法罪

传授犯罪方法罪,是指采用语言、文字、动作或者其他方法,将实施犯罪的方法传授给他人的行为。

本罪的客观方面表现为行为人采用语言、文字、动作或者其他方法,将实施犯罪的方法传授给他人。犯罪方法是指犯罪的技能与经验,包括犯罪的手段、步骤、反侦查方法等。犯罪主体是一般主体。犯罪主观方面是故意。

根据我国刑法第 295 条之规定,犯传授犯罪方法罪的,处 5 年以下有期徒刑、拘役或者管制;情节严重的,处 5 年以上有期徒刑;情节特别严重的,处无期徒刑或者死刑。

二十七、非法集会、游行、示威罪

非法集会、游行、示威罪,是指举行集会、游行、示威,未依照法律规定申请或者申请未获许可,或者未按照主管机关许可的起止时间、地点、路线进行,又拒不服从解散命令,严重破坏社会秩序的行为。

本罪侵犯的客体是国家集会、游行、示威的管理制度。犯罪客观方面表现为未依照法律规定申请或者申请未获许可，或者未按照主管机关许可的起止时间、地点、路线，举行集会、游行、示威，严重破坏社会秩序的行为。犯罪主体是特殊主体，是集会、游行、示威的负责人和直接责任人。犯罪主观方面是故意。

根据我国刑法第296条之规定，犯非法集会、游行、示威罪的，对集会、游行、示威的负责人和直接责任人员，处5年以下有期徒刑、拘役、管制或者剥夺政治权利。

二十八、非法携带武器、管制刀具、爆炸物参加集会、游行、示威罪

非法携带武器、管制刀具、爆炸物参加集会、游行、示威罪，是指违反法律规定，携带武器、管制刀具或者爆炸物参加集会、游行、示威的行为。

本罪的客观方面表现为行为人实施了违反法律规定，携带武器、管制刀具或者爆炸物参加集会、游行、示威的行为。犯罪主体是一般主体。犯罪主观方面是故意。

根据我国刑法第297条之规定，犯非法携带武器、管制刀具、爆炸物参加集会、游行、示威罪的，处3年以下有期徒刑、拘役、管制或者剥夺政治权利。

二十九、破坏集会、游行、示威罪

破坏集会、游行、示威罪，是指扰乱、冲击或者以其他方法破坏依法举行的集会、游行、示威，造成公共秩序混乱的行为。

本罪的客观方面表现为行为人实施了扰乱、冲击或者以其他方法破坏依法举行的集会、游行、示威的行为。所谓"造成公共秩序混乱"，是指造成集会、游行示威行经地或者举行地的场所秩序或者交通秩序混乱的；使依法举行的集会、游行、示威无法进行的；发生骚乱或者其他严重事端的等。犯罪主体是一般主体。犯罪主观方面是故意。

根据我国刑法第298条之规定，犯破坏集会、游行、示威罪的，处5年以下有期徒刑、拘役、管制或者剥夺政治权利。

三十、侮辱国旗、国徽罪

侮辱国旗、国徽罪，是指在公众场合故意以焚烧、毁损、涂划、玷污、践踏等方式，侮辱中华人民共和国国旗、国徽的行为。

本罪的客观方面表现为行为人实施了在公众场合故意以焚烧、毁损、涂划、玷污、践踏等方式，侮辱中华人民共和国国旗、国徽的行为。犯罪主体是一般主体。犯罪主观方面是故意。

根据我国刑法第299条之规定，犯侮辱国旗、国徽罪的，处3年以下有期徒刑、拘役、管制或者剥夺政治权利。

三十一、组织、利用会道门、邪教组织、利用迷信破坏法律实施罪

组织、利用会道门、邪教组织、利用迷信破坏法律实施罪，是指组织、利用会道门、邪教组

织或者利用迷信活动破坏国家法律、行政法规实施的行为。

本罪的客观方面表现为行为人实施了组织、利用会道门和邪教组织，利用迷信破坏国家法律、行政法规实施的行为。本罪的行为具有以下三种情形：(1) 组织和利用会道门破坏国家法律、行政法规实施。会道门是指会门和道门等封建迷信活动组织。(2) 组织、利用邪教组织破坏国家法律、行政法规实施。(3) 利用迷信破坏国家法律、行政法规实施。犯罪主体是一般主体。犯罪主观方面是故意。

根据我国刑法第 300 条第 1 款之规定，犯组织、利用会道门、邪教组织、利用迷信破坏法律实施罪的，处 3 年以上 7 年以下有期徒刑；情节特别严重的，处 7 年以上有期徒刑。

根据我国相关司法解释，情节特别严重，是指具有下列情形之一：(1) 跨省、自治区、直辖市建立组织机构或者发展成员的；(2) 勾结境外机构、组织、人员进行邪教活动的；(3) 出版、印刷、复制、发行宣扬邪教内容出版物以及印制邪教组织标识，数量或者数额巨大的；(4) 煽动、欺骗、组织其成员或者其他人破坏国家法律、行政法规实施，造成严重后果的。

三十二、组织、利用会道门、邪教组织、利用迷信致人死亡罪

组织、利用会道门、邪教组织、利用迷信致人死亡罪，是指组织、利用会道门、邪教组织或者利用迷信蒙骗他人，致人死亡的行为。

本罪的客观方面表现为行为人实施了组织、利用会道门、邪教组织或者利用迷信蒙骗他人，致人死亡的行为。犯罪主体是一般主体。犯罪主观方面是过失，即应当预见到自己的行为可能发生致人死亡的结果，因为疏忽大意而没有预见，或者已经预见而轻信能够避免，以致发生致人死亡结果的主观心理状态。

根据我国刑法第 300 条第 2 款的规定，犯组织、利用会道门、邪教组织、利用迷信致人死亡罪的，依照前款的规定处罚，即处 3 年以上 7 年以下有期徒刑；情节特别严重的，处 7 年以上有期徒刑。

根据我国相关司法解释的规定，所谓“情节特别严重”，是指具有下列情形之一的：(1) 造成 3 人以上死亡的；(2) 造成死亡人数不满 3 人，但造成多人重伤的；(3) 曾因邪教活动受过刑事或者行政处罚，又组织和利用邪教组织蒙骗他人，致人死亡的；(4) 造成其他特别严重后果的。

三十三、聚众淫乱罪

聚众淫乱罪，是指聚众进行淫乱活动的行为。犯罪客观方面，表现为行为人实施了聚众淫乱的行为。

所谓“聚众淫乱活动”，是指纠集多人聚集在一起进行淫乱活动。本罪中的“淫乱”，是指聚集男女多人在一起进行性交，即群奸群宿，也包括进行其他性变态活动，例如鸡奸等。犯罪主体是一般主体，但本罪仅处罚首要分子和多次参加淫乱的分子。犯罪主观方面是故意。

根据我国刑法第 301 条第 1 款之规定，犯聚众淫乱罪的，对首要分子或者多次参加的，处 5 年以下有期徒刑、拘役或者管制。

三十四、引诱未成年人聚众淫乱罪

引诱未成年人聚众淫乱罪，是指引诱未成年人参加聚众淫乱活动的行为。

本罪的客观方面表现为行为人实施了引诱未成年人参加聚众淫乱活动。引诱是指通过语言、动作、观看录像等手段，诱惑未成年的男女参加聚众淫乱活动。犯罪主体是一般主体。犯罪主观方面是故意，即明知是引诱未成年人聚众淫乱的行为而有意实施的主观心理状态。

根据我国刑法第 301 条第 2 款之规定，犯引诱未成年人聚众淫乱罪的，依照前款的规定从重处罚，即处 5 年以下有期徒刑、拘役或者管制，并从重处罚。

三十五、盗窃、侮辱尸体罪

盗窃、侮辱尸体罪，是指盗窃、侮辱尸体的行为。

本罪的客观方面表现为行为人实施了盗窃、侮辱尸体的行为。尸体是指自然人死亡后所遗留的躯体，既包括整具尸体，也包括尸体的组成部分，例如遗骨等。犯罪主体是一般主体。犯罪主观方面是故意。

根据我国刑法第 302 条之规定，犯盗窃、侮辱尸体罪的，处 3 年以下有期徒刑、拘役或者管制。

三十六、赌博罪

赌博罪，是指以营利为目的，聚众赌博、开设赌场或者以赌博为业的行为。

本罪的客观方面表现为行为人实施了赌博行为。赌博行为具有以下 3 种情形：(1) 聚众赌博。这里的聚众赌博，是指为赌博提供赌场、赌具，组织、招引他人参加赌博，本人从中抽头渔利。(2) 开设赌场。这里的开设赌场，是指营业性地为赌博提供场所，设定赌博方式、提供赌具、筹码、资金等。(3) 以赌博为业。这里的以赌博为业，是指以赌博为常业，即以赌博所得为其生活或者挥霍的主要来源。犯罪主体是一般主体。犯罪主观方面是故意，并且以营利为目的。

根据我国刑法第 303 条之规定，犯赌博罪的，处 3 年以下有期徒刑、拘役或者管制，并处罚金。

三十七、故意延误投递邮件罪

故意延误投递邮件罪，是指邮政工作人员严重不负责任，故意延误投递邮件，致使公共财产、国家和人民利益遭受重大损失的行为。

本罪的客观方面表现为行为人严重不负责任，实施了延误投递邮件，致使公共财产、国家和人民利益遭受重大损失的行为。所谓“致使公共财产、国家和人民利益遭受重大损失”，是指因为邮件投递延误，影响国家重大事务或者有关单位重要工作的；造成重大经济损失的；造成其他严重后果的等。犯罪主体是邮政工作人员。犯罪主观方面是故意，即明知应当按期投递的邮件，有条件按时投递而有意不投递或者不按时投递的主观心理状态。

根据我国刑法第 304 条之规定，犯故意延误投递邮件罪的，处 2 年以下有期徒刑或者拘役。

第三节　妨害司法罪

一、伪证罪

伪证罪，是指在刑事诉讼中，证人、鉴定人、记录人、翻译人对与案件有重要关系的情节，故意作虚假证明、鉴定、记录、翻译，意图陷害他人或者隐匿罪证的行为。

本罪侵犯的客体是复杂客体，既侵害了国家的正常司法秩序，又侵犯了公民的人身权利。本罪的客观方面表现为行为人在刑事诉讼中对与案件有重要关系的情节，作了虚假证明、鉴定、记录、翻译，意图陷害他人或者隐匿罪证的伪证行为。本罪的行为具有以下两种情形：(1) 陷害的伪证，即对与案件有重要关系的情节，作虚假证明、鉴定、记录、翻译，意图陷害他人。这里的陷害，既包括证无罪为有罪，也包括证轻罪为重罪。(2) 包庇的伪证，即隐匿罪证。这里的包庇，既包括证有罪为无罪，也包括证重罪为轻罪。本罪是行为犯，只要实施了上述伪证行为即可构成本罪。本罪的主体是特殊主体，即刑事诉讼中的证人、鉴定人、记录人、翻译人。本罪的主观方面是故意，即明知是伪证行为而有意实施的主观心理状态。

根据我国刑法第 305 条之规定，犯伪证罪的，处 3 年以下有期徒刑或者拘役；情节严重的，处 3 年以上 7 年以下有期徒刑。

二、辩护人、诉讼代理人毁灭证据、伪造证据、妨害作证罪

辩护人、诉讼代理人毁灭证据、伪造证据、妨害作证罪，是指在刑事诉讼中，辩护人、诉讼代理人毁灭、伪造证据，帮助当事人毁灭、伪造证据，威胁、引诱证人违背事实、改变证言或者作伪证的行为。

本罪侵犯的客体是国家司法机关的正常刑事诉讼活动。犯罪客观方面表现为行为人实施了毁灭、伪造证据，帮助当事人毁灭、伪造证据，威胁、引诱证人违背事实改变证言或者作伪证的行为。具体包括以下三种情形：(1) 毁灭、伪造证据。毁灭证据，是指使证据完全消灭或者完全丧失证据的作用。伪造证据，是指制造虚假的证据。(2) 帮助当事人毁灭、伪造证据。(3) 威胁、引诱证人违背事实改变证言或者作伪证。本罪的犯罪主体是辩护人和诉讼代理人。犯罪主观方面是故意，即明知是毁灭证据、伪造证据、妨害作证的行为而有意实施的主观心理状态。

根据我国刑法第 306 条第 1 款之规定，犯辩护人、诉讼代理人毁灭证据、伪造证据、妨害作证罪的，处 3 年以下有期徒刑或者拘役；情节严重的，处 3 年以上 7 年以下有期徒刑。

三、妨害作证罪

妨害作证罪，是指以暴力、威胁、贿买等方法阻止证人作证，或者指使他人作伪证的行为。

本罪侵犯的客体是国家司法机关的正常诉讼活动。犯罪客观方面表现为行为人实施了以暴力、威胁、贿买等方法阻止证人作证，或者指使他人作伪证的行为。本罪既可以发生在刑事诉讼中，也可以发生在民事、行政诉讼中。本罪的犯罪主体是一般主体。犯罪主观方面是故意。

根据我国刑法第 307 条第 1 款之规定，犯妨害作证罪的，处 3 年以下有期徒刑或者拘役；情节严重的，处 3 年以上 7 年以下有期徒刑。第 3 款规定，司法工作人员犯本罪的，从重处罚。

四、帮助毁灭、伪造证据罪

帮助毁灭、伪造证据罪，是指帮助当事人毁灭、伪造证据，情节严重的行为。

本罪侵犯的客体是国家司法机关的正常活动。犯罪客观方面表现为行为人实施了帮助当事人毁灭、伪造证据的行为。本罪的犯罪主体是一般主体。犯罪主观方面是故意。

根据我国刑法第 307 条第 2 款之规定，犯帮助毁灭、伪造证据罪的，处 3 年以下有期徒刑或者拘役。第 3 款规定，司法工作人员犯本罪的，从重处罚。

五、打击报复证人罪

打击报复证人罪，是指对证人进行打击报复的行为。

本罪侵犯的客体是证人依法作证的权利。犯罪客观方面表现为行为人实施了对证人进行打击报复的行为。打击报复有多种形式，如殴打、侮辱、诽谤或者采用其他方法等。犯罪主体是一般主体。犯罪主观方面故意。

根据我国刑法第 308 条之规定，犯打击报复证人罪的，处 3 年以下有期徒刑或者拘役；情节严重的，处 3 年以上 7 年以下有期徒刑。

六、扰乱法庭秩序罪

扰乱法庭秩序罪，是指聚众哄闹、冲击法庭，或者殴打司法工作人员，严重扰乱法庭秩序的行为。

本罪侵犯的客体是人民法院审理案件的正常秩序。犯罪客观方面表现为行为人实施了聚众哄闹、冲击法庭，或者殴打司法工作人员的行为。本罪是结果犯，必须出现了严重扰乱法庭秩序的后果，否则不能以犯罪论处。犯罪主体是一般主体。犯罪主观方面是故意。

根据我国刑法第 309 条之规定，犯扰乱法庭秩序罪的，处 3 年以下有期徒刑、拘役、管制或者罚金。

七、窝藏、包庇罪

窝藏、包庇罪，是指明知是犯罪人，而为其提供隐藏处所、财物，帮助其逃匿或者作假证明包庇的行为。

本罪侵犯的客体是国家司法机关的正常活动。本罪的客观方面表现为行为人实施了为犯罪人提供隐藏处所、财物，帮助其逃匿或者作假证明包庇的行为。本罪的行为具有以下两种情形：(1) 窝藏行为，即为犯罪人提供隐藏处所、财物，帮助犯罪人逃匿。(2) 包庇行为，即作假证明包庇犯罪人。窝藏、包庇的对象是犯罪人,包括判决前的犯罪人和判决后的犯罪人。本罪的主体为一般主体。本罪的主观方面是故意,即明知是犯罪的人而予以窝藏、包庇的主观心理状态。

根据我国刑法第 310 条第 1 款之规定,犯窝藏、包庇罪的,处 3 年以下有期徒刑、拘役或者管制;情节严重的,处 3 年以上 10 年以下有期徒刑。

八、拒绝提供间谍犯罪证据罪

拒绝提供间谍犯罪证据罪,是指明知他人有间谍犯罪行为,在国家安全机关向其调查有关情况、搜集有关证据时拒绝提供,情节严重的行为。

本罪侵犯的客体是国家安全机关打击和防范间谍犯罪的正常活动。犯罪客观方面表现为实施了拒绝提供间谍犯罪证据的行为。本罪的行为方式是不作为。本罪的构成必须达到情节严重,即因行为人拒绝提供情况和证据导致间谍分子逍遥法外,给国家造成重大损失的;出于对重大间谍犯罪进行包庇的意图而拒绝提供间谍犯罪证据的等。犯罪主体是一般主体。犯罪主观方面是故意。

根据我国刑法第 311 条之规定,犯拒绝提供间谍犯罪证据罪的,处 3 年以下有期徒刑、拘役或者管制。

九、掩饰、隐瞒犯罪所得、犯罪所得收益罪

掩饰、隐瞒犯罪所得、犯罪所得收益罪,是指明知是犯罪所得及其收益而予以窝藏、转移、收购、代为销售或者以其他方法掩饰、隐瞒的行为。

本罪侵犯的客体是国家司法机关的正常活动。犯罪客观方面表现为行为人实施了窝藏、转移、收购、代为销售或者以其他方法掩饰、隐瞒的行为。本罪的行为具有以下四种情形:(1) 窝藏,即提供藏匿犯罪所得及其收益的场所;(2) 转移,即将犯罪所得及其收益由一个地方移到另一个地方;(3) 收购,即为自己或者他人使用而购买犯罪所得及收益;(4) 代为销售。即为罪犯销售犯罪所得等。本罪属于选择性罪名,只要行为人实施了上述 4 种行为之一,就足以构成本罪。窝藏、转移、收购、代为销售犯罪所得及其收益的行为是明知是犯罪所得及其收益而予以窝藏、转移、收购或者代为销售。犯罪主体是一般主体,单位也可以构成本罪。犯罪主观方面是故意。

根据我国刑法第 312 条之规定,犯掩饰、隐瞒犯罪所得、犯罪所得收益罪的,处 3 年以下有期徒刑、拘役或者管制,并处或者单处罚金。

十、拒不执行判决、裁定罪

拒不执行判决、裁定罪,是指对人民法院的判决、裁定有能力执行而拒不执行,情节严重的行为。

本罪侵犯的客体是国家司法机关的正常活动。犯罪客观方面表现为行为人实施了拒不执行人民法院的判决、裁定的行为。本罪的行为方式是不作为。本罪的犯罪对象是人民法院的判决、裁定。根据规定,人民法院的判决、裁定,是指人民法院依法作出的具有执行内容并已发生法律效力的判决、裁定。人民法院为依法执行支付令、生效的调解书、仲裁裁决、公

证债权文书等所作的裁定也属于该条规定的裁定。构成本罪必须达到情节严重的程度，是指具有下列情形之一：(1) 被执行人隐藏、转移、故意毁损财产或者无偿转让财产、以明显不合理的低价转让财产，致使判决裁定无法执行的；(2) 担保人或者被执行人隐藏、转移、故意毁损或者转让已向人民法院提供担保的财产，致使判决、裁定无法执行的；(3) 协助执行义务人接到人民法院协助执行通知书后，拒不协助执行，致使判决、裁定无法执行的；(4) 被执行人、担保人、协助执行义务人与国家机关工作人员通谋，利用国家机关工作人员的职权妨害执行，致使判决、裁定无法执行的；(5) 其他有能力执行而拒不执行，情节严重的情形。犯罪主体是负有执行人民法院判决、裁定义务的自然人。犯罪主观方面是故意，即明知是人民法院的判决、裁定，而在有能力执行的情况下不予执行的主观心理状态。

根据我国刑法第 313 条之规定，犯拒不执行判决、裁定罪的，处 3 年以下有期徒刑、拘役或者罚金。

十一、非法处置查封、扣押、冻结的财产罪

非法处置查封、扣押、冻结的财产罪，是指隐藏、转移、变卖、故意毁损已被司法机关查封、扣押、冻结的财产，情节严重的行为。

本罪侵犯的客体是国家司法机关的正常活动。犯罪客观方面表现为行为人实施了隐藏、转移、变卖、故意毁损已被司法机关查封、扣押、冻结的财产的行为。本罪的行为具有以下 4 种情形：(1) 隐藏已被司法机关查封、扣押、冻结的财产；(2) 转移已被司法机关查封、扣押、冻结的财产；(3) 变卖已被司法机关查封、扣押、冻结的财产；(4) 故意毁损已被司法机关查封、扣押、冻结的财产。犯罪主体是一般主体。犯罪主观方面是故意。

根据我国刑法第 314 条之规定，犯非法处置查封、扣押、冻结的财产罪的，处 3 年以下有期徒刑、拘役或者罚金。

十二、破坏监管秩序罪

破坏监管秩序罪，是指被依法关押的罪犯，破坏监管秩序，情节严重的行为。

本罪侵犯的客体是国家的监管秩序。犯罪客观方面表现为行为人实施了破坏监管秩序的行为。具体包括以下四种情形：(1) 殴打监管人员的；(2) 组织其他被监管人破坏监管秩序的；(3) 聚众闹事，扰乱正常监管秩序的；(4) 殴打、惩罚或者指使他人殴打、惩罚其他被监管人的。本罪的构成必须达到“情节严重”，一般是指多次破坏监管秩序经监狱给予警告、记过或者禁闭后仍不悔改的，或者破坏监管秩序造成严重后果的等。犯罪主体是特殊主体，即依法被关押的罪犯。犯罪主观方面是故意。

根据我国刑法第 315 条之规定，犯破坏监管秩序罪的，处 3 年以下有期徒刑。

十三、脱逃罪

脱逃罪，是指依法被关押的罪犯、被告人、犯罪嫌疑人脱逃的行为。

本罪侵犯的犯罪客体是国家的监管秩序。犯罪客观方面表现为行为人实施了脱逃行为。脱逃，是指从司法机关的监所逃逸。逃逸的方法可以多种多样。犯罪主体是依法被关

押的罪犯、被告人、犯罪嫌疑人。犯罪主观方面是故意。

根据我国刑法第316条第1款之规定，犯脱逃罪的，处5年以下有期徒刑或者拘役。

十四、劫夺被押解人员罪

劫夺被押解人员罪，是指劫夺押解途中的罪犯、被告人、犯罪嫌疑人的行为。

本罪侵犯的客体是国家对犯人的监管秩序。犯罪客观方面表现为行为人实施了劫夺押解途中的罪犯、被告人、犯罪嫌疑人的行为。劫夺是指使用暴力、胁迫方法将被押解人员强行夺走或者乘押解人员不备，将被押解人员夺走。犯罪主体是一般主体。犯罪主观方面是故意，即明知是被押解人员而有意劫夺的主观心理状态。

根据我国刑法第316条第2款之规定，犯劫夺被押解人员罪的，处3年以上7年以下有期徒刑；情节严重的，处7年以上有期徒刑。

十五、组织越狱罪

组织越狱罪，是指依法被关押的罪犯、被告人、犯罪嫌疑人有组织地从羁押场所逃跑的行为。

本罪侵犯的客体是国家监所管理秩序。犯罪客观方面表现为行为人实施了有组织地从羁押场所逃跑的行为。所谓"有组织地从羁押场所逃跑"，是指3人以上，在首要分子的组织、策划、指挥下，制订越狱方案，进行分工，经过周密准备，选择适当时机实施脱逃。犯罪主体是依法被关押的罪犯、被告人、犯罪嫌疑人。犯罪主观方面是故意，即明知是组织越狱行为而有意实施的主观心理状态。

根据我国刑法第317条第1款之规定，犯组织越狱罪的，对首要分子和积极参加的，处5年以上有期徒刑；其他参加的，处5年以下有期徒刑或者拘役。

十六、暴动越狱罪

暴动越狱罪，是指依法被关押的罪犯、被告人、犯罪嫌疑人，在首要分子的组织、策划、指挥下，有组织、有计划地采用暴动方式从羁押场所逃跑的行为。

本罪侵犯的客体是国家监所管理秩序。犯罪客观方面表现为行为人实施了暴动越狱的行为。所谓"暴动越狱"，是指在首要分子的组织、策划、指挥下，有组织、有计划地采用暴动方式从羁押场所逃跑的行为。所谓"暴动"，是指多人聚集在一起，使用枪械、棍棒等武器或者以其他武力方式对抗监管机关。犯罪主体是依法被关押的罪犯、被告人、犯罪嫌疑人。犯罪主观方面是故意。

根据我国刑法第317条第2款之规定，犯暴动越狱罪的，对首要分子和积极参加的，处10年以上有期徒刑或者无期徒刑；情节特别严重的，处死刑；其他参加的，处3年以上10年以下有期徒刑。

十七、聚众持械劫狱罪

聚众持械劫狱罪，是指聚集多人，有组织、有计划地持械劫夺被依法关押的罪犯、被告人、犯罪嫌疑人的行为。

本罪侵犯的客体是国家的正常监管秩序。犯罪客观方面表现为聚集多人,有组织、有计划地持械劫夺被依法关押的罪犯、被告人、犯罪嫌疑人。所谓"持械",是指行为人手拿刀、枪、棍棒等凶器实施劫狱行为。犯罪主体是一般主体。犯罪主观方面是故意。

根据我国刑法第 317 条第 2 款之规定,犯聚众持械劫狱罪的,对首要分子和积极参加的,处 10 年以上有期徒刑或者无期徒刑;情节特别严重的,处死刑;其他参加的,处 3 年以上 10 年以下有期徒刑。

第四节　妨害国(边)境管理罪

一、组织他人偷越国(边)境罪

组织他人偷越国(边)境罪,是指非法组织他人偷越国(边)境的行为。

本罪侵犯的客体是国家对国(边)境的管理制度。犯罪客观方面表现为行为人实施了非法组织他人偷越国(边)境的行为。组织他人偷越国(边)境,是指领导、策划、指挥他人偷越国(边)境或者在首要分子指挥下,实施拉拢、引诱、介绍他人偷越国(边)境。犯罪主体是一般主体。犯罪主观方面是故意,即明知是组织他人偷越国(边)境的行为而有意实施的主观心理状态。

根据我国刑法第 318 条第 1 款之规定,犯组织他人偷越国(边)境罪的,处 2 年以上 7 年以下有期徒刑,并处罚金;有下列情形之一的,处 7 年以上有期徒刑或者无期徒刑,并处罚金或者没收财产:(1) 组织他人偷越国(边)境的首要分子;(2) 多次组织他人偷越国(边)境或者组织他人偷越国(边)境人数众多的;(3) 造成被组织人重伤、死亡的;(4) 剥夺或者限制被组织人人身自由的;(5) 以暴力、威胁方法抗拒检查的;(6) 违法所得数额巨大的;(7) 有其他特别严重情节的。第 2 款规定,犯前款罪,对被组织人有杀害、伤害、强奸、拐卖等犯罪行为,或者对检查人员有杀害、伤害等犯罪行为的,依照数罪并罚的规定处罚。

二、骗取出境证件罪

骗取出境证件罪,是指以劳务输出、经贸往来或者其他名义,弄虚作假,骗取护照、签证等出境证件,为组织他人偷越国(边)境使用的行为。

本罪侵犯的客体是国家对出境证件的管理制度。犯罪客观方面表现为行为人实施了骗取出境证件的行为。具体表现为以劳务输出、经贸往来或者其他名义,弄虚作假,骗取护照、签证等出境证件。犯罪主体是一般主体,单位也可以成为本罪的主体。犯罪主观方面是故意。

根据我国刑法第 319 条第 1 款之规定,犯骗取出境证件罪,处 3 年以下有期徒刑,并处罚金;情节严重的,处 3 年以上 10 年以下有期徒刑,并处罚金。第 2 款规定,单位犯本罪的,对单位判处罚金,并对直接负责的主管人员和其他直接责任人员,依照个人犯罪的规定处罚。

三、提供伪造、变造的出入境证件罪

提供伪造、变造的出入境证件罪，是指为他人提供伪造、变造的护照、签证等出入境证件的行为。

本罪侵犯的客体是国家出入境证件的管理制度。犯罪客观方面表现为行为人实施了为他人提供伪造、变造的护照、签证等出入境证件的行为。犯罪主体是一般主体。犯罪主观方面是故意。

根据我国刑法第320条之规定，犯提供伪造、变造的出入境证件罪的，处5年以下有期徒刑，并处罚金；情节严重的，处5年以上有期徒刑，并处罚金。

四、出售出入境证件罪

出售出入境证件罪，是指以营利为目的，出售护照、签证等出入境证件的行为。

本罪侵犯的客体是国家出入境管理制度。犯罪客观方面表现为行为人实施了出售护照、签证等出入境证件的行为。出售是指以营利为目的，向他人有偿提供出入境证件。犯罪主体是一般主体。犯罪主观方面是故意，且具有营利的目的。

根据我国刑法第320条之规定，犯出售出入境证件罪的，处5年以下有期徒刑，并处罚金；情节严重的，处5年以上有期徒刑，并处罚金。

五、运送他人偷越国(边)境罪

运送他人偷越国(边)境罪，是指非法运送他人偷越国(边)境的行为。

本罪侵犯的客体是国家的边境管理制度。犯罪客观方面表现为行为人实施了非法运送他人偷越国(边)境的行为。运送他人偷越国(边)境，是指使用车、船等交通工具或者徒步带领，将他人非法送出或者接入国(边)境。犯罪主体是一般主体。犯罪主观方面是故意。

根据我国刑法第321条第1款之规定，犯运送他人偷越国(边)境罪的，处5年以下有期徒刑、拘役或者管制，并处罚金；有下列情形之一的，处5年以上10年以下有期徒刑，并处罚金：(1) 多次实施运送行为或者运送人数众多的；(2) 所使用的船只、车辆等交通工具不具备必要的安全条件，足以造成严重后果的；(3) 违法所得数额巨大的；(4) 有其他特别严重情节的。第2款规定，在运送他人偷越国(边)境中造成被运送人重伤、死亡，或者以暴力、威胁方法抗拒检查的，处7年以上有期徒刑，并处罚金。第3款规定，犯前两款罪，对被运送人有杀害、伤害、强奸、拐卖等犯罪行为，或者对检查人员有杀害、伤害等犯罪行为的，依照数罪并罚的规定处罚。

六、偷越国(边)境罪

偷越国(边)境罪，是指违反国(边)境管理法规，偷越国(边)境，情节严重的行为。

本罪侵犯的客体是国家对出入国(边)境的管理制度。犯罪客观方面表现为行为人违反国(边)境管理法规，实施了偷越国(边)境罪，情节严重的行为。构成本罪必须达到“情节严重”的程度，根据我国司法解释的规定，一般是指具有下列情形之一：(1) 在境外实施损害国家利益的行为的；(2) 偷越国(边)境3次以上的；(3) 拉拢、引诱他人一起偷越国(边)境的；(4) 因偷越国(边)境被行政处罚后1年内又偷越国(边)境的；(5) 有其他严重情节的。犯罪主体是一般主体。犯罪主观方面是故意。

根据我国刑法第322条之规定，犯偷越国(边)境罪的，处1年以下有期徒刑、拘役或者管制，并处罚金。

七、破坏界碑、界桩罪

破坏界碑、界桩罪，是指明知是国家设立在边境上的界碑、界桩而故意加以破坏的行为。

本罪侵犯的客体是国家对国边境上的界碑、界桩的管理制度。犯罪客观方面表现为行为人实施了破坏界碑、界桩的行为。犯罪主体是一般主体。犯罪主观方面是故意。

根据我国刑法第323条之规定，犯破坏界碑、界桩罪的，处3年以下有期徒刑或者拘役。

八、破坏永久性测量标志罪

破坏永久性测量标志罪，是指故意破坏国家设立的永久性测量标志的行为。

本罪侵犯的客体是国家对永久性测量标志的管理制度。犯罪客观方面表现为行为人实施了破坏永久性测量标志的行为。破坏是指将永久性测量标志拔除、移动、毁坏等，使其丧失原有的作用。犯罪主体是一般主体。犯罪主观方面是故意。

根据我国刑法第323条之规定，犯破坏永久性测量标志罪的，处3年以下有期徒刑或者拘役。

第五节　妨害文物管理罪

一、故意损毁文物罪

故意损毁文物罪，是指故意损毁国家保护的珍贵文物或者被确定为全国重点文物保护单位、省级文物保护单位的文物的行为。

本罪侵犯的客体是国家的文物管理制度。犯罪客观方面表现为行为人实施了故意损毁国家保护的珍贵文物或者被确定为全国重点文物保护单位、省级文物保护单位的文物的行为。其具体表现形式多种多样。犯罪主体是一般主体。犯罪主观方面是故意。

根据我国刑法第324条第1款之规定，犯故意毁坏文物罪的，处3年以下有期徒刑或者拘役，并处或者单处罚金；情节严重的，处3年以上10年以下有期徒刑，并处罚金。

二、故意损毁名胜古迹罪

故意损毁名胜古迹罪，是指故意损毁国家保护的名胜古迹，情节严重的行为。

本罪侵犯的客体是国家名胜古迹的管理制度。犯罪对象是国家保护的名胜古迹。犯罪客观方面表现为行为人实施了故意损毁国家保护的名胜古迹的行为。成立本罪必须是情节严重的行为,所谓“情节严重”,一般是指损毁被联合国评定为世界历史文化遗产的名胜古迹的,或者损毁名胜古迹手段恶劣的,或者造成严重后果的等。犯罪主体是一般主体。犯罪主观方面是故意。

根据我国刑法第324条第2款之规定,犯故意损毁名胜古迹罪的,处5年以下有期徒刑或者拘役,并处或者单处罚金。

三、过失损毁文物罪

过失损毁文物罪,是指过失损毁国家保护的珍贵文物或者被确定为全国重点文物保护单位、省级文物保护单位的文物,造成严重后果的行为。

本罪侵犯的客体是国家的文物管理制度。犯罪对象是国家保护的珍贵文物或被确定为全国重点文物保护单位、省级文物保护单位的文物。犯罪客观方面表现为行为人因过失实施了损毁珍贵文物的行为。本罪的成立必须是造成严重后果的行为,否则不以本罪论处。犯罪主体是一般主体。犯罪主观方面是过失。

根据我国刑法第324条第3款之规定,犯过失损毁文物罪的,处3年以下有期徒刑或者拘役。

四、非法向外国人出售、赠送珍贵文物罪

非法向外国人出售、赠送珍贵文物罪,是指违反文物保护法规,将收藏的国家禁止出口的珍贵文物私自出售或者私自赠送给外国人的行为。

本罪侵犯的客体是国家对文物的管理制度。犯罪对象是收藏的国家禁止出口的珍贵文物。犯罪客观方面表现为行为人实施了非法向外国人出售、赠送珍贵文物的行为。行为人将国家禁止出口的珍贵文物出售、赠送的对象是外国人,包括无国籍人;否则,不构成本罪。犯罪主体是一般主体。犯罪主观方面是故意,即明知是国家禁止出口的珍贵文物而有意出售或者赠送给外国人的主观心理状态。

根据我国刑法第325条第1款之规定,犯非法向外国人出售、赠送珍贵文物罪的,处5年以下有期徒刑或者拘役,可以并处罚金。第2款规定,单位犯本罪的,对单位判处罚金,并对其直接负责的主管人员和其他直接责任人员依照个人犯罪的规定处罚。

五、倒卖文物罪

倒卖文物罪,是指以牟利为目的,倒卖国家禁止经营的文物,情节严重的行为。

本罪侵犯的客体是国家文物管理制度。犯罪客观方面表现为行为人实施了倒卖文物的行为。所谓“倒卖”,是指违反国家文物保护法规,进行文物买卖。倒卖行为包括收购、贩运、转手卖出等行为。犯罪主体是一般主体,单位也可以成为本罪的主体。犯罪主观方面是故意。

根据我国刑法第326条之规定,犯倒卖文物罪的,处5年以下有期徒刑或者拘役,并处

罚金；情节特别严重的，处 5 年以上 10 年以下有期徒刑，并处罚金。第 2 款规定，单位犯本罪的，对单位判处罚金，并对其直接负责的主管人员和其他直接责任人员依照个人犯罪的规定处罚。

六、非法出售、私赠文物藏品罪

非法出售、私赠文物藏品罪，是指国有博物馆、图书馆等单位违反文物保护法规，将国家保护的文物藏品出售或者私自赠送给非国有单位或者个人的行为。

本罪侵犯的客体是国家文物保护管理制度和国有文物藏品的所有权。犯罪对象具有特定性，即是国有馆藏文物。犯罪客观方面表现为行为人实施了将国家保护的文物藏品出售或者私自送给非国有单位或者个人的行为。犯罪主体是单位，且具有特定性，即只能是国有博物馆、图书馆等单位，非国有单位和个人不能成为本罪的主体。犯罪主观方面是故意。

根据我国刑法第 327 条之规定，犯非法出售、私赠文物藏品罪的，对单位判处罚金，并对其直接负责的主管人员和其他直接责任人员，处 3 年以下有期徒刑或者拘役。

七、盗掘古文化遗址、古墓葬罪

盗掘古文化遗址、古墓葬罪，是指盗掘具有历史、艺术、科学价值的古文化遗址、古墓葬的行为。

本罪侵犯的客体是国家对古文化遗址、古墓葬的管理制度和国家对古文化遗址、古墓葬的所有权。犯罪客观方面表现为行为人实施了盗掘古文化遗址、古墓葬的行为。盗掘是指未经国家文化主管部门批准而私自挖掘。犯罪主体是一般主体。犯罪主观方面是故意。

根据我国刑法第 328 条第 1 款之规定，犯盗掘古文化遗址、古墓葬罪的，处 3 年以上 10 年以下有期徒刑，并处罚金；情节较轻的，处 3 年以下有期徒刑，拘役或者管制，并处罚金。有下列情形之一的，处 10 年以上有期徒刑、无期徒刑或者死刑，并处罚金或者没收财产：(1) 盗掘确定为全国重点文物保护单位和省级文物保护单位的古文化遗址、古墓葬的；(2) 盗掘古文化遗址、古墓葬集团的首要分子；(3) 多次盗掘古文化遗址、古墓葬的；(4) 盗掘古文化遗址、古墓葬，并盗窃珍贵文物或者造成珍贵文物严重破坏的。

八、盗掘古人类化石、古脊椎动物化石罪

盗掘古人类化石、古脊椎动物化石罪，是指盗掘国家保护的具有科学价值的古人类化石和古脊椎动物化石的行为。

本罪侵犯的客体是国家文物保护管理制度和古人类化石、古脊椎动物化石的行为。犯罪客观方面表现为行为人实施了盗掘古人类化石、古脊椎动物化石的行为。犯罪主体是一般主体。犯罪主观方面是故意。

根据我国刑法第 328 条第 2 款之规定，犯盗掘古人类化石、古脊椎动物化石罪的，依照前款的规定处罚，即处 3 年以上 10 年以下有期徒刑，并处罚金；情节较轻的，处 3 年以下有期徒刑、拘役或者管制，并处罚金；有下列情形之一的，处 10 年以上有期徒刑、无期徒刑或者死刑，并处罚金或者没收财产：(1) 盗掘确定为全国重点文物保护单位和省级文物保护单

位的古人类化石和古脊椎动物化石的;(2) 盗掘古人类化石和古脊椎动物化石集团的首要分子;(3) 多次盗掘古人类化石和古脊椎动物化石的;(4) 盗掘并盗窃古人类化石和古脊椎动物化石或者造成古人类化石和古脊椎动物化石严重破坏的。

九、抢夺、窃取国有档案罪

抢夺、窃取国有档案罪,是指抢夺、窃取国家所有的档案的行为。

本罪侵犯的客体是国家的档案管理制度和档案的国家所有权。犯罪对象是国有档案。犯罪客观方面表现为行为人实施了抢夺、窃取国家所有的档案的行为。犯罪主体是一般主体。犯罪主观方面是故意。

根据我国刑法第 329 条第 1 款之规定,犯抢夺、窃取国有档案罪的,处 5 年以下有期徒刑或者拘役。第 3 款规定,犯本罪同时又构成其他犯罪的,依照处罚较重的规定定罪处罚。

十、擅自出卖、转让国有档案罪

擅自出卖、转让国有档案罪,是指违反档案法的规定,擅自出卖、转让国家所有的档案,情节严重的行为。

本罪侵犯的客体是国家档案管理制度和档案的国家所有权。犯罪客观方面表现为行为人实施了擅自出卖、转让国有档案的行为。擅自转让是指未经批准而无偿送给他人。犯罪主体是一般主体。犯罪主观方面是故意。

根据我国刑法第 329 条第 2 款之规定,犯擅自出卖、转让国有档案罪的,处 3 年以下有期徒刑或者拘役。第 3 款规定,犯本罪,同时又构成其他犯罪的,依照处罚较重的规定定罪处罚。

第六节　危害公共卫生罪

一、妨害传染病防治罪

妨害传染病防治罪,是指违反传染病防治法的规定,引起甲类传染病传播或者有传播严重危险的行为。

本罪侵犯的客体是国家关于传染病防治的管理制度。犯罪客观方面表现为行为人违反传染病防治法的规定,实施了引起甲类传染病传播或者有传染病严重危险的行为。具体言之,行为人实施了下列行为之一:(1) 供水单位供应的饮用水不符合国家规定的卫生标准的;(2) 拒绝按照卫生防疫机构提出的卫生要求,对传染病病原体污染的污水、污物、粪便进行消毒处理的;(3) 准许或者纵容传染病病人、病原携带者和疑似传染病病人从事国务院卫生行政部门规定禁止从事的易使传染病扩散的工作的;(4) 拒绝执行卫生防疫机构依照传染病防治法提出的预防、控制措施的。行为人只要实施了上述 4 种行为之一,即可构成本罪。犯罪主体是一般主体,单位也可成为本罪主体。犯罪主观方面是过失。

根据我国刑法第 330 条第 1 款之规定，犯妨害传染病防治罪的，处 3 年以下有期徒刑或者拘役；后果特别严重的，处 3 年以上 7 年以下有期徒刑。第 2 款规定，单位犯本罪的，对单位判处罚金，并对其直接负责的主管人员和其他直接责任人员，依照个人犯罪的规定处罚。

二、传染病菌种、毒种扩散罪

传染病菌种、毒种扩散罪，是指从事实验、保藏、携带、运输传染病菌种、毒种的人员，违反国务院卫生行政部门的有关规定，造成传播染病菌种、毒种扩散，后果严重的行为。

本罪侵犯的客体是国家关于传染病菌种、毒种实验、保藏、携带、运输的管理制度。犯罪客观方面表现为行为人实施了造成传染病菌种或者毒种扩散，后果严重的行为。犯罪主体是特殊主体，只有从事实验、保藏、携带、运输传染病菌种、毒种的人员才能成为本罪主体。犯罪主观方面是过失。

根据我国刑法第 331 条之规定，犯传染病菌种、毒种扩散罪的，处 3 年以下有期徒刑或者拘役；后果特别严重的，处 3 年以上 7 年以下有期徒刑。

三、妨害国境卫生检疫罪

妨害国境卫生检疫罪，是指违反国境卫生检疫规定，引起检疫传染病传播或者有传播严重危险的行为。

本罪侵犯的客体是国家的国境卫生检疫制度。犯罪客观方面表现为行为人实施了妨害国境卫生检疫，引起检疫传染病传播或者有引起检疫传染病传播严重危险的行为。引起检疫传染病传播，是指造成检疫传染病在一定空间范围内以及一定人群中流行、传染。引起检疫传染病传播严重危险，是指虽然尚未引起检疫传染病的传播，但是根据行为人所实施的违反国境卫生检疫规定的行为，极有可能引起检疫传染病的传播。犯罪主体是一般主体，单位也可以成为本罪的主体。犯罪主观方面是过失。

根据我国刑法第 332 条第 1 款之规定，犯妨害国境卫生检疫罪的，处 3 年以下有期徒刑或者拘役，并处或者单处罚金。第 2 款规定，单位犯本罪的，对单位判处罚金，并对其直接负责的主管人员和其他直接责任人员，依照个人犯罪的规定处罚。

四、非法组织卖血罪

非法组织卖血罪，是指未经卫生行政主管部门批准，组织他人出卖血液的行为。

本罪侵犯的客体是国家血液采集、供应的管理制度和公民的身体健康和生命安全。犯罪客观方面表现为行为人实施了非法组织卖血的行为，具体表现为未经国家卫生行政主管部门的批准，组织他人出卖血液。犯罪主体是一般主体。犯罪主观方面是故意，且一般具有牟取暴利的目的。

根据我国刑法第 333 条第 1 款之规定，犯非法组织卖血罪的，处 5 年以下有期徒刑，并处罚金。

五、强迫卖血罪

强迫卖血罪，是指以暴力、威胁方法，强迫他人出卖血液的行为。

本罪侵犯的客体与前罪相同。犯罪客观方面表现为行为人实施了以暴力、威胁方法，强迫他人出卖血液的行为。犯罪主体是一般主体。犯罪主观方面是故意。

根据我国刑法第 333 条第 1 款之规定，犯强迫卖血罪的，处 5 年以上 10 年以下有期徒刑，并处罚金。

六、非法采集、供应血液、制作、供应血液制品罪

非法采集、供应血液、制作、供应血液制品罪，是指非法采集、供应血液或者制作、供应血液制品，不符合国家规定的标准，足以危害人体健康，或者对人体健康造成严重危害的行为。

本罪侵犯的客体是国家对血液的采集、供应和血液制品的制作、供应的管理制度和受血者的生命安全和身体健康。犯罪客观方面表现为行为人实施了非法采集、供应血液、制作、供应血液制品的行为。犯罪主体是一般主体。犯罪主观方面是故意。

根据我国刑法第 334 条第 1 款之规定，犯非法采集、供应血液、制作、供应血液制品罪，足以危害人体健康的，处 5 年以下有期徒刑或者拘役，并处罚金；对人体健康造成严重危害的，处 5 年以上 10 年以下有期徒刑，并处罚金；造成特别严重后果的，处 10 年以上有期徒刑或者无期徒刑，并处罚金或者没收财产。

七、采集、供应血液、制作、供应血液制品事故罪

采集、供应血液、制作、供应血液制品事故罪，是指经国家主管部门批准采集、供应血液或者制作、供应血液制品的部门，不依照规定进行检测或者违背其他操作规定，造成危害他人身体健康后果的行为。

本罪侵犯的客体是国家对血液的采集、供应血液制品的制作、供应的管理制度和受血者的生命安全和身体健康。犯罪客观方面表现为行为人实施了在采集、供应血液或者制作、供应血液制品的工作中，不依照规定进行检测或者违背其他操作规定，造成危害他人身体健康后果的行为。犯罪主体是特殊主体，只能是经国家主管部门批准采集、供应血液或者制作、供应血液制品的部门。犯罪主观方面是过失。

根据我国刑法第 334 条第 2 款之规定，犯采集、供应血液、制作、供应血液制品事故罪的，对单位判处罚金，并对其直接负责的主管人员和其他直接责任人员，处 5 年以下有期徒刑或者拘役。

八、医疗事故罪

医疗事故罪，是指医务人员严重不负责任，造成就诊人死亡或者严重损害就诊人身体健康的行为。

本罪侵犯的客体是国家医务工作管理秩序和就诊人的生命和健康权利。犯罪客观方面

表现为行为人严重不负责任，造成就诊人死亡或者严重损害就诊人身体健康。所谓“严重不负责任”，是指在诊疗护理工作中，违反规章制度和诊疗护理常规。本罪的行为方式既可以是作为，也可以是不作为。本罪的犯罪对象是就诊人，即接受医疗护理服务的人。犯罪结果是造成就诊人死亡或者严重损害就诊人身体健康。所谓“严重损害就诊人身体健康”，是指造成就诊人残疾、组织器官严重损伤、丧失劳动力等严重结果。犯罪主体是特殊主体，即医务人员，包括医疗防疫人员、药剂人员、护理人员及其他专业技术人员。犯罪主观方面是过失，即应当预见自己的行为可能造成就诊人死亡或者严重损害就诊人身体健康的结果，因为疏忽大意而没有预见，或者已经预见而轻信能够避免，以致发生这种结果的主观心理状态。

根据我国刑法第 335 条之规定，犯医疗事故罪的，处 3 年以下有期徒刑或者拘役。

九、非法行医罪

非法行医罪，是指未取得医生执业资格的人非法行医，情节严重的行为。

本罪侵犯的客体是国家医务管理制度和就诊人的生命安全和健康权利。犯罪客观方面表现为行为人实施了非法行医的行为。所谓“非法行医”，就是指未取得国家医生执业资格而擅自接诊病人。其行医方式多种多样，可以是独立挂牌行医，也可以是挂靠其他单位行医，还可以是游医。值得注意的是本罪是情节犯，即只有行为人之行为属“情节严重的”，才构成犯罪。所谓情节严重，是指经医疗卫生行政主管部门多次制止，屡教不改，长期从事非法行医的；因非法行医造成就诊人身体健康受到损害的，非法行医营利数额较大的；使用伪劣药品蒙骗就诊人的；在非法行医过程中调戏、侮辱、猥亵妇女、儿童的，等等。犯罪主体为一般主体，仅限于没有取得医生职业资格的人。犯罪主观方面是故意。

根据我国刑法第 336 条第 1 款之规定，犯非法行医罪的，处 3 年以下有期徒刑、拘役或者管制，并处或者单处罚金；严重损害就诊人身体健康的，处 3 年以上 10 年以下有期徒刑，并处罚金；造成就诊人死亡的，处 10 年以上有期徒刑，并处罚金。

十、非法进行节育手术罪

非法进行节育手术罪，是指未取得医生执业资格的人，擅自为他人进行节育复通手术、假节育手术、中止妊娠手术或者摘取宫内节育器，情节严重的行为。

本罪侵犯的客体是国家计划生育制度和就诊人的身体健康和生命安全。犯罪客观方面表现为行为人实施了非法进行节育手术的行为。所谓“节育手术”，是指节育复通手术、假节育手术、中止妊娠手术或者摘取宫内节育器等行为。犯罪主体是一般主体，但必须是没有取得医生执业资格的人。犯罪主观方面是故意，且一般具有牟利目的。

根据我国刑法第 336 条第 2 款之规定，犯非法进行节育手术罪的，处 3 年以下有期徒刑、拘役或者管制，并处或者单处罚金；严重损害就诊人身体健康的，处 3 年以上 10 年以下有期徒刑，并处罚金；造成就诊人死亡的，处 10 年以上有期徒刑，并处罚金。

十一、逃避动植物检疫罪

逃避动植物检疫罪，是指违反进出境动植物检疫法的规定，逃避动植物检疫，引起重大动植物疫情的行为。

本罪侵犯的客体是国家进出境动植物检疫制度。犯罪客观方面表现为行为人实施了逃避动植物检疫,且引起重大动植物疫情的行为。本罪的主体既可以是自然人也可以是单位。犯罪主观方面是故意。

根据我国刑法第 337 条第 1 款之规定,犯逃避动植物检疫罪的,处 3 年以下有期徒刑或者拘役,并处或者单处罚金。第 2 款规定,单位犯本罪的,对单位判处罚金,并对其直接负责的主管人员和其他直接责任人员,处 3 年以下有期徒刑或者拘役,并处或者单处罚金。

第七节　破坏环境资源保护罪

一、重大环境污染事故罪

重大环境污染事故罪,是指违反国家规定,向土地、水体、大气排放、倾倒或者处置有放射性的废物、含传染病病原体的废物、有毒物质或者其他危险废物,造成重大环境污染事故,致使公私财产遭受重大损失或者人身伤亡的严重后果的行为。

本罪侵犯的客体是国家环境保护制度和公私财产与公民健康、生命安全。犯罪客观方面表现为行为人的行为引起了重大环境污染事故,具体表现为行为人违反国家规定,向土地、水体、大气排放、倾倒或者处置有放射性的废物、含传染病病原体的废物、有毒物质或者其他危险废物,造成重大环境污染事故。所谓"重大环境污染事故",是指自然环境诸要素(例如土地、水体、大气等)由于受到人类生产、生活过程中产生的有毒、有害物质的损害和破坏,引起环境质量下降,危害人体健康,严重影响生物的生存发展。犯罪主体是一般主体,自然人和单位均可成为本罪的主体。犯罪主观方面是过失。

根据我国刑法第 338 条之规定,犯重大环境污染事故罪的,处 3 年以下有期徒刑或者拘役,并处或者单处罚金;后果特别严重的,处 3 年以上 7 年以下有期徒刑,并处罚金。第 346 条规定,单位犯本罪的,对单位判处罚金,并对其直接负责的主管人员和其他直接责任人员,依照个人犯罪的规定处罚。

二、非法处置进口的固体废物罪

非法处置进口的固体废物罪,是指违反国家规定,将境外的固体废物进境倾倒、堆放、处置的行为。

本罪侵犯的客体是国家环境保护制度。犯罪客观方面表现为行为人实施了非法处置进口的固体废物的行为。犯罪主体是一般主体,自然人和单位均可成为本罪主体。犯罪主观方面是故意。

根据我国刑法第 339 条第 1 款之规定,犯非法处置进口的固体废物罪的,处 5 年以下有期徒刑或者拘役,并处罚金;造成重大环境污染事故,致使公私财产遭受重大损失或者严重危害人体健康的,处 5 年以上 10 年以下有期徒刑,并处罚金;后果特别严重的,处 10 年以上有期徒刑，并处罚金。刑法第346条规定，单位犯本罪的，对单位判处罚金，并对其直接负责的主管人员和其他直接责任人员，依照个人犯罪的规定处罚。

三、擅自进口固体废物罪

擅自进口固体废物罪，是指未经国务院有关主管部门许可，擅自进口固体废物用作原料，造成重大环境污染事故，致使公私财产遭受重大损失或者严重危害人体健康的行为。

本罪侵犯的客体是国家对废物进口管理制度和环境保护制度。犯罪客观方面表现为行为人实施了擅自进口固体废物的行为。擅自进口固体废物的行为必须造成了公私财产遭受重大损失或者严重危害人体健康的后果。犯罪主体既可以是自然人，也可以是单位。犯罪主观方面是故意。

根据我国刑法第339条第2款之规定，犯擅自进口固体废物罪的，处5年以下有期徒刑或者拘役，并处罚金；后果特别严重的，处5年以上10年以下有期徒刑，并处罚金。刑法第346条规定，单位犯本罪的，对单位判处罚金，并对其直接负责的主管人员和其他直接责任人员，依照个人犯罪的规定处罚。

四、非法捕捞水产品罪

非法捕捞水产品罪，是指违反保护水产资源法规，在禁渔区、禁渔期或者使用禁用的工具、方法捕捞水产品，情节严重的行为。

本罪侵犯的客体是国家保护水产资源制度。犯罪客观方面表现为行为人实施了非法捕捞水产品的行为。具体表现为行为人违反保护水产资源法规，在禁渔区、禁渔期或者使用禁用的工具、方法捕捞水产品。本罪属于情节犯，必须是达到情节严重，才构成本罪。所谓情节严重，是指为首或者聚众捕捞水产品的；大量非法捕捞水产品的；多次(3次以上)捕捞水产品的；采用毁灭性捕捞方法，造成水资源重大损失的；非法捕捞国家重点保护的名贵或者稀有的水产品的；非法捕捞、暴力抗拒渔政管理的，等等。犯罪主体是一般主体，既可以是自然人，也可以是单位。犯罪主观方面是故意。

根据我国刑法第340条之规定，犯非法捕捞水产品罪的，处3年以下有期徒刑、拘役、管制或者罚金。刑法第346条规定，单位犯本罪的，对单位判处罚金，并对其直接负责的主管人员和其他直接责任人员，依照个人犯罪的规定处罚。

五、非法猎捕、杀害珍贵、濒危野生动物罪

非法猎捕、杀害珍贵、濒危野生动物罪，是指违反国家有关野生动物保护法规，猎捕、杀害国家重点保护的珍贵、濒危野生动物的行为。

本罪侵犯的客体是国家珍贵、濒危野生动物保护制度。犯罪对象限定为国家重点保护的珍贵、濒危野生动物。犯罪客观方面表现为行为人实施了非法猎捕、杀害珍贵、濒危野生动物的行为。犯罪主体是一般主体，既可以是自然人，也可以是单位。犯罪主观方面是故意。

根据我国刑法第341条第1款之规定，犯非法猎捕、杀害珍贵、濒危野生动物罪的，处5

年以下有期徒刑或者拘役，并处罚金；情节严重的，处5年以上10年以下有期徒刑，并处罚金；情节特别严重的，处10年以上有期徒刑，并处罚金或者没收财产。刑法第346条规定，单位犯本罪的，对单位判处罚金，并对其直接负责的主管人员和其他直接责任人员，依照个人犯罪的规定处罚。

六、非法收购、运输、出售珍贵、濒危野生动物、珍贵、濒危野生动物制品罪

非法收购、运输、出售珍贵、濒危野生动物、珍贵、濒危野生动物制品罪，是指违反国家有关野生动物保护法规，收购、运输、出售国家重点保护的珍贵、濒危野生动物及其制品的行为。

本罪侵犯的客体是国家珍贵、濒危野生动物保护制度。犯罪对象限定为国家重点保护的珍贵、濒危野生动物。犯罪客观方面表现为行为人实施了非法收购、运输、出售珍贵、濒危野生动物、珍贵、濒危野生动物制品的行为。凡违反国家有关野生动物保护法规，有收购、运输、出售国家重点保护的珍贵、濒危野生动物及其制品的行为之一的，均可构成本罪。犯罪主体是一般主体，既可以是自然人，也可以是单位。犯罪主观方面是故意。

根据我国刑法第341条之规定，犯非法收购、运输、出售珍贵、濒危野生动物、珍贵、濒危野生动物制品罪的，处5年以下有期徒刑或者拘役，并处罚金；情节严重的，处5年以上10年以下有期徒刑，并处罚金；情节特别严重的，处10年以上有期徒刑，并处罚金或者没收财产。刑法第346条规定，单位犯本罪的，对单位判处罚金，并对其直接主管的责任人员和其他直接人员，依照个人犯罪的规定处罚。

七、非法狩猎罪

非法狩猎罪，是指违反狩猎法规，在禁猎区、禁猎期或者使用禁用的工具、方法进行狩猎，破坏野生动物资源，情节严重的行为。

本罪侵犯的客体是国家野生动物保护制度。犯罪客观方面表现为行为人实施了非法狩猎的行为。所谓“非法狩猎”，是指违反狩猎法规，在禁猎区、禁猎期或者使用禁止的工具、方法进行狩猎，破坏野生动物资源。禁猎区是指国家规定不准狩猎的适宜野生动物栖息繁殖的一定区域，以及需要保护自然环境的地区，包括名胜古迹、风景旅游区等。禁猎期是指根据野生动物的繁殖、肉食、皮毛成熟的季节，分别规定禁止猎捕的期限。禁用的工具是指足以破坏野生动物资源，危害人畜安全，或者破坏森林、草原的工具。禁用的方法是指禁止使用的损害野生动物资源正常繁殖、生长的方法。构成本罪必须达到情节严重。所谓情节严重，是指具有下列情形之一：(1) 非法狩猎野生动物20只以上的；(2) 违反狩猎法规，在禁猎区或者禁猎期禁用的工具、方法狩猎的；(3) 具有其他严重情节的。犯罪主体是一般主体，既可以是自然人，也可以是单位。犯罪主观方面是故意。

根据我国刑法第341条第2款之规定，犯非法狩猎罪的，处3年以下有期徒刑、拘役、管制或者罚金。刑法第346条规定，单位犯本罪的，对单位判处罚金，并对其直接负责的主管人员和其他直接责任人员，依照个人犯罪的规定处罚。

八、非法占用农用地罪

非法占用农用地罪，是指违反土地管理法规，非法占用耕地、林地等农用地，改变被占用土地用途，数量较大，造成耕地、林地等农用地大量毁坏的行为。

本罪侵犯的客体是国家土地管理制度。犯罪客观方面表现为行为人实施了非法占用农用地的行为。具体表现为行为人违反土地管理法规，非法占用耕地、林地等农用地，改变被占用土地用途的行为。构成本罪必须达到造成耕地、林地等农用地大量毁坏的程度，否则不构成本罪。犯罪主体是一般主体，既可以是自然人也可以是单位。犯罪主观方面是故意。

根据我国刑法第342条[刑法修正案(二)]之规定，犯非法占用农用地罪的，处5年以下有期徒刑或者拘役，并处或者单处罚金。刑法第346条规定，单位犯本罪的，对单位判处罚金，并对其直接负责的主管人员和其他直接责任人员，依照个人犯罪的规定处罚。

九、非法采矿罪

非法采矿罪，是指违反矿产资源法的规定，未取得采矿许可证而擅自采矿，擅自进入国家规划矿区、对国民经济具有重要价值的矿区和他人矿区范围采矿，或者擅自开采国家规定实行保护性开采的特定矿种，经责令停止开采后拒不停止开采，造成矿产资源破坏的行为。

本罪侵犯的犯罪客体是国家矿产资源保护制度。犯罪客观方面表现为行为人实施了非法采矿行为。具体表现为行为人违反矿产资源法的规定，未取得采矿许可证而擅自采矿，擅自进入国家规划矿区、对国民经济具有重要价值的矿区和他人矿区范围采矿，或者擅自开采矿，或者擅自开采国家规定实行保护性开采的特定矿种，经责令停止开采后拒不停止开采。本罪的行为具有以下三种情形：(1) 无证采矿，即未取得采矿许可证擅自采矿。这里的未取得采矿许可证擅自采矿，根据相关司法解释的规定，是指具有下列情形之一：① 无采矿许可证开采矿石的；② 采矿许可证被注销、吊销后继续开采矿产资源的；③ 超载采矿许可证规定的矿区范围开采矿产资源的；④ 未按采矿许可证规定的矿种开采矿产资源的(共生、伴生矿种除外)；⑤ 其他未取得采矿许可证开采矿产资源的情形。(2) 越界采矿，即擅自进入国家规划矿区、对国民经济具有重要价值的矿区和他人矿区范围采矿。(3) 擅自开采特定矿种，经责令停止开采后拒不停止开采。犯罪主体是一般主体，既可以是自然人，也可以是单位。犯罪主观方面是故意。

根据我国刑法第343条第1款之规定，犯非法采矿罪的，处3年以下有期徒刑、拘役或者管制，并处或者单处罚金；造成矿产资源严重破坏的，处3年以上7年以下有期徒刑，并处罚金。刑法第346条规定，单位犯本罪的，对单位判处罚金，并对其直接负责的主管人员和其他直接责任人员，依照个人犯罪的规定处罚。

十、破坏性采矿罪

破坏性采矿罪，是指违反矿产资源法的规定，采取破坏性的开采方法开采矿产资源，造成矿产资源严重破坏的行为。

本罪侵犯的客体是国家矿产资源保护制度。犯罪客观方面表现为行为人实施了破坏性采矿的行为。即行为人违反矿产资源法的规定，采取破坏性的开采方法开采矿产资源，造成矿产资源严重破坏的行为。犯罪主体是一般主体，既可以是自然人，也可以是单位。犯罪主观方面是故意。

根据我国刑法第343条第2款之规定，犯破坏型采矿罪的，处5年以下有期徒刑或者拘役，并处罚金。刑法第346条规定，单位犯本罪的，对单位判处罚金，并对其直接负责的主管人员和其他直接责任人员，依照个人犯罪的规定处罚。

十一、非法采伐、毁坏珍贵树木、国家重点保护的其他植物罪

非法采伐、毁坏珍贵树木、国家重点保护的其他植物罪，是指违反国家规定，非法采伐、毁坏珍贵树木，或者国家重点保护的其他植物的行为。

本罪侵犯的客体是国家森林保护制度。犯罪客观方面表现为行为人违反森林法规，采伐、毁坏珍贵树木、国家重点保护的其他植物。犯罪主体是一般主体，既可以是自然人，也可以是单位。犯罪主观方面是故意。

根据我国刑法第344条[刑法修正案(四)第6条]之规定，犯非法采伐、毁坏珍贵树木、国家重点保护的其他植物罪的，处3年以下有期徒刑、拘役或者管制，并处罚令，情节严重的，处3年以上7年以下有期徒刑，并处罚金。刑法第346条规定，单位犯本罪的，对单位判处罚金，并对其直接负责的主管人员和其他直接责任人员，依照个人犯罪的规定处罚。

十二、非法收购、运输、加工、出售珍贵树木、国家重点保护的其他植物及其制品罪

非法收购、运输、加工、出售珍贵树木、国家重点保护的其他植物及其制品罪，是指违反国家规定，非法收购、运输、加工、出售珍贵树木、国家重点保护的其他植物及其制品的行为。

本罪侵犯的客体是国家森林保护制度。犯罪客观方面表现为行为人违反国家规定，非法收购、运输、加工、出售珍贵树木、国家重点保护的其他植物及其制品。犯罪主体是一般主体，既可以是自然人，也可以是单位。犯罪主观方面是故意。

根据我国刑法第344条[刑法修正案(四)第6条]之规定，犯非法收购、运输、加工、出售珍贵树木、国家重点保护的其他植物及其制品罪的，处3年以下有期徒刑、拘役或者管制，并处罚金；情节严重的，处3年以上7年以下有期徒刑，并处罚金。刑法第346条规定，单位犯本罪的，对单位判处罚金，并对其直接负责的主管人员和其他直接责任人员，依照个人犯罪的规定处罚。

十三、盗伐林木罪

盗伐林木罪，是指以非法占有为目的，盗伐森林或者其他林木，数量较大的行为。

本罪侵犯的客体是国家林业管理制度和国家、集体或公民的林木所有权。其犯罪对象是森林及成片的林木。犯罪客观方面表现为行为人实施了盗伐林木的行为。这里的盗伐，是指未经国家林业行政管理部门批准，采取秘密手段采伐林木。根据我国司法解释的规定，具体包括以下三种情形：(1) 擅自砍伐国家、集体、他人所有或者他人承包经营管理的森林

或者其他林木的；(2) 擅自砍伐本单位或者本人承包经营管理的森林或者其他林木的；(3) 在林木采伐许可证规定的地点以外采伐国家、集体、他人所有或者他人承包经营管理的森林或者其他林木的。犯罪主体是一般主体，既可以是自然人，也可以是单位。犯罪主观方面是故意，并且具有非法占有的目的。

根据我国刑法第 345 条第 1 款之规定，犯盗伐林木罪的，处 3 年以下有期徒刑、拘役或者管制，并处或者单处罚金；数量巨大的，处 3 年以上 7 年以下有期徒刑，并处罚金；数量特别巨大的，处 7 年以上有期徒刑，并处罚金。

根据我国刑法修正案(四)第 7 条第 4 款的规定，盗伐国家级自然保护区内的森林或者其他林木的，从重处罚。

十四、滥伐林木罪

滥伐林木罪，是指违反森林法的规定，滥伐森林或者其他林木，数量较大的行为。

本罪侵犯的客体是国家森林保护制度。犯罪客观方面表现为行为人违反森林法的规定，实施了滥伐森林或者其他林木的行为。滥伐是指未经林业主管部门批准并颁发采伐许可证，或者虽持有许可证，但未按许可证的要求而任意采伐本单位所有或者经营管理的以及本人自有的林木。本罪的行为具有以下两种情形：(1) 未经林业行政主管部门及法律规定的其他主管部门批准并核发林木采伐许可证，或者虽然持有林木采伐许可证，但违反林木采伐许可证规定的时间、数量、树种或者方式，任意采伐本单位所有或者本人所有的森林或者其他林木的。(2) 超过林木采伐许可证规定的数量采伐他人所有的森林或者其他林木的。构成本罪必须达到数量较大的程度。所谓"数量较大"，根据我国司法解释的规定，以 10 至 20 立方米或者幼树 500 到 1 000 株为起点。犯罪主体是一般主体，既可以是自然人，也可以是单位。犯罪主观方面是故意。

根据我国刑法第 345 条[刑法修正案(四)第 7 条]第 2 款之规定，犯滥伐林木罪的，处 3 年以下有期徒刑、拘役或者管制，并处或者单处罚金；数量巨大的，处 3 年以上 7 年以下有期徒刑，并处罚金。刑法第 346 条规定，单位犯本罪的，对单位判处罚金，并对其直接负责的主管人员和其他直接负责人员，依照个人犯罪的规定处罚。

根据我国刑法修正案(四)第 7 条第 4 款的规定，滥伐国家级自然保护区内的森林或者其他林木的，从重处罚。

十五、非法收购盗伐、滥伐的林木罪

非法收购盗伐、滥伐的林木罪，是指非法收购明知是盗伐、滥伐的林木，情节严重的行为。

本罪侵犯的客体是国家森林保护制度。犯罪客观方面表现为行为人实施了非法收购盗伐、滥伐的林木的行为。构成本罪必须达到情节严重，所谓"情节严重"，根据我国司法解释的规定，是指具有下列情形之一：(1) 非法收购盗伐、滥伐的林木 20 立方米以上或者幼树 1 000 株以上的；(2) 非法收购盗伐、滥伐的珍贵树木 2 立方米以上或者 5 株以上的；(3) 其他情节严重的情形。犯罪主体是一般主体，既可以是自然人，也可以是单位。犯罪主观方面是故意，即明知是盗伐、滥伐的林木而予以非法收购的主观心理状态。

根据我国刑法第 345 条[刑法修正案(四)第 7 条]第 3 款之规定,犯非法收购盗伐、滥伐的林木罪的,处 3 年以下有期徒刑、拘役或者管制,并处或者单处罚金;情节特别严重的,处 3 年以上 7 年以下有期徒刑,并处罚金。刑法第 346 条规定,单位犯本罪的,对单位判处罚金,并对其直接负责的主管人员和其他直接责任人员,依照个人犯罪的规定处罚。

第八节　走私、贩卖、运输、制造毒品罪

一、走私、贩卖、运输、制造毒品罪

走私、贩卖、运输、制造毒品罪,是指走私、贩卖、运输、制造鸦片、海洛因、甲基苯丙胺(冰毒)、吗啡、大麻、可卡因和其他毒品的行为。

本罪侵犯的客体是国家的毒品管理制度。所谓毒品,是指鸦片、海洛因、甲基苯丙胺(冰毒)、吗啡、大麻、可卡因以及国家规定管制的其他能够使人形成瘾癖的麻醉药品和精神药品。犯罪客观方面表现为行为人实施了走私、贩卖、运输、制造毒品的行为。本罪的行为具有以下 4 种情形:(1) 走私毒品,是指违反海关法规,非法运输、携带、邮寄国家禁止进出口的毒品进出国(边)境,逃避海关监管。此外,直接向走私人非法收购走私禁品的毒品,或者在内海、领海运输、收购、贩卖毒品的,也属于走私毒品的行为。(2) 贩卖毒品,是指在境内非法转手倒卖或者销售自行制造的毒品。(3) 运输毒品,是指自身或者利用他人携带,或者伪装后以合法形式交邮政、交通部门邮寄、托运毒品。(4) 制造毒品,是指非法从毒品原植物中提炼毒品,或者用化学合成方法加工、配制毒品。本罪是选择性罪名,只要实施上述四种行为之一的均构成本罪。本罪的犯罪主体是一般主体,既可以是自然人也可以是单位。根据刑法第 17 条第 1 款的规定,已满 14 周岁不满 16 周岁的具有刑事责任能力的人实施贩卖毒品行为的,以本罪论处。犯罪主观方面是故意。

我国刑法第 347 条第 7 款规定:"对多次走私、贩卖、运输、制造毒品,未经处理的,毒品数量累计计算。"毒品数量之所以应当累计计算,是因为对毒品犯罪是以毒品数量行为定罪量刑标准的,只有累计计算才能对毒品犯罪正确地定罪量刑。刑法第 357 条第 2 款规定:"毒品的数量以查证属实的走私、贩卖、运输、制造、非法持有毒品的数量计算,不以纯度折算。"按照这一规定,从被查获的毒品的实际数量计算,对查获的掺入非毒成分的毒品不作提纯计算。

根据我国刑法第 347 条第 2 款之规定,犯走私、贩卖、运输、制造毒品罪,有下列情形之一的,处 15 年有期徒刑、无期徒刑或者死刑,并处没收财产:(1) 走私、贩卖、运输、制造鸦片 1 千克以上、海洛因或者甲基苯丙胺 50 克以上或者其他毒品数量大的;这里的其他毒品数量大,根据我国司法解释的规定,是指下列情形之一的:① 苯丙胺类毒品(甲基苯丙胺除外)100 克以上;② 大麻油 5 千克、大麻脂 10 千克、大麻叶及大麻烟 150 千克以上;③ 可卡因 50 克以上;④ 吗啡 100 克以上;⑤ 度冷丁(杜冷丁)250 克以上(针剂 100 mg/支规格的 2 500 支以上,50 mg/支规格的 5 千克以上;片剂 25 mg/片规格的 1 万片以上,50 mg/片规格的 5 000 片以上);⑥ 盐酸二氢埃托啡 10 毫克以上(针剂或者片剂 20 μg/支、片规格的

500 支片以上)；⑦ 咖啡因 200 千克以上；⑧ 罂粟壳 200 千克以上；⑨ 上述毒品以外的其他毒品数量大的。(2) 走私、贩卖、运输、制造毒品集团的首要分子；(3) 武装掩护走私、贩卖、运输、制造毒品的；(4) 以暴力抗拒检查、拘留、逮捕，情节严重的；(5) 参与有组织的国际贩毒活动的。

第 3 款规定，走私、贩卖、运输、制造鸦片 200 克以上不满 1 千克、海洛因或者甲基苯丙胺 10 克以上不满 50 克或者其他毒品数量较大的，处 7 年以上有期徒刑，并处罚金。这里的其他毒品数量较大，根据我国司法解释的规定，是指下列情形之一的：① 苯丙胺类毒品(甲基苯丙胺除外)20 克以上不满 100 克；② 大麻油 1 千克以上不满 5 千克，大麻脂 2 千克以上不满 10 千克，大麻叶及大麻烟 30 千克以上不满 150 千克；③ 可卡因 10 克以上不满 50 克；④ 吗啡 20 克以上不满 100 克；⑤ 度冷丁(杜冷丁)50 克以上不满 250 克(针剂 100 mg/支规格的 500 支以上不满 2 500 支，50 mg/支规格的 1 000 支以上不满 5 000 支；片剂 25 mg/片规格的 2 000 片以上不满 1 万片，50 mg/片规格的 1 000 片以上不满 5 000 片)；⑥ 盐酸二氢埃托啡 2 毫克以上不满 10 毫克(针剂或者片剂 20 μg/支、片规格的 100 支、片以上不满 500 支、片)；⑦ 咖啡因 50 千克以上不满 200 千克；⑧ 罂粟壳 50 千克以上不满 200 千克；⑨ 上述毒品以外的其他毒品数量较大的。

第 4 款规定，走私、贩卖、运输、制造鸦片不满 200 克、海洛因或者甲基苯丙胺不满 10 克或者其他少量毒品的，处 3 年以下有期徒刑、拘役或者管制，并处罚金；情节严重的，处 3 年以上 7 年以下有期徒刑、拘役或者管制，并处罚金。这里的情节严重，是指具有下列情形之一的：(1) 走私、贩卖、运输、制造鸦片 140 克以上，不满 200 克、海洛因或者甲基苯丙胺 7 克以上不满 10 克或者其他数量相当毒品的；(2) 国家工作人员走私、制造、运输、贩卖毒品的；(3) 在戒毒监管场所贩卖毒品的；(4) 向多人贩毒或者多次贩毒的；(5) 其他情节严重的行为。

第 5 款规定，单位犯第 2 款、第 3 款、第 4 款罪的，对单位判处罚金，并对其直接负责的主管人员和其他直接责任人员，依照各该款的规定处罚。

第 6 款规定："利用、教唆未成年人走私、贩卖、运输、制造毒品，或者向未成年人出售毒品的，从重处罚。"

二、非法持有毒品罪

非法持有毒品罪，是指明知是鸦片、海洛因、甲基苯丙胺或者其他毒品，而非法持有数量较大的行为。

本罪侵犯的客体是国家毒品管理制度。犯罪对象是国家禁止个人非法持有的毒品。犯罪客观方面表现为行为人实施了非法持有毒品的行为。持有是指对毒品实际占有、携带、藏有或者以其他方法持有。本罪是数额犯，即非法持有的毒品必须达到毒品数量大的标准，才构成本罪。毒品数量大，是指非法持有下列毒品：(1) 苯丙胺类毒品(甲基苯丙胺除外)100 克以上；(2) 大麻油 5 千克、大麻脂 10 千克、大麻叶及大麻烟 150 克以上；(3) 可卡因 50 克以上；(4) 吗啡 100 克以上；(5) 度冷丁(杜冷丁)250 克以上(针剂 100 mg/支规格的 2 500 支以上，50 mg/克规格的 5 000 支以上；片剂 25 mg/片规格的 1 万片以上，50 mg/片规格的 5 000 片以上)；(6) 盐酸二氢埃托啡 10 毫克以上(针剂或者片剂 20 mg/支、片规格的 500 支、片以上)；(7) 咖啡因 200 千克以上；(8) 罂粟壳 200 千克以上；(9) 上述毒品以外的其他毒品数量大的。犯罪主体是一般主体。犯罪主观方面是故意。

根据我国刑法第 348 条之规定,犯非法持有毒品罪的,处 7 年以上有期徒刑或者无期徒刑,并处罚金;非法持有鸦片 200 克以上不满 1 千克、海洛因或者甲基苯丙胺 10 克以上不满 50 克或者其他毒品数量较大的,处 3 年以下有期徒刑、拘役或者管制,并处罚金,情节严重的,处 3 年以上 7 年以下有期徒刑,并处罚金。

三、包庇毒品犯罪分子罪

包庇毒品犯罪分子罪,是指明知是走私、贩卖、运输、制造毒品的犯罪分子,而向司法机关作假证明,掩盖其罪行,或者帮助其湮灭罪证,以使其逃避法律制裁的行为。

本罪侵犯的客体是国家司法机关同毒品犯罪作斗争的正常活动。行为人包庇的对象限于走私、贩卖、运输、制造毒品的犯罪分子。犯罪客观方面表现为行为人实施了包庇毒品犯罪分子的行为。包庇是指向司法机关作假证明,掩盖其罪行,或者帮助其湮灭罪证,以使其逃避法律制裁。犯罪主体是一般主体。犯罪主观方面是故意。

根据我国刑法第 349 条第 1 款之规定,犯包庇毒品犯罪分子罪的,处 3 年以下有期徒刑、拘役或者管制;情节严重的,处 3 年以上 10 年以下有期徒刑。第 2 款规定,缉毒人员或者其他国家机关工作人员掩护、包庇走私、贩卖、运输、制造毒品的犯罪分子的,依照前款的规定从重处罚。

四、窝藏、转移、隐瞒毒品、毒赃罪

窝藏、转移、隐瞒毒品、毒赃罪,是指明知是毒品或者毒品犯罪所得财物而为犯罪分子窝藏、转移、隐瞒的行为。

本罪侵犯的客体是国家司法机关同毒品犯罪作斗争的正常活动。犯罪客观方面表现为行为人实施了为犯罪分子窝藏、转移、隐瞒毒品、毒赃的行为。犯罪主体是一般主体。犯罪主观方面是故意。

根据我国刑法第 349 条第 1 款之规定,犯窝藏、转移、隐瞒毒品、毒赃罪的,处 3 年以下有期徒刑、拘役或者管制;情节严重的,处 3 年以上 10 年以下有期徒刑。

五、走私制毒物品罪

走私制毒物品罪,是指违反国家规定,非法运输、携带醋酸酐、乙醚、三氯甲烷或者其他用于制造毒品的原料或者配剂,进出国(边)境的行为。

本罪侵犯的客体是国家对制毒物品的管理制度。所谓制毒物品,是指醋酸酐、乙醚、三氯甲烷或者其他用于制造毒品的原料或者配剂。这里的用于制造毒品的原料或者配剂,是指提炼、分解毒品使用的原材料及辅助性配料。犯罪客观方面表现为行为人实施了走私制毒物品的行为。构成本罪必须达到下列数量标准:(1) 麻黄碱、伪麻黄碱及其盐类和单方制剂 5 千克以上不满 50 千克;麻黄浸膏,麻黄浸膏粉 100 千克以上不满 2 000 千克;(2) 醋酸酐、三氯甲烷 200 千克以上不满 2 000 千克;(3) 乙醚 400 千克以上不满 3 000 千克;(4) 上述原料或者配剂以外其他相当数量的用于制造毒品的原料或者配剂。犯罪主体是一般主体,自然人和单位均可构成本罪。犯罪主观方面是故意,即明知是制毒物品而进行走私的主观心理状态。

根据我国刑法第 350 条第 1 款之规定,犯走私制毒物品罪的,处 3 年以下有期徒刑、拘役或者管制，并处罚金；制毒物品数量大的，处 3 年以上 10 年以下有期徒刑，并处罚金。第 3 款规定，单位犯本罪的，对单位判处罚金，并对其直接负责的主管人员和其他直接责任人员，依照个人犯罪的规定处罚。

六、非法买卖制毒物品罪

非法买卖制毒物品罪，是指违反国家规定，在境内非法买卖醋酸酐、乙醚、三氯甲烷或者其他用于制造毒品的原料或者配剂的行为。

本罪侵犯的客体是国家对制毒物品的管制。犯罪客观方面表现为行为人实施了非法买卖醋酸酐、乙醚、三氯甲烷或者其他用于制造毒品的原料或者配剂的行为。这里的非法买卖，是指未经批准进行制毒物品的经营，或者经国家确定的有权买卖的单位违反规定，超量经营。犯罪主体是一般主体，自然人或单位均可成为本罪的主体。犯罪主观方面是故意。

根据我国刑法第 350 条第 1 款之规定，犯非法买卖制毒物品罪的，处 3 年以下有期徒刑、拘役或者管制，并处罚金；数量大的，处 3 年以上 10 年以下有期徒刑，并处罚金。第 3 款规定，单位犯本罪的，对单位判处罚金，并对直接负责的主管人员和其他直接责任人员，依照个人犯罪的规定处罚。

犯非法买卖制毒物品罪而数量大的，是本罪的加重处罚事由。这里的数量大，根据我国司法解释的规定，是指超过前款所列数量标准，即：(1) 麻黄碱、伪麻黄碱及其盐类和单方制剂 50 千克以上；麻黄浸膏、麻黄浸膏粉 1 000 千克以上；(2) 醋酸酐、三氯甲烷 2 000 千克以上；(3) 乙醚 3 000 千克以上；(4) 其他用于制造毒品的原料或者配剂数量大的。

七、非法种植毒品原植物罪

非法种植毒品原植物罪，是指明知是罂粟、大麻等毒品原植物而非法种植，数量较大，或者经公安机关处理后又种植，或者抗拒铲除的行为。

本罪侵犯的客体是国家毒品原植物种植的管理制度。本罪的犯罪对象是限于罂粟、大麻等毒品原植物。犯罪客观方面表现为行为人实施了非法种植毒品原植物的行为。构成本罪必须具有下列情形之一：(1) 种植罂粟 500 株以上不满 3 000 株或者其他毒品原植物数量较大的。(2) 经公安机关处理后又种植的。(3) 抗拒铲除的。抗拒铲除是指非法种植毒品原植物，经公安机关发现后予以强制铲除或者强制其铲除而以暴力相对抗，拒不铲除。在这种情况下，即使种植数量不大，也构成本罪。犯罪主体是一般主体。犯罪主观方面是故意。

根据我国刑法第 351 条第 1 款之规定，犯非法种植毒品原植物罪的，处 5 年以下有期徒刑、拘役或者管制，并处罚金。第 2 款规定，非法种植罂粟 3 000 株以上或者其他毒品原植物数量大的，处 5 年以上有期徒刑，并处罚金或者没收财产。第 3 款规定，非法种植罂粟或者其他毒品原植物，在收获前自动铲除的，可以免除处罚。

八、非法买卖、运输、携带、持有毒品原植物种子、幼苗罪

非法买卖、运输、携带、持有毒品原植物种子、幼苗罪，是指违反国家规定，非法买卖、运输、携带、持有未经灭活的罂粟等毒品原植物种子或者幼苗，数量较大的行为。

本罪侵犯的客体是国家毒品管制制度。犯罪对象是未经灭活的罂粟等毒品原植物种子、幼苗。犯罪客观方面表现为行为人实施了非法买卖、运输、携带、持有毒品原植物种子、幼苗的行为。本罪为数额犯，即只有行为人的行为达到数额较大的，才构成本罪。犯罪主体是一般主体。犯罪主观方面是故意。

根据我国刑法第 352 条之规定，犯非法买卖、运输、携带、持有毒品原植物种子、幼苗罪的，处 3 年以下有期徒刑、拘役或者管制，并处或者单处罚金。

九、引诱、教唆、欺骗他人吸毒罪

引诱、教唆、欺骗他人吸毒罪，是指以引诱、教唆、欺骗的方法，促使他人吸食、注射毒品的行为。

本罪侵犯的客体是国家毒品管制制度和他人身心健康。犯罪客观方面表现为行为人实施了引诱、教唆、欺骗他人吸食、注射毒品的行为。本罪是选择性罪名，行为人只要实施了前述行为之一的，就构成本罪。犯罪主体是一般主体。犯罪主观方面是故意。

根据我国刑法第 353 条第 1 款之规定，犯引诱、教唆、欺骗他人吸毒罪的，处 3 年以下有期徒刑、拘役或者管制，并处罚金；情节严重的，处 3 年以上 7 年以下有期徒刑，并处罚金。第 3 款规定，引诱、教唆、欺骗未成年人吸食、注射毒品的，从重处罚。

十、强迫他人吸毒罪

强迫他人吸毒罪，是指违背他人意志，以暴力、威胁或者其他方法，迫使他人吸食、注射毒品的行为。

本罪侵犯的客体是国家毒品管制制度和他人的身心健康。犯罪客观方面表现为行为人违背他人意志，以暴力、威胁或者其他方法，实施了迫使他人吸食、注射毒品的行为。犯罪主体是一般主体。犯罪主观方面是故意。

根据我国刑法第 353 条第 2 款之规定，犯强迫他人吸毒罪的，处 3 年以上 10 年以下有期徒刑，并处罚金。第 3 款规定，强迫未成年人吸食、注射毒品的，从重处罚。

十一、容留他人吸毒罪

容留他人吸毒罪，是指为他人吸食、注射毒品提供场所的行为。

本罪侵犯的客体是国家毒品管制制度和他人的身心健康。犯罪客观方面表现为行为人实施了为他人吸食、注射毒品提供场所的行为。本罪属于行为犯，原则上只要行为人实施了容留他人吸食、注射毒品的行为，便成立本罪。犯罪主体是一般主体。犯罪主观方面是故意。

根据我国刑法第 354 条之规定，犯容留他人吸毒罪的，处 3 年以下有期徒刑、拘役或者管制，并处罚金。

十二、非法提供麻醉药品、精神药品罪

非法提供麻醉药品、精神药品罪，是指依法从事生产、运输、管理、使用国家管制的麻醉

药品、精神药品的人员，违反国家规定，向吸食、注射毒品的人提供国家规定管制的能够使人形成瘾癖的麻醉药品、精神药品的行为。

本罪侵犯的客体是国家毒品管制制度。犯罪客观方面表现为行为人实施了非法向他人提供麻醉药品、精神药品的行为。犯罪主体是特殊主体，即依法从事生产、运输、管理、使用国家管制的麻醉药品、精神药品的人员。犯罪主观方面是故意。

根据我国刑法第 355 条第 1 款之规定，犯非法提供麻醉药品、精神药品罪的，处 3 年以下有期徒刑或者拘役，并处罚金；情节严重的，处 3 年以上 7 年以下有期徒刑，并处罚金。第 2 款规定，单位犯本罪的，对单位判处罚金，并对其直接负责的主管人员和其他直接责任人员，依照个人犯罪的规定处罚。

第九节　组织、强迫、引诱、容留、介绍卖淫罪

一、组织卖淫罪

组织卖淫罪，是指以招募、雇用、强迫、引诱、容留等手段，控制多人从事卖淫的行为。

本罪侵犯的客体是社会主义的道德风尚。本罪的犯罪对象一般是女性，但男性也能成为本罪的对象。犯罪客观方面表现为行为人实施了组织他人卖淫的行为。组织，是指以招募、雇用、强迫、引诱、容留等手段，控制多人从事卖淫活动。组织他人卖淫的行为既可以是一个人，也可以是多人。值得注意的是，对于本罪而言，只处罚组织者，对一般从事卖淫者不以犯罪论处。本罪属于行为犯，只要行为人实施了组织他人卖淫的行为，便足以构成本罪。犯罪主体是一般主体。犯罪主观方面是故意。

根据我国刑法第 358 条第 1 款之规定，犯组织卖淫罪的，处 5 年以上 10 年以下有期徒刑，并处罚金；情节严重的，处 10 年以上有期徒刑或者无期徒刑，并处罚金或者没收财产。第 2 款规定，犯本罪，情节特别严重的，处无期徒刑或者死刑，并处没收财产。

二、强迫卖淫罪

强迫卖淫罪，是指以暴力、胁迫或者其他方法，迫使他人卖淫的行为。

本罪侵犯的客体是社会主义的道德风尚和公民的人身权利。犯罪对象包括女性和男性。犯罪客观方面表现为行为人实施了强迫他人卖淫的行为。所谓“强迫”，是指以暴力、胁迫或者其他方法，迫使他人卖淫。犯罪主体是一般主体。犯罪主观方面是故意。

根据我国刑法第 358 条第 1 款之规定，犯强迫卖淫罪的，处 5 年以上 10 年以下有期徒刑，并处罚金；有下列情形之一的，处 10 年以上有期徒刑或者无期徒刑：(1) 强迫不满 14 周岁的幼女卖淫的；(2) 强迫多人卖淫或者多次强迫他人卖淫的；(3) 强奸后迫使卖淫的；(4) 造成被强迫卖淫的人重伤、死亡或者其他严重后果的。第 2 款规定，犯本罪，情节特别严重的，处无期徒刑或者死刑，并处没收财产。

三、协助组织卖淫罪

协助组织卖淫罪，是指在组织他人卖淫的犯罪中进行协助活动的行为。

本罪侵犯的客体是社会主义的道德风尚。犯罪客观方面表现为行为人实施了协助他人组织卖淫的行为。所谓协助，是指行为人为组织卖淫的犯罪分子提供某种方便。由于立法者将此种“协助”行为作为一种独立的犯罪加以规定，它不再是一般共同犯罪中的帮助行为，而是一个独立的罪名。犯罪主体是一般主体。犯罪主观方面是故意。

根据我国刑法第 358 条第 3 款之规定，犯协助组织卖淫罪的，处 5 年以下有期徒刑，并处罚金；情节严重的，处 5 年以上有期徒刑，并处罚金。

四、引诱、容留、介绍卖淫罪

引诱、容留、介绍卖淫罪，是指以金钱、物质或者其他利益为手段，诱使他人卖淫，或者为他人卖淫提供场所，或者为卖淫的人与嫖客牵线搭桥的行为。

本罪侵犯的客体是社会主义道德风尚。犯罪客观方面表现为行为人实施了引诱、容留、介绍他人卖淫的行为。本罪是选择性罪名，“引诱”、“容留”、“介绍”这三种行为只要实施其中之一，便构成本罪。犯罪主体是一般主体。犯罪主观方面是故意。

根据我国刑法第 359 条第 1 款之规定，犯引诱、容留、介绍卖淫罪的，处 5 年以下有期徒刑、拘役或者管制，并处罚金；情节严重的，处 5 年以上有期徒刑，并处罚金。

五、引诱幼女卖淫罪

引诱幼女卖淫罪，是指引诱不满十四周岁的幼女卖淫的行为。

本罪侵犯的客体是社会主义的道德风尚和幼女的身心健康。其犯罪对象限于不满 14 周岁的幼女。犯罪客观方面表现为行为人实施了引诱幼女卖淫的行为。犯罪主体是一般主体。犯罪主观方面是故意。

根据我国刑法第 359 条第 2 款之规定，犯引诱妇女卖淫罪的，处 5 年以上有期徒刑，并处罚金。

六、传播性病罪

传播性病罪，是指明知自己患有梅毒、淋病等严重性病而进行卖淫、嫖娼的行为。

本罪侵犯的客体是社会主义的道德风尚和公民的人身健康权利。犯罪客观方面表现为行为人在明知自己患有梅毒、淋病等严重性病的情况下而卖淫或者嫖娼。本罪是选择性罪名，只要实施上述行为之一，就可以构成本罪。犯罪主体是一般主体。犯罪主观方面是故意，即明知自己患有梅毒、淋病等严重性病而进行卖淫、嫖娼的主观心理状态。

根据我国刑法第 360 条第 1 款之规定，犯传播性病罪的，处 5 年以下有期徒刑，拘役或者管制，并处罚金。

七、嫖宿幼女罪

嫖宿幼女罪，是指明知是不满14周岁的幼女而嫖宿的行为。

本罪侵犯的客体是社会主义的道德风尚和幼女的身心健康。其犯罪对象是不满14周岁的幼女，否则不构成本罪。犯罪客观方面表现为行为人实施了嫖宿幼女的行为。犯罪主体是一般主体。犯罪主观方面是故意。

根据我国刑法第360条第2款之规定，犯嫖宿幼女罪的，处5年以上有期徒刑，并处罚金。

第十节 制作、贩卖、传播淫秽物品罪

一、制作、复制、出版、贩卖、传播淫秽物品牟利罪

制作、复制、出版、贩卖、传播淫秽物品牟利罪，是指以牟利为目的，制作、复制、出版、贩卖、传播淫秽物品的行为。

本罪侵犯的客体是社会主义的道德风尚和国家文化市场管理制度。犯罪客观方面表现为行为人实施了制作、复制、出版、贩卖、传播淫秽物品的行为。本罪是行为犯，属于选择性罪名，只要实施了上述行为之一，就构成本罪。所谓"淫秽物品"，是指具体描绘性行为或者露骨宣扬色情的诲淫性的书刊、影片、录像带、录音带、图片及其他淫秽物品。有关人体生理、医学知识的科学著作不是淫秽物品。包含有色情内容的有艺术价值的文学、艺术作品不视为淫秽物品。犯罪主体是一般主体，既可以是自然人，也可以是单位。犯罪主观方面是故意，并具有牟利的目的。

根据我国司法解释的规定，以牟利为目的，实施了下列情形之一的，就以本罪定罪处罚：(1) 制作、复制、出版淫秽影碟、软件、录像带50至100张(盒)以上，淫秽音碟、录音带100至200张(盒)以上，淫秽扑克、书刊、画册100至200副(册)以上，淫秽照片、画片500至1 000张以上的；(2) 贩卖淫秽影碟、软件、录像带100至200张(盒)以上，淫秽音碟、录音带200至400张(盒)以上，淫秽音碟、录音带200至400张(盒)以上，淫秽扑克、书刊、画册200至400副(册)以上，淫秽照片、画片1 000至2 000张以上的；(3) 向他人传播淫秽物品达200至500人次以上，或者组织播放淫秽影、像达10至20场次以上的；(4) 制作、复制、出版、贩卖、传播淫秽物品，获利5 000至1万元以上的。

根据我国刑法第363条第1款之规定，犯制作、复制、出版、贩卖、传播淫秽物品牟利罪的，处3年以下有期徒刑、拘役或者管制，并处罚金；情节严重的，处3年以上10年以下有期徒刑，并处罚金；情节特别严重的，处10年以上有期徒刑或者无期徒刑，并处罚金或者没收财产。第366条规定，单位犯本罪的，对单位判处罚金，并对其直接负责的主管人员和其他直接责任人员，依照个人犯罪的规定处罚。

所谓"情节严重"，是指具有下列情形之一：(1) 制作、复制、出版淫秽影碟、软件、录像

带 250 至 500 张(盒)以上,淫秽音碟、录音带 500 至 1 000 张(盒)以上,淫秽扑克、书刊、画册 500 至 1 000 副(册)以上,淫秽照片、画片 2 500 至 5 000 张以上的;(2) 贩卖淫秽影碟、软件、录像带 500 至 1 000 张(盒)以上,淫秽音碟、录音带 1 000 至 2 000 张(盒)以上,淫秽扑克、书刊、画册 1 000 至 2 000 副(册)以上,淫秽照片、画片 5 000 至 1 万张以上的;(3) 向他人传播淫秽物品达 1 000 至 2 000 人次以上,或者组织播放淫秽影、像达 50 至 100 场次以上的;(4) 制作、复制、出版、贩卖、传播淫秽物品,获利 3 万至 5 万元以上的。

所谓"情节特别严重",是指数量(数额)达到前款规定的数量(数额)5 倍以上。

二、为他人提供书号出版淫秽书刊罪

为他人提供书号出版淫秽书刊罪,是指工作严重不负责任,向他人提供书号,致使淫秽书刊出版的行为。

本罪侵犯的客体是国家书刊出版管理制度和社会主义的道德风尚。犯罪客观方面表现为行为人工作严重不负责任,实施了向他人提供书号,致使淫秽书刊出版的行为。犯罪主体是特殊主体,一般是新闻出版部门的管理人员或是单位。犯罪主观方面是过失。如果行为人故意为他人出版淫秽书刊提供书号,则应按出版淫秽物品罪论处。

根据我国刑法第 363 条第 2 款之规定,犯为他人提供书号出版淫秽书刊罪的,处 3 年以下有期徒刑、拘役或者管制,并处或者单处罚金。刑法第 366 条规定,单位犯本罪的,对单位判处罚金,并对其直接负责的主管人员和其他直接责任人员,依照个人犯罪的规定处罚。

三、传播淫秽物品罪

传播淫秽物品罪,是指不以牟利为目的,传播淫秽的书刊、影片、音像、图片或者其他淫秽物品,情节严重的行为。

本罪侵犯的客体是社会主义的道德风尚。犯罪客观方面表现为行为人实施了传播淫秽的书刊、影片、图片或者其他淫秽物品的行为。构成本罪必须达到情节严重的程度,所谓"情节严重",是指向他人传播淫秽的书刊、影片、音像、图片等出版物达 300 至 600 人次以上或者造成恶劣社会影响的等。犯罪主体为一般主体。犯罪主观方面是故意。

根据我国刑法第 364 条第 1 款之规定,犯传播淫秽物品罪的,处 2 年以下有期徒刑、拘役或者管制。刑法第 366 条规定,单位犯本罪的,对单位判处罚金,并对其直接负责的主管人员和其他直接责任人员,依照个人犯罪的规定处罚。

四、组织播放淫秽音像制品罪

组织播放淫秽音像制品罪,是指不以牟利为目的,组织播放淫秽的电影、录像等音像制品的行为。

本罪侵犯的客体是社会主义的道德风尚。犯罪客观方面表现为行为人实施了组织组织播放淫秽的电影、录像等音像制品的行为。组织播放,是指召集、安排多人播放、观看、收听。犯罪主体是一般主体,既可以是自然人,也可以是单位。犯罪主观方面是故意,且行为人不具有牟利目的。

根据我国刑法第364条第2款之规定，犯组织播放淫秽音像制品罪的，处3年以下有期徒刑、拘役或者管制，并处罚金；情节严重的，处3年以上10年以下有期徒刑，并处罚金。第3款规定，制作、复制淫秽的电影、录像等音像制品组织播放的，依照组织播放淫秽音像制品罪的规定，从重处罚。第4款规定，向不满18周岁的未成年人传播淫秽物品的，从重处罚。刑法第366条规定，单位犯本罪的，对单位判处罚金，并对其直接负责的主管人员和其他直接责任人员，依照个人犯罪的规定处罚。

五、组织淫秽表演罪

组织淫秽表演罪，是指组织诲淫性演出的行为。

本罪侵犯的客体是社会主义的道德风尚。犯罪客观方面表现为行为人实施了组织他人进行诲淫性表演的行为。犯罪主体是一般主体。犯罪主观方面是故意，即明知是组织淫秽表演的行为而有意实施的主观心理状态。

根据我国刑法第365条之规定，犯组织淫秽表演罪的，处3年以下有期徒刑、拘役或者管制，并处罚金；情节严重的，处3年以上10年以下有期徒刑，并处罚金。刑法第366条规定，单位犯本罪的，对单位判处罚金，并对其直接负责的主管人员和其他直接责任人员，依照个人犯罪的规定处罚。

第二十四章 危害国防利益罪

第一节 危害国防利益罪概述

一、危害国防利益罪的概念和构成

危害国防利益罪，是指违反国防法律法规，拒绝或者逃避履行国防义务，危害作战和军事行动，危害国防物质基础和国防建设活动，妨害国防管理秩序，损害部队声誉，依法应受刑罚处罚的行为。

本类罪的构成要件：

(1) 本类罪侵犯的客体是国防利益。

(2) 本类罪的客观方面表现为违反国防法律法规，拒绝或者逃避履行国防义务，危害作战和军事行动，危害国防物质基础和国防建设活动，妨害国防管理秩序，损害部队声誉的行为。

(3) 本类罪的主体多为一般主体，但也有少数罪只能由特殊主体才能构成。

(4) 本类罪的主观方面多为故意，有的犯罪还要求行为人具有营利的目的。

二、危害国防利益罪的分类

刑法分则第七章规定了危害国防利益罪，分为 14 个条文共 22 个罪名。具体包括：阻碍军人执行职务罪，阻碍军事行动罪，破坏武器装备、军事设施、军事通信罪，过失损害武器装备、军事设施、军事通信罪，故意提供不合格武器装备、军事设施罪，过失提供不合格武器装备、军事设施罪，聚众冲击军事禁区罪，聚众扰乱军事管理区秩序罪，冒充军人招摇撞骗罪，煽动军人逃离部队罪，雇用逃离部队军人罪，接送不合格兵员罪，伪造、变造、买卖武装部队公文、证件、印章罪和盗窃、抢夺武装部队公文、证件、印章罪，非法生产、买卖军用标志罪，战时拒绝、逃避征召、军事训练罪，战时拒绝、逃避服役罪，战时故意提供虚假敌情罪，战时造谣扰乱军心罪，战时窝藏逃离部队军人罪，战时拒绝、故意延误军事订货罪，战时拒绝军事征用罪。

第二节 危害国防利益罪分述

一、阻碍军人执行职务罪

阻碍军人执行职务罪，是指以暴力、威胁方法对依法执行军事职务的军人进行妨碍、阻挠的行为。

根据我国刑法第 368 条第 1 款之规定，犯阻碍军人执行职务罪的，处 3 年以下有期徒刑、拘役、管制或者罚金。

二、阻碍军事行动罪

阻碍军事行动罪，是指故意阻碍武装部队的军事行动，造成严重后果的行为。

根据我国刑法第 368 条第 2 款之规定，犯阻碍军事行动罪的，处 5 年以下有期徒刑或者拘役。

三、破坏武器装备、军事设施、军事通信罪

破坏武器装备、军事设施、军事通信罪，是指故意破坏武器装备、军事设施、军事通信，危害国防利益的行为。

根据我国刑法第 369 条第 1 款之规定，犯破坏武器装备、军事设施、军事通信罪的，处 3 年以下有期徒刑、拘役或者管制；破坏重要武器装备、军事设施、军事通信的，处 3 年以上 10 年以下有期徒刑；情节特别严重的，处 10 年以上有期徒刑、无期徒刑或者死刑。

四、过失损坏武器装备、军事设施、军事通信罪

过失损坏武器装备、军事设施、军事通信罪，是指过失损坏武器装备、军事设施、军事通信，危害国防利益，造成严重后果的行为。

根据我国刑法修正案（五）和刑法第 369 条第 2 款之规定，犯过失损坏武器装备、军事设施、军事通信罪，造成严重后果的，处 3 年以下有期徒刑或者拘役；造成特别严重后果的，处 3 年以上 7 年以下有期徒刑。战时从重处罚。

五、故意提供不合格武器装备、军事设施罪

故意提供不合格武器装备、军事设施罪，是指明知是不合格武器装备、军事设施而故意提供给武装部队的行为。

根据我国刑法第 370 条第 1 款之规定，犯故意提供不合格武器装备、军事设施罪的，处

5年以下有期徒刑或者拘役;情节严重的,处5年以上10年以下有期徒刑;情节特别严重的,处10年以上有期徒刑、无期徒刑或者死刑。

六、过失提供不合格武器装备、军事设施罪

过失提供不合格武器装备、军事设施罪,是指由于过失而向武装部队提供了不合格的武器装备、军事设施,并且造成严重后果的行为。

根据我国刑法第370条第2款之规定,犯过失提供不合格武器装备、军事设施罪的,处3年以下有期徒刑或者拘役;造成特别严重后果的,处3年以上7年以下有期徒刑或者拘役;造成特别严重后果的,处3年以上7年以下有期徒刑。

七、聚众冲击军事禁区罪

聚众冲击军事禁区罪,是指聚众冲击军事禁区,严重扰乱军事禁区秩序的行为。

根据我国刑法第371条第1款之规定,犯聚众冲击军事禁区罪的,对首要分子处5年以上10年以下有期徒刑;其他积极参加的,处5年以下有期徒刑、拘役、管制或者剥夺政治权利。

八、聚众扰乱军事管理区秩序罪

聚众扰乱军事管理区秩序罪,是指聚众扰乱军事管理区秩序,情节严重,致使军事管理区工作无法正常进行,造成严重损失的行为。

根据我国刑法第371条第2款之规定,犯聚众扰乱军事管理区秩序罪的,对首要分子处3年以上7年以下有期徒刑;对其他积极参加的,处3年以下有期徒刑、拘役、管制或者剥夺政治权利。

九、冒充军人招摇撞骗罪

冒充军人招摇撞骗罪,是指以谋取非法利益为目的,冒充军人招摇撞骗的行为。

根据我国刑法第372条之规定,犯冒充军人招摇撞骗罪的,处3年以下有期徒刑、拘役、管制或者剥夺政治权利;情节严重的,处3年以上10年以下有期徒刑。

十、煽动军人逃离部队罪

煽动军人逃离部队罪,是指以口头、书面等形式唆使、鼓动现役军人逃离部队,情节严重的行为。

根据我国刑法第373条之规定,犯煽动军人逃离部队罪的,处3年以下有期徒刑、拘役或者管制。

十一、雇用逃离部队军人罪

雇用逃离部队军人罪,是指明知是逃离部队的军人而雇用,情节严重的行为。

根据我国刑法第 373 条之规定，犯雇用逃离部队军人罪的，处 3 年以下有期徒刑、拘役或者管制。

十二、接送不合格兵员罪

接送不合格兵员罪，是指在征兵工作中徇私舞弊，接送不合格兵员入伍，情节严重的行为。

根据我国刑法第 374 条之规定，犯接送不合格兵员罪的，处 3 年以下有期徒刑或者拘役；造成特别严重后果的，处 3 年以上 7 年以下有期徒刑。

十三、伪造、变造、买卖武装部队公文、证件、印章罪和盗窃、抢夺武装部队公文、证件、印章罪

根据我国刑法第 375 条第 1 款之规定，犯伪造、变造、买卖武装部队公文、证件、印章罪和盗窃、抢夺武装部队公文、证件、印章罪的，处 3 年以下有期徒刑、拘役、管制或者剥夺政治权利；情节严重的，处 3 年以上 10 年以下有期徒刑。

十四、非法生产、买卖军用标志罪

非法生产、买卖军用标志罪，是指非法生产、买卖武装部队制式服装、车辆号牌等专用标志，情节严重的行为。

根据我国刑法第 375 条第 2 款之规定，犯非法生产、买卖军用标志罪的，处 3 年以下有期徒刑、拘役或者管制，可以并处或者单处罚金。单位犯本罪的，对单位判处罚金，并对直接负责的主管人员和其他直接责任人员，依照上述规定处罚。

十五、战时拒绝、逃避征召、军事训练罪

战时拒绝、逃避、征召、军事训练罪，是指预备役人员在战时拒绝、逃避征召或者军事训练，情节严重的行为。

根据我国刑法第 376 条第 1 款之规定，犯战时拒绝、逃避征召、军事训练罪的，处 3 年以下有期徒刑或者拘役。

十六、战时拒绝、逃避服役罪

战时拒绝、逃避服役罪，是指公民在战时拒绝、逃避服役，情节严重的行为。

根据我国刑法第 376 条第 2 款之规定，犯战时拒绝、逃避服役罪的，处 2 年以下有期徒刑或者拘役。

十七、战时故意提供虚假敌情罪

战时故意提供虚假敌情罪，是指战时故意向武装部队提供虚假敌情，造成严重后果的

行为。

根据我国刑法第377条之规定，犯战时故意提供虚假敌情罪的，处3年以上10年以下有期徒刑；造成特别严重后果的，处10年以上有期徒刑或者无期徒刑。

十八、战时造谣扰乱军心罪

战时造谣扰乱军心罪，是指战时造谣惑众、扰乱军心的行为。

根据我国刑法第378条之规定，犯战时造谣扰乱军心罪的，处3年以下有期徒刑、拘役或者管制；情节严重的，处3年以上10年以下有期徒刑。

十九、战时窝藏逃离部队军人罪

战时窝藏逃离部队军人罪，是指战时明知是逃离部队的军人而为其提供隐蔽处所、财物，情节严重的行为。

根据我国刑法第379条之规定，犯战时窝藏逃离部队军人罪的，处3年以下有期徒刑或者拘役。

二十、战时拒绝、故意延误军事订货罪

战时拒绝、故意延误军事订货罪，是指战时拒绝或者故意延误军事订货，情节严重的行为。

根据我国刑法第380条之规定，犯战时拒绝、故意延误军事订货罪的，对单位判处罚金，并对其直接负责的主管人员和其他直接责任人员，处5年以下有期徒刑或者拘役；造成严重后果的，处5年以上有期徒刑。

二十一、战时拒绝军事征用罪

战时拒绝军事征用罪，是指战时拒绝军事征用，情节严重的行为。

根据我国刑法第381条之规定，犯战时拒绝军事征用罪的，处3年以下有期徒刑或者拘役。

第二十五章　贪污贿赂罪

第一节　贪污贿赂罪概述

一、贪污贿赂罪的概念和构成

贪污贿赂罪，是指国家工作人员利用职务上的便利，非法占有、使用公共财物，收受贿赂或者取得其他非法利益，侵害职务行为廉洁性的行为。

本类罪的构成要件：

(1) 犯罪侵犯的客体既包括国家机关、企业、事业单位、人民团体的正常管理活动，也包括国家工作人员职务行为的廉洁性。

(2) 客观方面表现为行为人利用职务上的便利，贪污公共财物、收受或索取贿赂、挪用公款或者实施其他贪利性行为，或者与此有关的行为。

(3) 本类罪的主体主要为特殊主体，即一般是由国家工作人员构成。但是也有的犯罪主体是一般主体。

(4) 本类罪的主观方面表现为故意。

二、贪污贿赂罪的种类

贪污贿赂罪是我国刑法分则第八章规定之罪，从第 382 条至第 396 条共 15 个条文，规定了 12 个罪名，可以划分为以下几类：

(1) 贪污、挪用犯罪：贪污罪、挪用公款罪、巨额财产来源不明罪、隐瞒境外存款罪、私分国有资产罪、私分罚没财物罪。

(2) 贿赂犯罪：受贿罪、单位受贿罪、行贿罪、对单位行贿罪、介绍贿赂罪、单位行贿罪。

贪污贿赂罪的法定最高刑是死刑，共有两个死刑罪名。其他罪名规定了无期徒刑、有期徒刑、拘役，部分罪名规定了罚金或者没收财产。

第二节 贪污贿赂罪分述

一、贪污罪

贪污罪，是指国家工作人员利用职务上的便利，侵吞、窃取、骗取或者以其他手段，非法占有公共财物的行为。

本罪侵犯的客体是国家公务人员的公务行为的廉洁性和公共财物的所有权。本罪的本质是对公务人员公务行为廉洁性的侵犯，其所侵犯财产的所有权属性上具有多样性。从我国的刑法规定来看，由于行为人主体身份的不同，其犯罪行为所侵犯的财产有公共财产和非公共财产之区别。具体来讲，国家工作人员犯本罪的，一般侵犯的是公共财产；如果是受国家机关、国有公司、企业、事业单位、人民团体委托管理、经营国有财物；我国刑法第 271 条规定，国有公司、企业或者其他国有单位委派到非国有公司、企业从事公务的人员侵占本单位财物构成犯罪的，应当以贪污罪论处，其犯罪对象则可能包括非国有的财物。根据我国刑法第 91 条的规定，所谓“公共财产”，是指国有财产、劳动群众集体所有的财产和用于扶贫和其他公益事业的社会捐助或者专项基金的财产。在国家机关、国有公司、企业、集体企业和人民团体管理、使用或者运输中的私人财产以公共财产论。

本罪的客观方面表现为行为人利用职务上的便利，侵吞、窃取、骗取、私分或者以其他手段，非法占有公共财物的行为。利用职务上的便利，是指利用本人职务范围内主管、管理、经营、经手公共财物的便利条件。

利用职务上的便利可以分为以下 4 种情形：(1) 利用主管公共财物的便利。(2) 利用管理公共财物的便利。(3) 利用经营公共财物的便利。(4) 利用经手公共财物的便利。

我国刑法明文列举了贪污行为的以下 4 种手段：(1) 侵吞。侵吞是指利用职务上的便利，采取涂改账目、收入不记账的方法，将本人依职务主管、管理、经手的公共财物非法占为己有。(2) 窃取。窃取是指利用职务上的便利，采取监守自盗的方法，将本人依职务主管、管理、经手的公共财物非法占为己有。(3) 骗取。骗取是指利用职务上的便利，虚构事实或者隐瞒真相的方法，将本人依职务主管、管理、经手的公共财物非法占为己有。(4) 其他手段。其他手段是指采取侵吞、窃取、骗取以外的方法，例如挪用公款以后携款逃跑等，将公共财物非法占为己有。根据我国刑法第 394 条的规定，国家工作人员在国内公务活动或者在对外交往中接受礼物，依照规定应当交公而不交公的，也是一种贪污的特殊手段。

本罪的主体是特殊主体，即国家工作人员或者受委托管理、经营国有财产的人员，贪污罪的主体具体包括以下两种人：

1. 国家工作人员

国家工作人员的本质特征是从事公务。这里的从事公务，是指代表国家机关、国有公司、企业、事业单位、人民团体等单位履行组织、领导、监督、具体负责某项工作等职责。履行组织、领导、监督职责的人员通常担任一定职务，主管本单位或者本部门的工作，根据我国刑法第 93 条的规定，国家工作人员，是指在国家机关中从事公务的人员。国有公司、企业、事业单位、人民团体中从事公务的人员和国家机关、国有公司、企业、事业单位委派到非国有公司、企业、事业单位、社会团体从事公务的人员，以及其他依照法律从事公务的人员，以国家工作人员论。由此可见，我国刑法中的国家工作人员又可以分为以下4种人员：

（1）国家机关工作人员，指各级国家权力机关、行政机关、审判机关、检察机关和军事机关中从事公务的人员。其他根据有关规定，参照国家公务员条例进行管理的人员，应当以国家机关工作人员论。例如，根据中央和国务院有关规定，参照国家公务员条例管理的各级党委、政协机关中从事公务的人员，应视为国家机关工作人员。此外，根据2002年12月28日全国人大常委会关于渎职罪主体、适用问题的解释，以下人员也视为国家机关工作人员：在依照法律、法规规定行使职权的组织中从事公务的人员，或者在受国家机关委托代表国家机关行使职权的组织中从事公务的人员，或者虽未列入国家机关人员编制，但在国家机关行使中行使职权的人员。

（2）国有公司、企业、事业单位、人民团体中从事公务的人员。这里的国有公司，是指依照公司法成立，财产全部属于国家所有的公司。国有资本控股及参股的股份有限公司不属于国有公司。国有企业，是指财产全部属于国家所有，从事生产、经营活动的营利性的非公司化经济组织。国有事业单位，是指受国家机关领导，财产属于国家所有的非生产、经营性单位，包括国有医院、科研机构、体育、广播电视、新闻出版等单位。人民团体，是指由国家组织成立的、财产属于国家所有的各种群众性组织，包括乡级以上工会、共青团、妇联等组织。

（3）国家机关、国有公司、企业、事业单位委派到非国有公司、企业、事业单位、社会团体从事公务的人员，这里的委派，是指受有关国有单位委任而派往非国有单位从事公务。被委派的人员，在被委派以前可以是国家工作人员，也可以是非国家工作人员。不论被委派以前具有何种身份，只要被有关国有单位委派到非国有单位从事公务，就应视为国家工作人员。

（4）其他依照法律从事公务的人员。这类人员的特征是，在一定条件下代表国家行使国家管理职能。根据全国人大常委会关于刑法第93条第2款的立法解释：村民委员会等村基层组织人员协助人民政府从事下列行政管理工作，属于刑法第93条第2款规定的“其他依照法律从事公务的人员”：① 救灾、抢险、防风、优抚、扶贫、移民、救济款物的管理；② 社会捐助公益事业款物的管理；③ 国有土地的经营和管理；④ 土地征用补偿费用的管理；⑤ 代征、代缴税款；⑥ 有关计划生育、户籍、征兵工作；⑦ 协助人民政府从事的其他行政管理工作。除上述立法解释确定的人员以外，其他依照法律从事公务的人员，还包括：① 依法履行职责的各级人民代表大会；② 依法履行职责的各级人民政协委员；③ 贪污履行审判职责的人民陪审员；④ 协助人民政府从事行政管理工作的居民委员会等基层组织人员；⑤ 其他由法律授权从事公务的人员。

2. 受委托管理、经营国有财产的人员

这里的受委托管理、经营国有财产的人员，是指受国家机关、国有公司、企业、事业单位、人民团体委托管理、经营国有财产的人员。这些人员主要是指以承包、租赁等方式，管理、经营国有公司、企业，或者其中的某个部门等，以承包人、租赁人的身份等，在承包、租赁合同约定的时间、权限范围内，管理、经营国有财产的人员。应当指出，受委托从事公务人员与受委派从事公务人员是有所不同的，受委托人员，不仅在被委托前不是国家工作人员，在被委托后也不是国家工作人员。因为委托是平等主体之间的一种民事法律关系。而受委派人员，无论在被委派前是否国家工作人员，在被委派后就成为国家工作人员。因为委派是一种行政法律关系，委派单位与被委派人员之间存在行政上的隶属关系。我国刑法第382条第2

款的规定是特别规定，通过这一规定使贪污罪的主体从国家工作人员扩大到受委托从事管理、经营国有财产的人员。因此，在其他以国家工作人员为主体的犯罪中，没有这种特别规定的，其主体范围不得扩大到受委托从事公务的人员。

贪污罪的犯罪主观方面是故意，并且具有非法占有公共财物的目的，即明知是公共财物而利用职务上的便利予以非法占有的主观心理状态。

在司法实践中，贪污罪的认定应当注意以下问题：

1. 共犯的认定

我国刑法第 382 条第 3 款规定：非国家工作人员与国家工作人员和受委托管理、经营国有财产的人员勾结，伙同贪污的，以共犯论处。贪污罪是身份犯，不具有这种身份的人教唆、帮助国家工作人员和受委托管理、经营国有财产的人员利用职务上的便利贪污公共财物的，应当以贪污罪的共犯论处。

如果不具有贪污罪的主体身份的人与国家工作人员和受委托管理、经营国有财产的人内外勾结，利用国家工作人员和受委托管理、经营国有财产人员的职务便利，共同侵吞、窃取、骗取或者以其他手段非法占有公共财物的，应如何处理，这是一个值得研究的问题。2000 年 6 月 27 日《最高人民法院关于审理贪污、职务侵占案件如何认定共同犯罪几个问题的解释》中规定："行为人与国家工作人员勾结，利用国家工作人员的职务便利，共同侵吞、窃取、骗取或者以其他手段非法占有公共财物的，以贪污罪共犯论处。"

该司法解释还规定："公司、企业或者其他单位中，不具有国家工作人员身份的人与国家工作人员勾结，分别利用各自的职务便利，共同将本单位财物非法占为己有的，按照主犯的犯罪性质定罪。"也就是说，主犯是国家工作人员的，对非国家工作人员应以贪污罪的共犯论处；主犯是非国家工作人员的，对国家工作人员应以职务侵占罪的共犯论处。当然，这种情况是应分别利用各自的职务便利为前提的。如果只利用国家工作人员的职务便利，则对非国家工作人员应以贪污罪的共犯论处；如果只利用非国家工作人员的职务便利，则对国家工作人员应以职务侵占罪的共犯论处。对于上述共同犯罪，以主犯的犯罪性质定罪。因此，主从犯的认定直接影响定罪。在司法实践中，区分主从犯有困难的，一般按照以下原则处理：(1) 根据行为人的职务高低确定主从犯，职务高的视为主犯；(2) 行为人职务相同的，根据行为人的职权与被占有财物的关系确定主从犯，行为人的职权与被占有财物联系更密切的，该行为人视为主犯。

2. 贪污数额的计算

我国刑法第 383 条第 3 款规定："对多次贪污未经处理的，按照累计贪污数额处罚。"贪污罪是数额犯，以个人贪污所得作为定罪量刑的根据。贪污数额，往往是多次贪污所得。根据刑法规定，只有对未经处理的贪污数额才能累计计算。这里的未经处理，是指贪污行为未被发现或者虽经发现但未给予刑事处罚。对于已经受过行政处分的贪污数额是否可以累计计算？一般认为，刑法规定的未经处理，仅指未经刑事处罚而不包括行政处分。因此，经行政处分的贪污数额仍应累计。多次贪污未经处理，按照累计贪污数额处罚，应遵循刑法关于追诉时效的规定，但追诉时效的起算应以最后一次贪污之日起计算。

根据我国刑法第 383 条之规定，犯贪污罪的，根据情节轻重，分别依照下列规定处罚：(1) 个人贪污数额在 10 万元以上的，处 10 年以上有期徒刑或者无期徒刑，可以并处没收财产；情节特别严重的，处死刑，并处没收财产。(2) 个人贪污数额在 5 万元以上不满 10 万元的，处 5 年以上有期徒刑，可以并处没收财产；情节特别严重的，处无期徒刑，并处没收财产。

(3) 个人贪污数额在 5 000 元以上不满 5 万元的，处 1 年以上 7 年以下有期徒刑；情节严重的，处 7 年以上 10 年以下有期徒刑。个人贪污数额在 5 000 元以上不满 1 万元，犯罪后有悔改表现、积极退赃的，可以减轻处罚或者免予刑事处罚，由其所在单位或者上级主管机关给予行政处分。(4) 个人贪污数额不满 5 000 元，情节较重的，处 2 年以下有期徒刑或者拘役；情节较轻的，由其所在单位或者上级主管机关酌情给予行政处分。

二、挪用公款罪

挪用公款罪，是指国家工作人员利用职务上的便利，挪用公款归个人使用，进行非法活动的，或者挪用公款数额较大、进行营利活动的，或者挪用公款数额较大、超过 3 个月未还的行为。

本罪侵犯的客体是国家公务人员公务行为的廉洁性和公款的所有权。本罪侵犯的对象仅限于公款，即国家、集体所有的货币、资金、用于扶贫和其他公益事业的社会捐助或者专项基金的货币、资金以及国家机关、国有公司、企业、集体企业和人民团体管理、使用或者运输中私人所有的货币。

本罪的客观方面表现为行为人利用职务上的便利，挪用公款归个人使用，进行非法活动的，或者挪用公款数额较大、进行营利活动的，或者挪用公款数额较大、超过 3 个月未还。这里的挪用，是指无权动用而不经批准许可，违反财经制度，擅自将公款挪作私用；或者虽有权动用，但违反财经制度，私自将公款挪作私用。

根据我国刑法规定，挪用公款罪必须是挪用公款归个人使用。这里的归个人使用既包括本人使用，也包括给他人使用。有下列情形之一的，属于挪用公款归个人使用：(1) 将公款供本人、亲友或者其他自然人使用的；(2) 以个人名义将公款供其他单位使用的；(3) 个人决定以单位名义将公款借其他单位使用，谋取个人利益的。这一立法解释的精神是：将公款给其他自然人使用的，都属于归个人使用，而无须以个人名义与谋取个人利益。以个人名义将公款供其他单位使用的，属于归个人使用，而无须谋取个人利益。个人决定以单位名义将公款供其他单位使用的，只有谋取个人利益的才属于归个人使用。应当指出，这里的单位，既包括私有公司、企业，也包括国有公司、企业以及集体公司、企业。

挪用公款的三种用途规定了构成犯罪的不同条件，这三种用途是：(1) 进行非法活动。这里的非法活动是指赌博、吸毒、嫖娼等为国家法律、行政法规所禁止的行为。挪用公款进行非法活动构成挪用公款罪，我国刑法第 384 条并未规定数额起点。挪用公款进行非法活动似乎没有数额起点，只要挪用公款，无论数额大小，一概定罪处罚，但这显然不是立法本意。司法解释规定，挪用公款进行非法活动的，以挪用公款 5 000 元至 1 万元作为追究刑事责任的数额起点。(2) 进行营利活动。根据我国司法解释的规定，挪用公款数额较大，归个人进行营利活动的，构成挪用公款罪，不受挪用时间和是否归还的限制。在案发前部分或者全部归还本息的，可以从轻处罚；情节轻微的，可以免除处罚。根据刑法第 384 条的规定，挪用公款进行营利活动，数额较大的才构成犯罪。根据我国司法解释，挪用公款 1 万元至 3 万元为数额较大的起点。(3) 归个人使用。根据刑法第 384 条的规定，挪用公款归个人使用，数额较大，超过 3 个月未还的才构成犯罪。这里的数额较大是指 1 万元至 3 万元。这里的超过 3 个月未还，是指自挪用公款之日起至案发之日，超过 3 个月未还。根据我国司法解释的规定，挪用正在生息或者需要支付利息的公款归个人使用，数额较大，超过 3 个月但在案发前全部归还本金的，可以从轻处罚或者免除处罚。给国家、集体造成的利息损失应予追缴。挪用公款数额巨大，超过3个月，案发前全部归还的，可以酌情从轻处罚。

挪用公物的行为是否构成挪用公款罪？在我国1989年司法解释中曾经规定，挪用公物，情节严重的，应以挪用公款罪论处。但2000年3月15日最高人民检察院《关于国家工作人员挪用非特定公物能否定罪的请示的批复》指出："刑法第384条规定的挪用公款罪中未包括挪用非特定公物归个人使用的行为，对该行为不以挪用公款罪论处。如构成其他犯罪的，依照刑法的相关规定定罪处罚。"如果挪用的是救灾、抢险、防汛、优抚、扶贫、移民、救济等特定公物的归个人使用的，则构成挪用公款罪，并且应当从重处罚。

本罪的主体是特殊主体，即国家工作人员。本罪的主观方面是故意，并且具有非法使用公款的目的。这里的故意，是指明知是公款而予以挪用的主观心理状态。

在司法实践中，认定挪用公款罪应当注意以下问题：

1. 挪用数额的累计计算

挪用公款是数额犯，司法解释规定："多次挪用公款不还，挪用公款数额累计计算，多次挪用公款，并以后次挪用的公款归还前次挪用的公款，挪用公款数额以案发时未还的实际数额认定。"根据这一规定，多次挪用公款的数额，在一般情况下应当累计计算，但如果是以后次挪用的公款归还前次挪用的公款，则不予累计，而以案发时未还的实际数额认定。

2. 挪用公款不退还

对于挪用公款不退还的，以贪污论处。这里的不退还，既包括主观上不想还，也包括客观上不能还。我国刑法第384条明确规定：挪用公款数额巨大不退还的，定挪用公款罪，处10年以上有期徒刑或者无期徒刑。

3. 挪用公款携款潜逃

在现实生活中，往往发生挪用公款后携款潜逃的情形，对此应如何定罪？司法解释规定：携带挪用的公款潜逃的，应以贪污论处。因为携款潜逃的，表明犯罪分子主观上不想归还，定贪污罪是适当的。对于潜逃之前挪用的公款，只要是因客观原因不能归还的，不能定贪污罪，只能定挪用公款罪。

4. 挪用公款罪的共犯

挪用公款罪是身份犯，但不具有这种身份的人伙同挪用的，应以挪用公款罪的共犯论处。我国司法解释规定："挪用公款给他人使用，使用人与挪用人共谋，指使或者参与策划取得挪用款的，以挪用公款罪的共犯定罪处罚。"这是关于使用人构成挪用公款罪共犯的规定。使用人只有与挪用人共谋，指使或者参与策划取得挪用款的，才构成挪用公款罪的共犯。

根据我国刑法第384条之规定，犯挪用公款罪的，处5年以下有期徒刑或者拘役；情节严重的，处5年以上有期徒刑。挪用公款数额巨大不退还的，处10年以上有期徒刑或者无期徒刑。挪用用于救灾、抢险、防汛、优抚、扶贫、移民、救济款物归个人使用的，从重处罚。

犯挪用公款而情节严重的，加重处罚。这里的情节严重，是指挪用公款数额巨大，或者数额虽未达到巨大，但挪用公款手段恶劣；多次挪用公款；因挪用公款严重影响生产、经营，造成严重损失等情形。这里的数额巨大，根据前引的司法解释规定，以挪用公款15万元至20万元为数额巨大。

三、受贿罪

受贿罪，是指国家工作人员利用职务上的便利，索取他人财物，或者非法收受他人财物，为他人谋取利益的行为。本罪具有如下构成特征：

本罪侵犯的客体是国家工作人员职务行为的廉洁性。我国刑法则将受贿的犯罪对象限定为财物，包括金钱、物品以及其他财产性利益，但不包括非财产性利益。

本罪的客观方面表现为行为人利用职务上的便利索取他人财物，或者非法收受他人财物，为他人谋取利益。受贿行为包括以下内容：

1. 利用职务上的便利

受贿罪的利用职务上的便利是指利用本人职务范围内的权力，即自己职务上主管、负责或者承办某项公共事务的职权及其所形成的便利条件。利用职权是利用本人职务范围内的权力，利用与职务有关的便利条件是指虽然不是直接利用职权，而是利用本人的职权或地位形成的便利条件。

2. 索取或者收受财物

我国刑法将索取与收受作为受贿行为的两种表现形式。索取是指主动索要并收取。因此，索取具有两个特点：一是主动性，是受贿人先提出贿赂的要求；二是由索要与收取两个行为构成，是一种复合行为。索取既可以是明示的，也可以是暗示的。无论是明示还是暗示，都应以索贿论处。收受是指被动地收取。因此，收受具有被动性，是在请托人主动交付贿赂的情况下消极地接受。

3. 为他人谋取利益

根据我国刑法的规定，索取财物构成的受贿罪不以为他人谋取利益为条件，而收受财物构成的受贿罪则以为他人谋取利益为条件。这里的为他人谋取利益，是指利用本人职务上的便利，为行贿人谋取各种好处，包括物质利益或者非物质利益。而且，无论这种利益是合法利益还是非法利益，均不影响受贿罪的成立。如果没有为他人谋取利益这一要件，即使收受他人财物的，也不构成受贿罪。

构成本罪必须是达到一定的数额，或者虽未达到此数额但情节较重。根据我国刑法第383条的规定，个人受贿数额5 000元以上的构成本罪，个人受贿数额不满5 000元，情节较重的，也构成本罪。

本罪的主体是特殊主体，即国家工作人员。关于离退休人员能否成为受贿罪的主体，根据我国司法解释的规定："国家工作人员利用职务上的便利为请托人谋取利益，并与请托人事先约定，在其离退休后收受财物，构成犯罪的，以受贿罪定罪处罚。"在上述情况下，虽然是在离退休后收受财物，但这是以其离退休前利用职务上的便利为他人谋取利益的为前提，侵犯了国家工作人员职务行为的廉洁性，因而构成受贿罪。应当指出，事先约定是上述情形构成受贿罪的必要条件。如果没有事先约定，在职时利用职务上的便利为请托人谋取利益，而在离退休后收受原请托人财物的，不能定受贿罪。在没有约定的情况下，在职时利用职务上的便利为请托人谋取利益，而在离退休后向原请托人索取财物的，一般也不宜以受贿罪定罪处罚。

本罪的主观方面是故意，即明知是利用职务上的便利索取他人财物或者收受他人财物为他人谋取利益的行为而有意实施的主观心理状态。

在司法实践中，认定受贿罪应当注意以下问题：

1. 回扣、手续费的性质

国家工作人员在经济往来中，违反国家规定，收受各种名义的回扣、手续费，归个人所有的行为，应按受贿论处。具体而言，应当具备以下条件：

(1) 回扣、手续费。回扣是指在商品交易中，卖方在收取的价款中扣出一部分回送给买方或其委托代理人（经办人）的金钱、实物或者其他物质利益。手续费是指在从事经济活动中，收取对方单位或者个人的费用。

(2) 在经济交往的过程中。经济活动既包括国家经济管理活动，又包括国家工作人员参与的经济交往活动。实际上，国家工作人员在经济活动中从事各种经济活动本身就是依法从事公务活动，因而是职务行为。在经济活动收受回扣、手续费的，必然以利用职务上的便利为前提。

(3) 违反国家规定。在经济交往中收受回扣、手续费，只有违反国家规定才构成受贿罪。

(4) 归个人所有。回扣、手续费是否归个人所有，是认定经济受贿的重要条件之一。只有收受回扣、手续费，中饱私囊或者少数人私分的才应以经济受贿论处。

2. 斡旋受贿

斡旋受贿是受贿罪的一种特殊表现形式，指国家工作人员利用本人职权或者地位形成的便利条件，通过其他国家工作人员职务上的行为，为请托人谋取不正当利益，索取请托人财物或者收受请托人财物的行为。认定斡旋受贿要注意把握以下要件：

(1) 利用本人职权或者地位形成的便利条件。这里的本人职权或地位形成的便利条件，是指行为人与相应的国家工作人员之间在职务上虽然没有直接隶属和制约关系，但是双方存在着基于职权和地位产生的影响和一定的工作联系。

(2) 通过其他国家工作人员职务上的行为。斡旋受贿的通过其他国家工作人员职务上的行为，是指行为人本人没有直接为请托人谋取利益，而是让其他国家工作人员利用职务上的便利，为请托人谋取利益。

(3) 为请托人谋取不正当利益。普通受贿只要为他人谋取利益即可构成犯罪，而不论这种利益是否正当。但刑法规定斡旋受贿只有在为请托人谋取不正当利益的情况下才能构成。

3. 共犯的认定

受贿罪是身份犯，它以国家工作人员作为特殊主体。因此，非国家工作人员不能单独构成受贿罪。但国家工作人员与非国家工作人员勾结，共同利用国家工作人员职务上的便利，索取他人财物或者非法收受他人财物的，对非国家工作人员应以受贿罪的共犯论处。

根据我国刑法第 386 条之规定，犯受贿罪的，根据受贿所得数额及情节，依照本法第 383 条的规定处罚。索贿的从重处罚。据此，受贿罪应分别以下列情形处罚：

(1) 个人受贿数额在 10 万元以上的，处 10 年以上有期徒刑或者无期徒刑，可以并处没收财产；情节特别严重的，处死刑，并处没收财产。

(2) 个人受贿数额在 5 万元以上不满 10 万元的，处 5 年以上有期徒刑，可以并处没收财产；情节特别严重的，处无期徒刑，并处没收财产。

(3) 个人受贿数额在 5 000 元以上不满 5 万元的，处一年以上 7 年以下有期徒刑；情节严重的，处 7 年以上 10 年以下有期徒刑。个人受贿数额在 5 000 元以上不满 1 万元，犯罪后有悔改表现、积极退赃的，可以减轻处罚或者免予刑事处罚，由其所在单位或者上级主管机关给予行政处分。

（4）个人受贿数额不满5 000元，情节较重的，处2年以下有期徒刑或者拘役；情节较轻的，由其所在单位或者上级主管机关酌情给予行政处分。

四、单位受贿罪

单位受贿罪，是指国家机关、国有公司、企业、事业单位、人民团体，索取、非法收受他人财物，为他人谋取利益，情节严重的行为。

本罪侵犯的客体是国家工作人员职务的廉洁性。犯罪客观方面表现为索取、非法收受他人财物，为他人谋取利益，情节严重的行为。犯罪主体只限于国家机关、国有公司、企业、事业单位、人民团体。犯罪主观方面是故意，并且具有非法占有财物的目的。构成本罪必须达到情节严重的程度，具体是指涉嫌有下列情形之一的，应予追究刑事责任：

（1）单位受贿数额在10万元以上的；

（2）单位受贿数额不满10万元，但具有下列情形之一的：① 故意刁难、要挟有关单位、个人，造成恶劣影响的；② 强行索取财物的；③ 致使国家或者社会利益遭受重大损失的。因此凡具有上述情形的，应视为单位受贿情节严重。

根据我国刑法第387条之规定，犯单位受贿罪的，对单位判处罚金，并对其直接负责的主管人员和其他直接责任人员，处5年以下有期徒刑或者拘役。

五、行贿罪

行贿罪，是指为谋取不正当利益，给国家工作人员以财物的行为。本罪具有如下构成特征：

本罪侵犯的客体是国家工作人员行为的廉洁性。本罪的实质在于以金钱、财物收买国家工作人员的公务行为，进行权钱交易，从中谋取不正当利益，损害国家机关及其工作人员的形象和威信，助长腐败现象的蔓延。本罪的客观方面表现为行为人实施了给国家工作人员以财物的行为。给予财物的方式可以是主动给予，也可以是被动给予。如果是因被国家工作人员勒索而被迫交付财物的，本人也没有获得不正当利益的，则不构成行贿罪。另外，根据在经济往来中，违反国家规定，给国家工作人员以各种名义的回扣、手续费的，也应当以行贿罪论处。行贿对象是国家工作人员。行贿罪的具体数额要求，刑法未作规定。但这并不等于无论行贿数额大小，一概构成犯罪。涉嫌下列情节之一的，应予定罪：（1）行贿数额在1万元以上的；（2）行贿数额不满1万元，但具有下列情形之一的：① 为谋取非法利益而行贿的；② 向三人以上行贿的；③ 向党政领导、司法工作人员、行政执法人员行贿的；④ 致使国家或者社会利益遭受重大损失的。本罪的主体是一般主体。本罪的主观方面是故意，并且具有谋取不正当利益的目的。

在司法实践中，认定行贿罪应当注意以下问题：

1. 未获得不正当利益的，不构成行贿

根据我国刑法规定，因勒索给予国家工作人员财物，没有获得不正当利益的，不是行贿。在这种情况下，虽然行为人给予国家工作人员财物，但这种给予财物是因勒索交付的，并且没有获得不正当利益，因而不是行贿。这里的不是行贿，不仅指其给予国家工作人员财物的行为不构成行贿罪，而且这种行为不具有行贿的性质。

2. 自首的特别规定

根据我国刑法第389条第3款的规定，行贿人在被追诉前主动交代行贿行为的，可以减轻处罚或者免除处罚。这是对行贿罪自首的特别规定。在这种情况下，行贿人之所以可以减轻处罚或者免除处罚，是因为行贿人在被追诉前主动交代行贿行为，符合自首的特征。而且，行贿人交代本人的行贿行为，必然涉及对受贿人的揭发。

根据我国刑法第390条之规定，犯行贿罪的，处5年以下有期徒刑或者拘役；因行贿谋取不正当利益，情节严重的，或者使国家利益遭受重大损失的，处5年以上10年以下有期徒刑；情节特别严重的，处10年以上有期徒刑或者无期徒刑，可以并处没收财产。

六、对单位行贿罪

对单位行贿罪，是指为谋取不正当利益，给国家机关、国有公司、企业、事业单位、人民团体以财物，或者在经济往来中，违反国家规定，给予各种名义的回扣、手续费的行为。

本罪侵犯的客体是国家公务人员职务的廉洁性。犯罪客观方面表现为行为人为谋取不正当利益，给国家机关、国有公司、企业、事业单位、人民团体以财物，或者在经济往来中，违反国家规定，给各种名义的回扣、手续费的行为。有以下两种表现形式：一是为谋取不正当利益，给国家机关、国有公司、企业、事业单位、人民团体以财物；二是在经济往来中，违反国家规定，给予各种名义的回扣、手续费。根据我国司法解释的规定，对单位行贿涉嫌下列情形之一的，应予定罪：(1) 个人行贿数额在10万元以上、单位行贿数额在20万元以上的；(2) 个人行贿数额不满10万元、单位行贿数额在10万元以上不满20万元，但具有下列情形之一的：① 为谋取非法利益而行贿的；② 向3个以上单位行贿的；③ 向党政机关、司法机关、行政执法机关行贿的；④ 致使国家或者社会利益遭受重大损失的。犯罪主体是一般主体，既可以是自然人，也可以是单位。犯罪主观方面是故意，并且具有谋取不正当利益的目的。

根据我国刑法第391条第1款的规定，犯对单位行贿罪的，处3年以下有期徒刑或者拘役。第2款规定，单位犯前款罪的，对单位判处罚金，并对其直接负责的主管人员和其他直接责任人员，依照前款的规定处罚。

七、介绍贿赂罪

介绍贿赂罪，是指向国家工作人员介绍贿赂，情节严重的行为。

本罪侵犯的客体是国家公务人员职务的廉洁性。犯罪客观方面表现为行为人实施了在行贿人与受贿人之间沟通关系、撮合条件，使贿赂行为得以实现的行为。构成本罪必须达到情节严重的程度，所谓“情节严重”，是指具有下列情形之一：(1) 介绍人向国家工作人员行贿，数额在2万元以上的；介绍单位向国家工作人员行贿，数额在20万元以上的；(2) 介绍贿赂数额不满上述标准，但具有下列情形之一的：① 为使行贿人获取非法利益而介绍的；② 3次以上或者为3人以上介绍贿赂的；③ 向党政领导、司法工作人员、行政执法人员介绍贿赂的；④ 致使国家或者社会利益遭受重大损失的。犯罪主体是一般主体，犯罪主观方面是故意。

根据我国刑法第392条之规定，犯介绍贿赂罪的，处3年以下有期徒刑或者拘役。

八、单位行贿罪

单位行贿罪，是指单位为谋取不正当利益而行贿，或者违反国家规定，给予国家工作人员回扣、手续费，情节严重的行为。

本罪侵犯的客体是国家工作人员职务的廉洁性。犯罪客观方面表现为单位为谋取不正当利益而行贿，或者违反国家规定，给予国家工作人员回扣、手续费，情节严重的行为。具有以下两种表现形式：一是为谋取不正当利益给予国家工作人员财物；二是违反国家规定，给予国家工作人员回扣、手续费。构成本罪必须达到情节严重的程度，这里的情节严重，具体是指具有下列情形之一：(1) 单位行贿数额在20万元以上的；(2) 单位为谋取不正当利益而行贿，数额在10万元以上不满20万元，但具有下列情形之一的：① 为谋取非法利益而行贿的；② 向3人以上行贿的；③ 向党政领导、司法工作人员、行政执法人员行贿的；④ 致使国家或者社会利益遭受重大损失的。犯罪主体是单位，这里的单位指公司、企业、事业单位、机关、团体，既包括国有单位，又包括非国有单位。但单位行贿取得的违法所得归个人所有的，以行贿罪论处。犯罪主观方面是故意，并且具有为单位谋取不正当利益的动机。

根据我国刑法第393条之规定，犯单位行贿罪的，对单位判处罚金，并对其直接负责的主管人员和其他直接责任人员，处5年以下有期徒刑或者拘役。

九、巨额财产来源不明罪

巨额财产来源不明罪，是指国家工作人员的财产或者支出明显超出合法收入，差额巨大，而本人又不能说明其来源是合法的行为。

本罪侵犯的客体是国家工作人员职务的廉洁性。巨额财产来源不明罪的主体是国家工作人员。犯罪客观方面表现国家工作人员的财产或者支出明显超出合法收入，差额巨大，而本人又不能说明其来源的合法性。关于本罪行为形式，在刑法理论上存在争议。从现行刑法规定来看，本罪的行为既不是典型的作为，也不是典型的不作为，而是一种状态。国家工作人员持有明显超出合法收入的财产，并且差额巨大，是构成犯罪的关键。而本人不能说明其来源的合法性，包括以下4种情形：(1) 行为人拒不说明财产来源；(2) 行为人因分辨不出财产的具体来源而无法说明；(3) 行为人说明了财产来源，经过司法机关查证并不属实；(4) 行为人说明了财产来源，因线索不具体等原因，司法机关无法查实。本罪的构成必须是超出合法收入的财产与合法收入的财产之间差额巨大。这里的差额巨大。是指30万元以上。未达到这一数额标准的，不构成本罪。犯罪主体是特殊主体，必须是国家工作人员。犯罪主观方面是故意，即国家工作人员对本人占有的明显超出其合法收入的差额巨大的财产是在明知的情况下予以占有，并且不能说明其合法来源的主观心理状态。

根据我国刑法第395条第1款之规定，犯巨额财产来源不明罪的，处5年以下有期徒刑或者拘役；根据我国刑法修正案(七)第14条的规定，犯本罪，差额特别巨大的，处5年以上10年以下有期徒刑，财产的差额部分予以收缴。

十、隐瞒境外存款罪

隐瞒境外存款罪，是指国家工作人员违反国家规定，故意隐瞒不报在境外的存款，数额较大的行为。

本罪侵犯的客体是国家工作人员境外财产的公开透明。犯罪客观方面表现为国家工作人员在境外的存款，应当依照国家规定申报而隐瞒不报，本罪的行为方式是不作为。犯罪主体是国家工作人员。犯罪主观方面是故意，具体是指国家工作人员明知自己在境外的存款依照国家规定应当申报而故意隐瞒不予申报的主观心理状态。

根据我国刑法第 395 条第 2 款之规定，犯隐瞒境外存款罪的，处 2 年以下有期徒刑或者拘役；情节较轻的，由其所在单位或者上级主管机关酌情给予行政处分。

十一、私分有国资产罪

私分国有资产罪，是指国家机关、国有公司、企业、事业单位、人民团体，违反国家规定，以单位名义将国有资产集体私分给个人，数额较大的行为。

本罪侵犯的客体是国家公务人员职务的廉洁性和公共财物的所有权。犯罪客观方面表现为行为人违反国家规定，以单位名义，将国有资产集体私分给个人。犯罪主体是特殊主体，即国家机关、国有公司、企业、事业单位、人民团体。本罪是纯正的单位犯罪，但实行的是单罚制。犯罪主观方面是故意。

根据我国刑法第 396 条第 1 款之规定，犯私分国有资产罪的，对其直接负责的主管人员和其他直接责任人员，处 3 年以下有期徒刑或者拘役，并处或者单处罚金；数额巨大的，处 3 年以上 7 年以下有期徒刑，并处罚金。

十二、私分罚没财物罪

私分罚没财物罪，是指司法机关、行政执法机关违反国家规定，将应当上缴国家的罚没财物，以单位名义集体私分给个人，数额较大的行为。

本罪侵犯的客体是国家公务人员职务的廉洁性和公共财产的所有权。本罪的犯罪对象是罚没财物，是指司法机关在办理刑事案件过程中追缴、没收犯罪嫌疑人、被告人的财物，以及对犯罪分子判处的罚金、没收的财产，以及行政执法机关在行政执法活动中没收和处罚收缴的财物、罚款。犯罪客观方面表现为行为人违反国家规定，将应当上缴国家的罚没财物，以单位名义集体私分给个人。犯罪主体是国家执法机关，具体是指政府所属的工商、税务、海关、质量监督、卫生检疫等机关。犯罪主观方面是故意，即明知是罚没财物而予以私分的主观心理状态。

根据我国刑法第 396 条第 2 款之规定，犯私分罚没财物罪的，对直接负责的主管人员和其他直接责任人员，处 3 年以下有期徒刑或者拘役，并处或者单处罚金；数额巨大的，处 3 年以上 7 年以下有期徒刑，并处罚金。

第二十六章 渎职罪

第一节 渎职罪概述

一、渎职罪的概念和构成

渎职罪，是指国家机关工作人员利用职务上的便利，在公务活动中，滥用职权、玩忽职守、徇私舞弊，妨害国家管理活动，致使公共财产或国家和人民的利益遭受重大损失的行为。

渎职罪是一种典型的职务犯罪，其构成特征如下：

(1) 本类罪的客体是国家机关的正常管理活动。所谓国家的正常管理活动，是指各级国家机关依法行使国家管理职权的正常活动。渎职罪是国家机关工作人员的严重亵渎公职行为神圣性的行为，是对国家机关正常管理活动的严重侵害。

(2) 本类罪的客观方面表现为行为人实施了滥用职权、玩忽职守、徇私舞弊并使公共财产、国家和人民利益遭受重大损失的行为。应当指出的是，一般的滥用职权、玩忽职守和徇私舞弊的行为并不都构成渎职罪，只有那些因为渎职行为而致使公共财产或者国家和人民利益遭受重大损失的行为才构成犯罪。

(3) 本类罪的主体是特殊主体，可以认为本罪为身份犯，即只有那些具有特殊身份的人，才能成为本罪的主体。所谓特定身份，在本罪中是指国家机关工作人员，即各级国家机关中的公务人员。

(4) 本类罪的主观方面有的是故意，有的是过失。我国现行刑法分则第九章中规定的33个罪名中，有24个只能由故意构成，有9个罪名只能由过失构成。

二、渎职罪的分类

根据我国刑法分则第九章的规定，根据犯罪主体的不同，一般可以将渎职罪分为以下3种类型。

(一) 一般国家工作人员的渎职罪

滥用职权罪，玩忽职守罪，故意泄露国家秘密罪，过失泄露国家秘密罪，国家机关工作人员签订、履行合同失职被骗罪，非法批准征用、占用土地罪，非法低价出让国有土地使用权罪，招收公务员、学生徇私舞弊罪，失职造成珍贵文物损毁、流失罪。

（二）司法工作人员的渎职罪

徇私枉法罪，民事、行政枉法裁判罪，枉法裁判罪，执行判决、裁定失职罪，滥用执行判决、裁定职权罪，私放在押人员罪，失职致使在押人员脱逃罪，徇私舞弊减刑、假释、暂予监外执行罪。

（三）特定机关工作人员的渎职罪

徇私舞弊不移交刑事案件罪，滥用管理公司、证券职权罪，徇私舞弊不征、少征税款罪，徇私舞弊发售发票、抵扣税款、出口退税罪，违法提供出口退税凭证罪，违法发放林木采伐许可证罪，环境监管失职罪，传染病防治失职罪，放纵走私罪，商检徇私舞弊罪，商检失职罪，动植物检疫徇私舞弊罪，动植物检疫失职罪，放纵制售伪劣商品犯罪行为罪，办理偷越国（边）境人员出入境证件罪，放行偷越国（边）境人员罪，不解救被拐卖、绑架妇女、儿童罪，阻碍解救被拐卖、绑架妇女、儿童罪，帮助犯罪分子逃避处罚罪。

第二节　渎职罪分述

一、滥用职权罪

滥用职权罪，是指国家机关工作人员违反法律规定的权限和程序，不依法正当行使职权或者任意扩大自己的职务权限，致使公共财产、国家和人民利益遭受重大损失的行为。滥用职权罪具有如下构成特征：

本罪侵犯的客体是国家机关的正常活动，即各级各类国家机关对社会生活各个领域的管理活动。具体内容表现为国家利益、政府的威信与政府的统治机能、国家的内部秩序、公务员执行职务的廉洁公正、人民的合法权益等。

本罪的客观方面表现为行为人实施了滥用职权的行为，并导致了公共财产、国家和人民利益遭受重大损失。滥用职权的行为既可以是作为也可以是不作为。滥用职权行为表现为以下两种情形：一是违反法律规定的权限行使职权。二是违反法律规定的程序行使职权。致使公共财产、国家和人民利益遭受重大损失，是指具有下列情形之一：（1）造成死亡1人以上，或者重伤2人以上，或者轻伤5人以上的；（2）造成直接经济损失20万元以上的；（3）造成有关公司、企业等单位停产、严重亏损、破产的；（4）严重损害国家声誉，或者造成恶劣社会影响的；（5）其他致使公共财产、国家和人民利益遭受重大损失的情形；（6）徇私舞弊，具有上述情形之一的。

本罪的主体是国家机关工作人员。这里的国家机关工作人员，是指在国家机关中从事公务的人员，包括各级国家权力机关、行政机关、审判机关、检察机关和军事机关中从事公务的人员。其他根据法律规定，参照国家公务员条例进行管理的人员，应当以国家机关工作人员论。

本罪的主观方面是故意，即明知是滥用职权的行为而有意实施的主观心理状态。滥用职权，即明知是违反法律规定的权限和违反法律规定的程序而滥用职权，或者明知是应当履行职责而不实施职务行为。滥用职权行为本身是故意的，但并非只要实施了滥用职权行为就构成犯罪，而是只有在致使公共财产、国家和人民利益遭受重大损失的情况下才构成犯罪。

根据我国刑法第 397 条第 1 款的规定，犯滥用职权罪的，处 3 年以下有期徒刑或者拘役；情节特别严重的，处 3 年以上 7 年以下有期徒刑。本法另有规定的，依照规定。第 2 款规定，国家机关工作人员徇私舞弊，犯前款罪的，处 5 年以下有期徒刑或者拘役；情节特别严重的，处 5 年以上 10 年以下有期徒刑。本法另有规定的，依照规定。

二、玩忽职守罪

玩忽职守罪，是指国家机关工作人员严重不负责任，不履行或者不认真履行职责，致使公共财产、国家和人民利益遭受重大损失的行为。玩忽职守罪具有如下构成特征：

本罪侵犯的客体是国家机关的正常管理活动。本罪的客观方面表现为行为人不履行或者不正确履行职责，致使公共财产、国家和人民利益遭受重大损失。玩忽职守行为可以分为以下两种情形：一是不履行职责，这是一种不作为的玩忽职守行为，表现为行为人应当履行而且能够履行但不履行其职责。这种情形包括擅离职守、放弃职守、拒绝履行职守和不及时履行职守等。二是不正确履行职责。在这种情况下，行为人虽然履行了职责，但不严肃认真地对待其职责，以致错误地履行了职守。致使公共财产、国家和人民利益遭受重大损失，是指具有下列情形之一：(1) 造成死亡 1 人以上，或者重伤 3 人以上，或者轻伤 10 人以上的；(2) 造成直接经济损失 30 万元以上的，或者直接经济损失不满 30 万元，但造成间接损失 100 万元以上的；(3) 徇私舞弊，造成直接经济损失 20 万元以上的；(4) 造成有关公司、企业等单位停产、严重亏损、破产的；(5) 严重损害国家声誉，或者造成恶劣社会影响的；(6) 海关、外汇管理部门的工作人员严重不负责任，造成巨额外汇被骗或者逃汇的；(7) 其他致使公共财产、国家和人民利益遭受重大损失的情形；(8) 徇私舞弊，具有上述情形之一的。本罪的主体是特殊主体，即只有具有国家机关工作人员身份的人才能成为本罪的主体。一般国家工作人员不能成为本罪的主体。本罪的主观方面是过失，即应当预见自己玩忽职守的行为可能致使公共财产、国家和人民利益遭受重大损失，因为疏忽大意而没有预见，或者已经预见而轻信能够避免，以致发生这种结果的主观心理状态。

根据我国刑法第 397 条第 1 款的规定，犯玩忽职守罪的，处 3 年以下有期徒刑或者拘役；情节特别严重的，处 3 年以上 7 年以下有期徒刑。

三、故意泄露国家秘密罪

故意泄露国家秘密罪，是指国家机关工作人员违反保守国家秘密法，故意使国家秘密被不应知悉者知悉，或者故意使国家秘密超出限定的接触范围，情节严重的行为。

本罪侵犯的客体是国家的保密制度。这里的保密制度，是指我国现行有效的保守国家秘密的法律、法规所形成的法律制度。世界各国为了维护自己国家的利益，无一不制定有关保守政治、军事、经济、科技等秘密的法律制度。无论是国家机关工作人员，还是普通公民，都有义务保守国家秘密。如果有谁违反保密义务而故意泄露国家秘密，就是严重侵犯了国家的保密制度，进而严重危害到国家的整体利益。根据《中华人民共和国保守国家秘密法》第8条的规定，国家秘密主要包括：(1) 国家事务的重大决策中的秘密事项；(2) 国防建设和武装力量活动中的秘密事项；(3) 外交和外事活动中的秘密事项以及对外承担保密义务的事项；(4) 国民经济和社会发展中的秘密事项；(5) 科学技术中的秘密事项；(6) 维护国家安全活动和追查刑事犯罪中的秘密事项；(7) 其他经国家保密工作部门确定应当保守的国家秘密事项。

根据《中华人民共和国保守国家秘密法》第9条的规定，国家秘密的密级分为以下三级：绝密是指最重要的国家秘密，其泄露会使国家的安全和利益遭受特别严重的损害。机密是指重要的国家秘密，其泄露会使国家的安全和利益遭受严重的损害。秘密是指一般的国家秘密，其泄露会使国家的安全和利益遭受损害。本罪的客观方面表现为违反保守国家秘密法，故意泄露国家秘密。这里的泄露国家秘密，包括以下两种情形：一是故意使国家秘密被不应知悉者知悉，二是故意使国家秘密超出限定的接触范围。这两种情形，前者是泄露给特定的人，后者是泄露给不特定的人，二者都属于泄露。故意泄露国家秘密罪的构成必须达到情节严重。这里的情节严重，是指具有下列情形之一的：(1) 泄露绝密级或机密级国家秘密的；(2) 泄露秘密级国家秘密3项以上的；(3) 向公众散布、传播国家秘密的；(4) 泄露国家秘密已造成严重危害后果的；(5) 利用职权指使或者强迫他人违反国家保守秘密法的规定泄露国家秘密的；(6) 以牟取私利为目的泄露国家秘密的；(7) 其他情节严重的情形。

本罪的主体是国家机关工作人员。根据我国刑法规定，非国家机关工作人员也可以成为本罪的主体。本罪的主观方面是故意，即明知是泄露国家秘密的行为而有意实施的主观心理状态。

根据我国刑法第398条之规定，犯故意泄露国家秘密罪的，处3年以下有期徒刑或者拘役；情节特别严重的，处3年以上7年以下有期徒刑。

四、过失泄露国家秘密罪

过失泄露国家秘密罪，是指国家机关工作人员违反保守国家秘密法，无意地泄露国家秘密；或者遗失秘密文件，致使国家秘密被不应知悉者知悉或者超出限定的接触范围，情节严重的行为。

本罪的构成要件，除了行为人主观方面是过失，其他均与故意泄露国家秘密罪相同。过失泄露国家秘密罪的客观方面是将国家秘密无意地泄露给不应知悉者或者遗失秘密文件而使国家秘密超出限定的接触范围。过失泄露国家秘密行为，只有情节严重才构成犯罪，这里的情节严重是本罪的结果。情节严重是指具有下列情形之一的：(1) 泄露绝密级国家秘密的；(2) 泄露机密级国家秘密3项以上的；(3) 泄露秘密级国家秘密3项以上，造成严重危害后果的；(4) 泄露国家秘密或者遗失秘密文件不如实提供有关情况的；(5) 其他情节严重的。过失泄露国家秘密罪的主观方面是过失。这里的过失，是指行为人应当预见自己的行为可能造成国家秘密的泄露，造成危害国家安全和利益的后果，因为疏忽大意而没有预见，或者已经预见而轻信能够避免，以致在保管、携带、传送国家秘密的过程中，使国家秘密外传或者遗失的主观心理状态。

根据我国刑法第398条之规定，犯过失泄露国家秘密罪的，处3年以下有期徒刑或者拘役；情节特别严重的，处3年以上7年以下有期徒刑。

五、徇私枉法罪

徇私枉法罪，是指司法工作人员徇私枉法、徇情枉法，对明知是无罪的人而使他受追诉、对明知是有罪的人而故意包庇不使他受追诉，或者在刑事审判活动中故意违背事实和法律作枉法裁判的行为。

本罪侵犯的客体是国家司法机关的正常活动或国家的司法公正。国家司法机关的正常活动，是指司法机关依法办案、严格执法，实现国家刑事法律所体现的公正和公平的具体过程。只有正常的司法活动才能实现司法公正。由于行为人徇私枉法的行为违背了法律的要求，并容易造成任意出入人罪的结果，因而严重妨害了国家司法活动的正常进行，败坏了司法公正。

本罪的客观方面是指在刑事诉讼活动中，违背事实和法律作枉法裁判。这里的违背事实和法律，是指不忠于事实真相、不遵守法律规定。根据我国刑法规定，徇私枉法行为包括以下两种情形：一是对明知是无罪的人而使他受追诉，或者对明知是有罪的人而故意包庇不使他受追诉。这里的追诉，是指从立案到向法院提起公诉的司法行为，因此，这种行为的主体一般是承担追诉职责的侦查、检察和监管人员。二是在刑事审判活动中故意违背事实和法律作枉法裁判。这里的枉法裁判包括把有罪的人判为无罪，把无罪的人判为有罪，轻罪重判或者重罪轻判。因此，这一行为的主体是审判人员。

在认定徇私枉法行为时，有下列情形之一的，应予追究刑事责任：(1) 对明知是无罪的人，采取伪造、隐匿、毁灭证据或者其他隐瞒事实、违背法律的手段，以追究刑事责任为目的进行立案、侦查(含采取强制措施)、起诉、审判的；(2) 对明知是有罪的人，即对明知有犯罪事实需要追究刑事责任的人，采取伪造、隐匿、毁灭证据或者其他隐瞒事实、违背法律的手段，故意包庇使其不受立案、侦查(含采取强制措施)、起诉、审判的；(3) 在立案后，故意违背事实和法律，应该采取强制措施而不采取强制措施，或者虽然采取强制措施，但无正当理由中断侦查或者超过法定期限不采取任何措施，实际放任不管，以及违法撤销、变更强制措施，致使犯罪嫌疑人、被告人实际脱离司法机关侦控的；(4) 在刑事审判活动中故意违背事实和法律，作出枉法判决、裁定，即有罪判无罪、无罪判有罪，或者重罪轻判、轻罪重判的；(5) 其他枉法追诉、不追诉、枉法裁判行为。

本罪的主体是司法工作人员。所谓“司法机关”，是指依法行使刑事执法权的特定机关，包括公安机关、安全机关、检察机关和审判机关，只有上述 4 种机关的侦查人员、检察人员、审判人员及其主管人员才能成为本罪的主体。

本罪的主观方面是故意。这里的故意，是指行为人明知自己的行为是违背事实和法律的行为而有意实施的主观心理状态。

根据我国刑法第 399 条第 1 款之规定，犯徇私枉法罪的，处 5 年以下有期徒刑或者拘役；情节严重的，处 5 年以上 10 年以下有期徒刑；情节特别严重的，处 10 年以上有期徒刑。第 4 款规定，司法工作人员贪赃枉法，有徇私枉法行为的，同时又构成本法第 385 条规定之罪的，依照处罚较重的规定定罪处罚。根据我国刑法规定，司法工作人员贪赃枉法，有徇私枉法行为而又有受贿行为的，依照处罚较重的规定定罪处罚。

六、枉法裁判罪

枉法裁判罪，是指审判机关工作人员在民事、行政审判活动中，故意违背事实和法律作枉法裁判,情节严重的行为。

本罪侵犯的客体是国家司法机关的正常活动与司法公正,主要是人民法院的正常审判活动与审判公正。本罪的客观方面表现为行为人故意违背事实和法律,在民事、行政审判活动中作枉法裁判。这里的违背事实和法律,是指不忠于事实真相和不遵守法律规定。民事审判,指依法适用民事诉讼法审判案件的活动,包括民事案件、海事案件和经济案件的审判。行政审判,指适用行政诉讼法审判案件的活动,即行政案件的审判。裁判,包括判决、裁定和决定。枉法裁判罪的行为必须达到情节严重。这里的情节严重,是指具有下列情节之一:(1) 枉法裁判,致使公民财产损失或者法人或者其他组织财产损失重大的;(2) 枉法裁判,引起当事人及其亲属自杀、伤残、精神失常的;(3) 伪造有关材料、证据,制造假案枉法裁判的;(4) 串通当事人制造伪证,毁灭证据或者篡改庭审笔录而枉法裁判的;(5) 其他情节严重的情形。本罪的主体是从事民事、行政审判活动的审判人员。本罪的主观方面是故意,即在民事、行政审判活动中,明知是违背事实和法律的枉法裁判行为而有意实施的主观心理状态。

根据我国刑法第 399 条第 2 款的规定,犯枉法裁判罪的,处 5 年以下有期徒刑或者拘役;情节严重的,处 5 年以上 10 年以下有期徒刑;情节特别严重的,处 10 年以上有期徒刑。第 4 款规定,司法工作人员贪赃枉法,有民事、行政裁判枉法行为的,同时又构成本法第 385 条规定之罪的,依照处罚较重的规定定罪处罚。

七、执行判决、裁定失职罪

执行判决、裁定失职罪,是指在执行判决、裁定活动中,严重不负责任,不依法采取诉讼保全措施、不履行法定执行职责,致使当事人或者他人的利益遭受重大损失的行为。本罪具有以下构成特征:

本罪侵犯的客体是国家司法机关的公正性和权威性。本罪的客观方面表现为国家司法机关的工作人员在执行判决、裁定活动中,严重不负责任,不依法采取诉讼保全措施,不履行法定执行职责,致使人民法院的判决无法得到有效的执行。执行判决、裁定失职罪的结果是致使当事人或者其他人的利益遭受重大损失。这里的当事人,是指民事执行案件、经济执行案件的当事人。其他人,是指与民事执行案件、经济执行案件存在利益关联性的人员。本罪的主体是司法工作人员。本罪的主观方面是过失,即应当预见到执行判决、裁定失职行为可能致使当事人或者其他人的利益遭受重大损失,因为疏忽大意而没有预见,或者已经预见而轻信能够避免,以致发生这种结果的主观心理状态。

根据我国刑法第 399 条第 3 款[刑法修正案(四)第 8 条]的规定,犯执行判决、裁定失职罪的,处 5 年以下有期徒刑或者拘役;致使当事人或者他人的利益遭受特别重大损失的,处 5 年以上 10 年以下有期徒刑。

八、滥用执行判决、裁定职权罪

滥用执行判决、裁定职权罪,是指在执行判决、裁定活动中,滥用职权,违法采取诉讼保全措施、强制执行措施,致使当事人或者他人的利益遭受重大损失的行为。本罪具有如下特征:

本罪侵犯的客体是国家司法机关的权威性和公正性。本罪的客观方面表现为国家司法人员在执行判决、裁定活动中，滥用职权，违法采取诉讼保全措施、强制执行措施，致使当事人或者他人的利益遭受重大损失。本罪的犯罪主体是司法工作人员。本罪的主观方面是故意，即明知是滥用执行判决、裁定职权的行为而有意实施的主观心理状态。

根据我国刑法第 399 条第 3 款[刑法修正案(四)第 8 条]之规定，犯滥用执行判决、裁定职权罪的，处 5 年以下有期徒刑或者拘役；致使当事人或者他人的利益遭受特别重大损失的，处 5 年以上 10 年以下有期徒刑。第 4 款规定，司法工作人员贪赃枉法，有滥用执行判决、裁定职权行为的，同时又构成本法第 399 条规定之罪的，依照处罚较重的规定定罪处罚。

九、私放在押人员罪

私放在押人员罪，是指司法工作人员私放在押的犯罪嫌疑人、被告人或者罪犯的行为。本罪具有如下构成特征：

本罪的客体是国家司法机关对犯罪嫌疑人、被告人或者罪犯的监管制度。本罪的客观方面表现为私放在押的犯罪嫌疑人、被告人或者罪犯的行为。私放，是指非法地擅自将在押人员释放使其脱离监管机关的监控范围。在押，既包括监管在看守所、监狱等固定场所，也包括监管在押解途中或者在监管场所以外的劳动、作业等临时场所。私放在押人员行为，具有下列情形之一的，应予追究刑事责任：(1) 私自将在押的犯罪嫌疑人、被告人、罪犯放走，或者授意、指使、强迫他人将在押的犯罪嫌疑人、被告人、罪犯放走的；(2) 伪造、变造有关法律文书，以使在押的犯罪嫌疑人、被告人、罪犯脱逃的；(3) 为在押的犯罪嫌疑人、被告人、罪犯通风报信，并提供条件，帮助其脱逃的；(4) 其他私放在押的犯罪嫌疑人、被告人、罪犯的行为。本罪的主体是司法工作人员。本罪的主观方面是故意，即明知自己的行为会使在押人员脱逃而有意实施的主观心理状态。

根据我国刑法第 400 条第 1 款之规定，犯私放在押人员罪的，处 5 年以下有期徒刑或者拘役；情节严重的，处 5 年以上 10 年以下有期徒刑；情节特别严重的，处 10 年以上有期徒刑。

十、失职致使在押人员脱逃罪

失职致使在押人员脱逃罪，是指司法工作人员由于严重不负责任，致使在押的犯罪嫌疑人、被告人或者罪犯脱逃，造成严重后果的行为。

本罪和私放在押人员罪规定在同一法条中，除了主观方面不同以外，其构成特征类同于私放在押人员罪。失职致使在押人员脱逃罪的行为是由于严重不负责任，致使在押的犯罪嫌疑人、被告人或者罪犯脱逃。这里的严重不负责任，是指不履行或者不正确履行其职务。致使在押人员脱逃，是指致使在押人员逃出、摆脱司法机关及其人员的实际控制范围。失职致使在押人员行为，造成严重后果的才构成犯罪。这里的造成严重后果是指具有下列情形之一：(1) 致使依法可能判处或者已经判处 10 年以上有期徒刑、无期徒刑、死刑的犯罪嫌疑人、被告人、罪犯脱逃的；(2) 3 次以上致使犯罪嫌疑人、被告人、罪犯脱逃，或者 1 次致 3 名以上犯罪嫌疑人、被告人、罪犯脱逃的；(3) 犯罪嫌疑人、被告人、罪犯脱逃以后，打击报复控告人、检举人、被害人、证人和司法工作人员等，或者继续犯罪，危害社会的；(4) 其他致使在押的犯罪嫌疑人、被告人、罪犯脱逃，造成严重后果的行为。失职致使在押人员脱逃罪的主观方面是过失，是指应当预见自己严重不负责任会使在押人员脱逃，由于疏忽大意而没有预见或者已经预见而轻信能够避免，致使在押人员脱逃的主观心理状态。

根据我国刑法第400条第2款之规定，犯失职致使在押人员脱逃罪的，处3年以下有期徒刑或者拘役；造成特别严重后果的，处3年以上10年以下有期徒刑。

十一、徇私舞弊减刑、假释、暂予监外执行罪

徇私舞弊减刑、假释、暂予监外执行罪，是指司法工作人员徇私舞弊，对不符合减刑、假释、暂予监外执行条件的罪犯予以减刑、假释、暂予监外执行的行为。

本罪侵犯的客体是国家的行刑制度。行刑制度，是指国家刑事法律规定的对已决犯如何执行刑罚的制度。本罪的客观方面，表现为徇私舞弊对不符合减刑、假释、暂予监外执行条件的罪犯，予以减刑、假释或者暂予监外执行。不符合减刑、假释、暂予监外执行条件，应当根据法律规定予以确认。徇私舞弊表现为为徇私情，行为人采取虚构事实、隐瞒真相、伪造条件等手段，将不符合法定条件的罪犯予以减刑、假释或者暂予监外执行。徇私舞弊行为，具有下列情形之一的，应予追究刑事责任：(1) 刑罚执行机关的工作人员对不符合减刑、假释、暂予监外执行条件的罪犯，捏造事实，伪造材料，违法报请减刑、假释、暂予监外执行的；(2) 人民法院和监狱机关以及公安机关的工作人员为徇私情、私利，对不符合假释、暂予监外执行条件的罪犯的减刑、假释、暂予监外执行申请，违法裁定、决定减刑、假释、暂予监外执行的；(3) 不具有报请、裁定或决定减刑、假释、暂予监外执行权的司法工作人员利用职务上的便利，徇私情、私利，伪造有关材料，导致不符合减刑、假释、暂予监外执行条件的罪犯被减刑、假释、暂予监外执行的；(4) 其他违法减刑、假释、暂予监外执行的行为。本罪的主体是特殊主体，即必须是国家司法工作人员。本罪的主观方面是故意，即明知不符合法定条件而予以减刑、假释或者暂予监外执行的主观心理状态。本罪须出于徇私的动机。

根据我国刑法第401条之规定，犯徇私舞弊减刑、假释、暂予监外执行罪的，处3年以下有期徒刑或者拘役；情节严重的，处3年以上7年以下有期徒刑。

十二、徇私舞弊不移交刑事案件罪

徇私舞弊不移交刑事案件罪，是指行政执法人员徇私舞弊，对依法应当移交司法机关追究刑事责任的案件不移交，情节严重的行为。

本罪的客观方面表现为徇私舞弊，对依法应当移交司法机关追究刑事责任的不移交。依法应当移交，是指根据法律规定已经构成犯罪需要移交司法机关追究刑事责任。不移交，是指不向司法机关移送案件。本罪的行为方式是不作为，即不履行移交义务。徇私舞弊不移交刑事案件罪的构成必须是情节严重。所谓情节严重，是指具有下列情形之一：(1) 对依法可能判处3年以上有期徒刑、无期徒刑、死刑的犯罪案件不移交的；(2) 3次以上不移交犯罪案件，或者1次不移交犯罪案件涉及3名以上犯罪嫌疑人的；(3) 司法机关发现并提出意见后，无正当理由仍然不予移交的；(4) 以罚代刑，放纵犯罪嫌疑人，致使犯罪嫌疑人继续进行违法犯罪活动的；(5) 行政执法部门主管领导阻止移交的；(6) 隐瞒、毁灭证据，伪造材料，改变刑事案件性质的；(7) 直接负责的主管人员和其他直接责任人员为牟取本单位私利

而不移交刑事案件,情节严重的;(8) 其他情节严重的情形。本罪的主体是行政执法人员,即依法行使行政执法权的国家机关工作人员。本罪的主观方面是故意,即明知他人的行为已经构成犯罪,应当移交司法机关追究刑事责任而故意不移交,使他人逃避法律追究的主观心理状态。

根据刑法第 402 条之规定,犯徇私舞弊不移交刑事案件罪的,处 3 年以下有期徒刑或者拘役;造成严重后果的,处 3 年以上 7 年以下有期徒刑。

十三、滥用管理公司、证券职权罪

滥用管理公司、证券职权罪,是指国家主管部门的国家机关工作人员,徇私舞弊,滥用职权,对不符合法律规定条件的公司设立、登记申请或者股票、债券发行、上市申请,予以批准或者登记,致使公共财产、国家和人民利益遭受重大损失的行为。

本罪的客观方面表现为滥用职权,对不符合法律规定条件的公司设立、登记申请或者股票、债券发行、上市申请,予以批准或者登记。所谓不符合法律规定条件,是指违反公司法和有关法规关于公司设立、登记申请或者股票、债券发行、上市申请的必备条件。对不符合上述条件,依法不应批准、登记而予以批准、登记,这是一种滥用职权的行为。此外,上级部门直接负责的主管人员强令登记机关及其工作人员实施上述行为的,也构成本罪。滥用管理公司、证券职权罪的构成要求必须达到致使公共财产、国家和人民利益遭受重大损失。所谓致使公共财产、国家和人民利益遭受重大损失,参照《关于人民检察院直接受理案件侦查立案标准的规定》,是指具有下列情形之一:(1) 工商管理部门的工作人员对不符合法律规定条件的公司设立、登记申请,违法予以批准、登记,严重扰乱市场秩序的;(2) 金融证券管理机构工作人员对不符合法律规定条件的股票、债券发行、上市申请,违法予以批准,严重损害公众利益,或者严重扰乱金融秩序的;(3) 工商管理部门、金融证券管理机构的工作人员对不符合法律规定案件的公司设立、登记申请或者股票、债券发行、上市申请违法予以批准或者登记,致使犯罪行为得逞的;(4) 上级部门强令登记机关及其工作人员实施徇私舞弊,滥用职权,对不符合法律规定条件的公司设立、登记申请或者股票、债券发行、上市申请予以批准或者登记,致使公共财产、国家或者人民利益遭受重大损失的;(5) 其他致使公共财产、国家和人民利益遭受重大损失的情形。本罪的主体是国家主管部门的国家机关工作人员。本罪的主观方面是故意,即明知是滥用管理公司、证券职权的行为而有意实施的主观心理状态。本罪须出于徇私的动机。

根据我国刑法第 403 条之规定,犯滥用管理公司、证券职权罪的,处 5 年以下有期徒刑或者拘役。

十四、徇私舞弊不征、少征税款罪

徇私舞弊不征、少征税款罪,是指税务机关的工作人员徇私舞弊,不征或者少征应征税款,致使国家税收遭受重大损失的行为。

本罪侵犯的客体是国家税务机关的税收征管职能和税收征管制度。本罪的客观方面,表现为行为人徇私舞弊不征、少征税款。所谓"应征税款",是指国家有关税收的法律、法规根据纳税主体、征税对象、税率等指标而确定的,税收机关必须征收的纳税款额。

是否属于应征税款，应当根据税法的具体规定进行判断。不征，是指对依据税法应当征收的税款不予以征收。少征，是指对依据税法应当征收的税款虽然征收，但未达到或者少于法定或者税收机关确定的征收数额。徇私舞弊不征、少征税款罪的构成必须是致使国家税收遭受重大损失。这里的致使国家税收遭受重大损失，是指具有下列情节之一：(1) 为徇私情、私利，违反规定，对应当征收的税款擅自决定停征、减征或者免征，或者伪造材料，隐瞒情况，弄虚作假，不征、少征应征税款，致使国家税收损失累计达 10 万元以上的；(2) 徇私舞弊不征、少征应征税款不满 10 万元，但具有索取或者收受贿赂或者其他恶劣情节的。本罪的主体是税务机关的工作人员，在税务机关从事税收征收管理工作的国家机关工作人员。本罪的主观方面是故意，即行为人明知是徇私舞弊不征、少征税款的行为而有意实施的主观心理状态。

根据我国刑法第 404 条之规定，犯徇私舞弊不征、少征税款罪的，处 5 年以下有期徒刑或者拘役；造成特别重大损失的，处 5 年以上有期徒刑。

十五、徇私舞弊发售发票、抵扣税款、出口退税罪

徇私舞弊发售发票、抵扣税款、出口退税罪，是指税务机关的工作人员违反法律、行政法规的规定，在办理发售发票、抵扣税款、出口退税工作中，徇私舞弊，致使国家利益遭受重大损失的行为。

本罪的客观方面，表现为行为人违反法律、行政法规的规定，在办理发售发票、抵扣税款、出口退税工作中，徇私舞弊。徇私舞弊，是指对不应发售发票的，予以发售；对不应抵扣或者应少抵扣税款的，擅自抵扣或者多抵扣，对不应出口退税或者应少出口退税的，违法予以退税或者多退税。本罪的构成必须达到致使国家利益遭受重大损失的程度，这里的致使国家利益遭受重大损失，是指具有下列情形之一的：(1) 为徇私情、私利，违反法律、行政法规的规定，伪造材料，隐瞒情况，弄虚作假，对不应发售的发票予发售，对不应抵扣的税款予以抵扣，对不应给予出口退税的给予退税，或者擅自决定发售不应发售的发票、抵扣不应抵扣的税款、给予出口退税，致使国家税款损失累计达 10 万元以上的；(2) 徇私舞弊，致使国家税款损失累计不满 10 万元，但具有索取、收受贿赂或者其他恶劣情节的。本罪的主体是税务机关的工作人员。本罪的主观方面是故意，即明知是徇私舞弊发售发票、抵扣税款、出口退税的行为而有意实施的主观心理状态。

根据我国刑法第 405 条第 1 款之规定，犯徇私舞弊发售发票、抵扣税款、出口退税罪的，处 5 年以下有期徒刑或者拘役；致使国家利益遭受特别重大损失的，处 5 年以上有期徒刑。

十六、违法提供出口退税凭证罪

违法提供出口退税凭证罪，是指非税务机关工作人员违反国家规定，在提供出口退税凭证的工作中，徇私舞弊，致使国家利益遭受重大损失的行为。

本罪的客观方面表现为行为人违反国家规定，在提供出口货物报关单、出口收汇核销单等出口退税凭证工作中徇私舞弊。本罪的构成必须达到致使国家利益遭受重大损失的程度，具体是指具有下列情形之一：(1) 为徇私、私利，违反国家规定，伪造材料，隐瞒情况，弄虚作假，提供不真实的出口货物报关单、出口收汇核销单等出口退税凭证，致使国家税收损

失累计达 10 万元以上的;(2) 徇私舞弊致使国家税收损失累计不满 10 万元,但具有索取、收受贿赂或者其他恶劣情节的。本罪的主体是除税务机关工作人员以外的其他国家机关工作人员。本罪的主观方面是故意,即行为人明知是违法提供出口退税凭证的行为而有意实施的主观心理状态。

根据我国刑法第 405 条第 2 款之规定,犯违法提供出口退税凭证罪的,依照前款规定处罚,即处 5 年以下有期徒刑或者拘役;致使国家利益遭受特别重大损失的,处 5 年以上有期徒刑。

十七、国家机关工作人员签订、履行合同失职被骗罪

国家机关工作人员签订、履行合同失职被骗罪,是指国家机关工作人员在签订、履行合同过程中,因严重不负责任被骗,致使国家利益遭受重大损失的行为。

本罪侵犯的客体是国家机关的正常管理活动和国家财产安全。我国刑法规定本罪对于保障国家财产的安全,加强国家机关工作人员对国家财产的责任心,具有重要意义。本罪的客观方面是行为人在签订、履行合同过程中,因失职被骗。失职,是指严重不负责任,即不履行或者不正确履行签订、履行合同时应尽的职责。国家机关工作人员签订、履行合同失职被骗罪的结果是致使国家利益遭受重大损失,具体是指具有下列情形之一:(1) 造成直接经济损失 30 万元以上的;(2) 其他致使国家利益遭受重大损失的情形。本罪的主体是国家机关工作人员以及立法解释规定的人员。本罪的主观方面是过失,即行为人应当预见自己严重不负责任可能发生被骗致使国家利益遭受重大损失的结果,由于疏忽大意而没有预见,或者已经预见而轻信能够避免,以致发生这种结果的主观心理状态。

根据我国刑法第 406 条之规定,犯国家机关工作人员签订、履行合同失职被骗罪的,处 3 年以下有期徒刑或者拘役;致使国家利益遭受特别重大损失的,处 3 年以上 7 年以下有期徒刑。

十八、违法发放林木采伐许可证罪

违法发放林木采伐许可证罪,是指林业主管部门的工作人员违反森林法的规定,超过批准的年采伐限额发放林木采伐许可证或者违反规定滥发林木采伐许可证,情节严重,致使森林遭受严重破坏的行为。

本罪的客观方面表现为行为人违反森林法的规定,超过批准的年采伐限额发放林木采伐许可证或者违反规定滥发林木采伐许可证。具体表现为两种情形:一是超过批准的年采伐限额发放采伐许可证。二是违反规定滥发林木采伐许可证。违法发放林木采伐许可证的罪的构成必须达到情节严重,致使森林遭受严重破坏。具体是指具有下列情形之一:(1) 发放林木采伐许可证允许采伐数量累计超过批准的年采伐限额,导致林木被采伐数量在 10 立方米以上的;(2) 滥发林木采伐许可证,导致林木被滥伐 20 立方米以上的;(3) 滥用林木采伐许可证,导致珍贵树木被滥伐的;(4) 批准采伐国家禁止采伐的林木,情节恶劣的;(5) 其他情节严重的情形。本罪的主体是林业主管部门的工作人员,主要是林业主管部门负有发放林木采伐许可证职责的工作人员。本罪的主观方面是故意。

根据我国刑法第 407 条之规定,犯违法发放林木采伐许可证罪的,处 3 年以下有期徒刑。

十九、环境监管失职罪

环境监管失职罪,是指负有环境保护监督管理职责的国家机关工作人员严重不负责任,导致发生重大环境污染事故,致使公私财产遭受重大损失或者造成人身伤亡的严重后果的行为。

本罪的客观方面表现为行为人严重不负责任,导致发生重大环境污染事故。这里的重大环境污染事故,是指造成大气、水源、海洋、土地等环境质量标准严重不符合国家规定标准,造成公私财产重大损失或者人身伤亡的严重事件。根据我国司法解释,具有下列情形之一:(1) 造成直接经济损失 30 万元以上的;(2) 造成人员死亡 1 人以上,或者重伤 3 人以上,或者轻伤 10 人以上的;(3) 使一定区域内的居民的身心健康受到严重伤害的;(4) 其他致使公私财产遭受重大损失或者造成人身伤亡严重后果的情形。本罪的主体是负有环境保护监督管理职责的国家机关工作人员。本罪的主观方面是过失犯罪。

根据我国刑法第 408 条之规定,犯环境监管失职罪的,处 3 年以下有期徒刑或者拘役。

二十、传染病防治失职罪

传染病防治失职罪,是指从事传染病防治的政府卫生行政部门的工作人员严重不负责任,导致传染病传播或者流行,情节严重的行为。

本罪的客观方面表现为行为人在传染病防治工作中,严重不负责任,未能履行传染病防治职责,导致传染病传播或流行,且情节严重。根据我国有关司法解释,"情节严重"是指具有下列情形之一:(1) 导致甲类传染病传播的;(2) 导致乙类、丙类传染病流行的;(3) 因传染病传播或者流行,造成人员死亡或者残疾的;(4) 因传染病传播或者流行,严重影响正常的生产、生活秩序的;(5) 其他情节严重的情形。根据 2003 年 5 月 13 日《最高人民法院、最高人民检察院关于办理妨害预防、控制突发传染病疫情等灾害的刑事案件的具体应用法律若干问题的解释》第 16 条第 2 款的规定,在国家对突发性传染病疫情等灾害采取预防、控制措施后,具有下列情形之一的,属于情节严重:(1) 对发生突发性传染病疫情等灾害地区或者突发性传染病病人、病原携带者、疑似突发性传染病病人,未按照预防、控制突发性传染病疫情等灾害工作规范要求做好防疫、检疫、隔离、防护、救治等工作,或者采取的预防、控制措施不当,造成传染病范围扩大或者疫情、灾情加重的;(2) 隐瞒、谎报或者授意、指使、强令他人隐瞒、缓报、谎报疫情、灾情,造成传染病范围扩大或者疫情、灾情加重的;(3) 拒不执行突发传染病疫情等灾害应急处理指挥机构的决定、命令,造成传染范围扩大或者疫情、灾情加重的;(4) 具有其他严重情节的。本罪的主体是特殊主体,即从事传染病防治的政府卫生行政部门的工作人员。本罪的主观方面是过失犯罪。

根据我国刑法第 409 条之规定,犯传染病防治失职罪的,处 3 年以下有期徒刑或者拘役。

二十一、非法批准征用、占用土地罪

非法批准征用、占用土地罪,是指国家机关工作人员徇私舞弊,违反土地管理法规,滥用职权，非法批准、占用土地，情节严重的行为。

本罪的客观方面表现为行为人违反土地管理法规、滥用职权，非法批准征用、占用土地，且情节严重。根据我国相关司法解释，“情节严重”是指具有下情形之一：(1) 非法批准征用、占用基本农田 40 亩以上的；(2) 非法批准征用、占用基本农田以外的耕地 30 亩以上的；(3) 非法批准征用、占用其他土地 50 亩以上的；(4) 虽未达到上述数量标准，但非法批准征用、占用土地造成直接经济损失 30 万元以上；造成耕地大量毁坏等恶劣情节的。本罪的主体是有土地审批权限的国家机关工作人员。本罪的主观方面是故意犯罪。

根据我国刑法第 410 条之规定，犯非法批准征用、占用土地罪的，处 3 年以下有期徒刑或者拘役；致使国家或者集体利益遭受特别重大损失的，处 3 年以上 7 年以下有期徒刑。致使国家或者集体利益遭受特别重大损失的，是本罪的加重处罚事由。所谓“特别重大损失”，根据司法解释的规定，一般是指：(1) 非法批准征用、占用基本农田 20 亩以上的；(2) 非法批准征用、占用基本农田以外的耕地 60 亩以上的；(3) 非法批准征用、占用其他土地 100 亩以上的；(4) 非法批准征用、占用土地，造成基本农田 5 亩以上、其他耕地 10 亩以上严重毁坏的；(5) 非法批准征用、占用土地造成直接经济损失 50 万元以上等恶劣情节的。

二十二、非法低价出让国有土地使用权罪

非法低价出让国有土地使用权罪，是指国家机关工作人员徇私舞弊，违反土地管理法规，滥用职权，非法低价出让国有土地使用权，情节严重的行为。

本罪在客体、主体、主观方面与非法批准征用、占用土地罪相同，只是客观方面表现有所不同。本罪的客观方面表现为，行为人违反土地管理法规，滥用职权，非法低价出让国有土地使用权，且情节严重。非法低价出让国有土地使用权，是指违反土地管理法，将属于国有的土地使用权以低于其本身的价值非法转让给他人使用。根据我国有关司法解释，所谓“情节严重”，是指：(1) 出让国有土地使用权面积在 30 万亩以上，并且出让价额低于国家规定的最低价额标准的 60%的；(2) 造成国有土地资产流失价额在 30 万元以上的。

根据我国刑法第 410 条之规定，犯非法低价出让国有土地使用权罪的，处 3 年以下有期徒刑或者拘役；致使国家或者集体利益遭受特别重大损失的，处 3 年以上 7 年以下有期徒刑。

二十三、放纵走私罪

放纵走私罪，是指海关工作人员徇私舞弊，放纵走私，情节严重的行为。

本罪侵犯的客体是国家海关对进出口业务的监管职能。海关是我国对进出口业务进行监管的主要机构，如果海关工作人员徇私舞弊，放纵走私，就是严重侵害了海关对进出口业务的监管职能。本罪的客观方面表现为行为人徇私舞弊，放纵走私，且情节严重。所谓徇私舞弊，是指为了私情而做不合法的事情。情节严重，是指具有下列情形之一：(1) 放纵走私犯罪的；(2) 因放纵走私致使国家应收税额损失累计达 10 万元以上的；(3) 3 次以上放纵走私行为或者 1 次放纵 3 起以上走私行为的；(4) 因收受贿赂而放纵走私的。这里的放纵走

私，是指对应当查缉的走私货物、物品不予查缉，或者对应当追究法律责任的走私人员不予追究。犯罪主体是海关工作人员。这里的海关工作人员，是指在海关机构中从事业务的人员。犯罪主观方面是故意，即明知是放纵走私的行为而有意实施的主观心理状态。本罪必须出于徇私的动机。

根据我国刑法第411条之规定，犯放纵走私罪的，处5年以下有期徒刑或者拘役；情节特别严重的，处5年以上有期徒刑。

二十四、商检徇私舞弊罪

商检徇私舞弊罪，是指国家商检部门、商检机构的工作人员徇私舞弊，伪造检验结果的行为。

本罪的客观方面表现为行为人在商检工作中，徇私舞弊，伪造检验结果的行为。伪造检验结果，是指对商品检验的单证、印章、标志、封志、质量认证标志和商品的质量、数量、规格、重量、包装以及安全、卫生指标等内容作不真实的记载。犯罪主体是国家商检部门、商检机构的工作人员。犯罪主观方面是故意，即明知是商检徇私舞弊的行为而有意实施的主观心理状态。

根据我国刑法第412条第1款之规定，犯商检徇私舞弊罪的，处5年以下有期徒刑或者拘役；造成严重后果的，处5年以上10年以下有期徒刑。

二十五、商检失职罪

商检失职罪，是指国家商检部门、商检机构的工作人员严重不负责任，对应当检验的物品不检验，或者延误检验出证、错误出证，致使国家利益遭受重大损失的行为。

本罪的客观方面表现为行为人在商检工作中，严重不负责任，对应当检验的物品不检验，或者延误检验出证、错误出证，致使国家利益遭受重大损失。商检失职行为分为以下3种情形：(1) 对应当检验的物品不检验，即对国家商检部门根据对外贸易发展的需要，制定、调整并公布，列入《商检机构实施检验的进出口商品种类表》的进出口商品和其他法律、行政法律规定必须经商检机构检验的进出口商品而不检验。(2) 延误检验出证，即在对外贸易合同约定的索赔期限内没有检验完毕。(3) 错误出证，即检验结果与事实不相符合的出证。犯罪主体，是国家商检部门、商检机构的工作人员。犯罪主观方面是过失，即应当预见商检失职行为可能造成国家利益重大损失的结果，因疏忽大意而没有预见，或者已经预见而轻信能够避免，以致发生这种结果的主观心理状态。

根据刑法第412条第2款之规定，犯商检失职罪的，处3年以下有期徒刑或者拘役。

二十六、动植物检疫徇私舞弊罪

动植物检疫徇私舞弊罪，是指动植物检疫机关的检疫人员徇私舞弊，伪造检疫结果的行为。

本罪的客观方面表现为行为人在动植物检疫工作中，徇私舞弊，伪造检疫结果的行为。犯罪主体是特殊主体，即动植物检疫机关的检疫人员。犯罪主观方面是故意。

根据我国刑法第 413 条第 1 款之规定,犯动植物检疫徇私舞弊罪的,处 5 年以下有期徒刑或者拘役;造成严重后果的,处 5 年以上 10 年以下有期徒刑。

二十七、动植物检疫失职罪

动植物检疫失职罪,是指动植物检疫机关的检疫人员严重不负责任,对应当检疫的检疫物不检疫,或者延误检疫出证、错误出证,致使国家利益遭受重大损失的行为。

本罪的客观方面表现为行为人在动植物检疫工作中,严重不负责任,对应当检疫的检疫物不检疫,或者延误检疫出证、错误出证,致使国家利益遭受重大损失。致使国家利益遭受重大损失,是指具有下列情形之一的:(1) 因不检疫,或者延误检疫出证、错误出证,致使依法进出口的动植物不能进口或者出口,导致合同、订单被取消,或者外商向我方索赔或影响我方向外商索赔,直接经济损失达 30 万元以上的;(2) 因不检疫或者延误检疫出证、错误出证,导致重大疫情发生、传播或者流行的;(3) 因不检疫或者延误检疫出证、错误出证,导致疫情发生,造成人员死亡或者残疾的;(4) 3 次以上不检疫,或者延误检疫出证、错误出证,严重影响国家对外经贸关系和国家声誉的。犯罪主体是特殊主体,即动植物检疫机关的检疫人员。犯罪主观方面是过失犯罪。

根据我国刑法第 413 条第 2 款之规定,犯动植物检疫失职罪的,处 3 年以下有期徒刑或者拘役。

二十八、放纵制售伪劣商品犯罪行为罪

放纵制售伪劣商品犯罪行为罪,是指对生产、销售伪劣商品犯罪行为负有追究责任的国家机关工作人员徇私舞弊,不履行法律规定的追究职责,情节严重的行为。

本罪的客观方面表现为行为人徇私舞弊,不履行法律规定的追究职责,即为徇私情,对法律赋予的应当对有生产、销售伪劣商品犯罪行为的公司、企业、事业单位或者个人进行追究和处罚的职责不予履行,且情节严重。根据我国相关司法解释的规定,"情节严重"是指具有下列情形之一:(1) 放纵生产、销售假药或者有毒、有害食品犯罪行为的;(2) 放纵依法可能判处 2 年以上有期徒刑刑法规定的生产、销售伪劣商品犯罪行为的;(3) 对 3 个以上有生产、销售伪劣商品犯罪行为的单位或者个人不履行追究职责的;(4) 致使国家和人民利益遭受重大损失或者造成恶劣影响的。犯罪主体是对生产、销售伪劣商品犯罪行为负有追究责任的国家机关工作人员,主要是指工商行政管理人员、司法工作人员等。犯罪主观方面是故意,即明知是放纵制售伪劣商品犯罪行为的行为而有意实施的主观心理状态。本罪须出于徇私的动机。

根据我国刑法第 414 条之规定,犯放纵制售伪劣商品犯罪行为罪的,处 5 年以下有期徒刑。

二十九、办理偷越国(边)境人员出入境证件罪

办理偷越国(边)境人员出入境证件罪,是指负责办理护照、签证以及其他出入境证件的国家机关工作人员,对明知是企图偷越国(边)境的人员,予以办理出入境证件的行为。

本罪的客观方面表现为行为人对企图偷越国(边)境的人员,予以办理出入境证件的行为。办理出入境证件是指为偷越国(边)境的人员发放有效的出入境证件。犯罪主体是特殊主体,即负责办理护照、签证以及其他出入境证件的国家机关工作人员。犯罪主观方面是故意,即明知是办理偷越国(边)境人员出入境证件的行为而有意实施的主观心理状态。

根据我国刑法第415条之规定,犯办理偷越国(边)境人员出入境证件罪的,处3年以下有期徒刑或者拘役;情节严重的,处3年以上7年以下有期徒刑。

三十、放行偷越国(边)境人员罪

放行偷越国(边)境人员罪,是指边防、海关等国家机关工作人员,对明知是偷越国(边)境的人员,予以放行的行为。

本罪的客观方面表现为行为人对明知是偷越国(边)境的人员,予以放行,即明知是采取持伪造、变造的护照、偷渡等手段偷越国(边)境的人员,而故意予以放行。犯罪主观方面是故意,即明知是放行偷越国(边)境人员而予以放行的主观心理状态。

根据我国刑法第415条之规定,犯放行偷越国(边)境人员罪的,处3年以下有期徒刑或者拘役;情节严重的,处3年以上7年以下有期徒刑。

三十一、不解救被拐卖、绑架妇女、儿童罪

不解救被拐卖、绑架妇女、儿童罪,是指负有解救职责的国家机关工作人员,接到被拐卖、绑架的妇女、儿童及其家属的解救要求或者接到其他人的举报,而对被拐卖、绑架的妇女、儿童不进行解救,造成严重后果的行为。

本罪的客观方面表现为负有解救职责的国家机关工作人员接到被拐卖、绑架的妇女、儿童及其家属的解救要求或者接到其他人的举报,而对被拐卖的妇女、儿童不进行解救,造成严重后果的行为。本罪的行为方式是不作为,即根据职责要求应当进行解救而不予解救。造成严重后果,是指具有下列情形之一:(1) 因不进行解救,导致被拐卖、绑架的妇女、儿童及其亲属伤残、死亡、精神失常的;(2) 因不进行解救,导致被拐卖、绑架的妇女、儿童被转移、隐匿、转卖,不能及时解救的;(3) 3次以上或者对3名以上被拐卖、绑架的妇女、儿童不进行解救的;(4) 对被拐卖、绑架的妇女、儿童不进行解救,造成恶劣社会影响的。犯罪主体是对被拐卖、绑架的妇女、儿童负有解救职责的国家机关工作人员。犯罪主观方面是故意,即明知是被拐卖、绑架的妇女、儿童的行为而有意不进行解救的主观心理状态。

根据我国刑法第416条第1款之规定,犯不解救被拐卖、绑架妇女、儿童罪的,处5年以下有期徒刑或者拘役。

三十二、阻碍解救被拐卖、绑架妇女、儿童罪

阻碍解救被拐卖、绑架妇女、儿童罪,是指负有解救职责的国家机关工作人员利用职务阻碍解救的行为。

本罪的客观方面表现为行为人利用职务阻碍解救被拐卖、绑架的妇女、儿童。阻碍解救,是指阻止和干扰解救工作的进行。犯罪主体是负有解救职责的国家机关工作人员。犯

罪主观方面是故意，即明知是阻碍解救被拐卖、绑架妇女、儿童的行为而有意实施的主观心理状态。

根据我国刑法第 416 条第 2 款之规定，犯阻碍解救被拐卖、绑架妇女、儿童罪的，处 2 年以上 7 年以下有期徒刑；情节较轻的，处 2 年以下有期徒刑或者拘役。

三十三、帮助犯罪分子逃避处罚罪

帮助犯罪分子逃避处罚罪，是指有查禁犯罪活动职责的国家机关工作人员，向犯罪分子通风报信、提供便利，帮助犯罪分子逃避处罚的行为。

本罪的客观方面表现为行为人向犯罪分子通风报信、提供便利，帮助犯罪分子逃避处罚。通风报信，是指直接向犯罪分子或者通过其亲友向犯罪分子泄露、告知或通报有关部门查禁犯罪活动的部署、措施、计划以及时间、地点等情况。提供便利，是指为犯罪分子提供隐藏处所、交通工具、通讯设备、钱物等便利条件。犯罪主体是有查禁犯罪活动职责的国家机关工作人员。犯罪主观方面是故意，即明知是帮助犯罪分子逃避处罚的行为而有意实施的主观心理状态。

根据我国刑法第 417 条之规定，犯帮助犯罪分子逃避处罚罪的，处 3 年以下有期徒刑或者拘役；情节严重的，处 3 年以上 10 年以下有期徒刑。

三十四、招收公务员、学生徇私舞弊罪

招收公务员、学生徇私舞弊罪，是指国家机关工作人员在招收公务员、学生工作中徇私舞弊，情节严重的行为。

本罪的客观方面表现为行为人在招收公务员、学生工作中徇私舞弊，且情节严重。徇私舞弊，是指利用职权，弄虚作假，为亲友徇私情，将不合格的人员冒充合格人员予以录用、招收，或者将合格人员应当予以录用、招收而不予录用、招收。情节严重，是指具有下列情形之一：(1) 徇私情、私利，利用职务便利，伪造、变造人事、户口档案、考试成绩等，弄虚作假招收公务员、学生的；(2) 徇私情、私利，3 次以上招收或者一次招收 3 名以上不合格的公务员、学生的；(3) 因招收不合格的公务员、学生，导致被排挤的合格人员或者其亲属精神失常或者自杀的；(4) 因徇私舞弊招收公务员、学生，导致该项招收工作重新进行的；(5) 招收不合格的公务员、学生，造成恶劣社会影响的。犯罪主体是国家机关工作人员。犯罪主观方面是故意，即明知是招收公务员、学生徇私舞弊行为而有意实施的主观心理状态。

根据我国刑法第 418 条之规定，犯招收公务员、学生徇私舞弊罪的，处 3 年以下有期徒刑或者拘役。

三十五、失职造成珍贵文物损毁、流失罪

失职造成珍贵文物损毁、流失罪，是指国家机关工作人员严重不负责任，造成珍贵文物损毁或者流失，后果严重的行为。

本罪的客观方面表现为行为人严重不负责任，造成珍贵文物损毁或者流失，且后果严重。行为人对自己给予管理、运输、使用的珍贵文物，不认真管理和保管，或者对可能造成珍

贵文物损毁或者流失的隐患，不采取措施，致使珍贵文物破坏、损坏或者毁灭，无法恢复原状；或者致使珍贵文物丢失、流传到境外。所谓“后果严重”，是指具有下述情形之一：(1) 导致国家一、二、三级文物损毁或者流失的；(2) 导致全国重点文物保护单位或者省级文物保护单位损毁的；(3) 其他后果严重的情形。犯罪主体是国家机关工作人员。犯罪主观方面是过失，即应当预见到严重不负责任的行为会造成珍贵文物损毁或者流失等后果严重的结果，因疏忽大意而没有预见，或者已经预见而轻信能够避免，以致发生这种结果的主观心理状态。

根据我国刑法第 419 条之规定，犯失职造成珍贵文物损毁、流失罪的，处 3 年以下有期徒刑或者拘役。

第二十七章　军人违反职责罪

第一节　军人违反职责罪概述

一、军人违反职责罪概念和构成特征

军人违反职责罪，是指军人违反职责，危害国家军事利益，依照法律应当受刑罚处罚的行为。

军人违反职责罪的构成要件如下：

（1）本类罪的犯罪客体是国家军事利益。所谓“国家军事利益”，是指国家在国防建设、作战行动、军队物质保障、军事科学研究等方面的利益。

（2）本类罪的客观方面表现为行为人具有违反军人职责，危害国家军事利益的行为。

（3）本类罪的主体为特殊主体，包括现役军人和执行军事任务的预备役人员和其他人员。

（4）本类罪的主观方面多数是故意，少数是过失。

二、军人违反职责罪的分类

刑法分则第十章规定的军人违反职责罪共32个条文，其中规定具体罪和法定刑的条文28条，共30个罪名。军人违反职责罪的犯罪类型依次为：战时违抗命令罪，隐瞒、谎报军情罪，拒传、假传军令罪，投降罪，战时临阵脱逃罪，擅离、玩忽军事职守罪，阻碍执行军事职务罪，指使部属违反职责罪，违令作战消极罪，拒不救援友邻部队罪，军人叛逃罪，非法获取军事秘密罪，为境外窃取、刺探、收买、非法提供军事秘密罪，故意泄露军事秘密罪，过失泄露军事秘密罪，战时造谣惑众罪，战时自伤罪，逃离部队罪，武器装备肇事罪，擅自改变武器装备编配用途罪，盗窃、抢夺武器装备、军用物资罪，非法出卖、转让武器装备罪，遗弃武器装备罪，遗失武器装备罪，擅自出卖、转让军队房地产罪，虐待部属罪，遗弃伤病军人罪，战时拒不救治伤病军人罪，战时残害居民、掠夺居民财物罪，私放俘虏罪，虐待俘虏罪。

第二节　军人违反职责罪分述

一、战时违抗命令罪

战时违抗命令罪，是指军人在战时对上级的命令、指示故意违抗、拒不执行，对作战造成危害的行为。

根据我国刑法第421条之规定，犯战时违抗命令罪的，处3年以上10年以下有期徒刑；致使战斗、战役遭受重大损失的，处10年以上有期徒刑、无期徒刑或者死刑。

二、隐瞒、谎报军情罪

隐瞒、谎报军情罪，是指行为人故意隐瞒、谎报军情，对作战造成危害的行为。

根据我国刑法第422条之规定，犯隐瞒、谎报军情罪的，处3年以上10年以下有期徒刑；致使战斗、战役遭受重大损失的，处10年以上有期徒刑、无期徒刑或者死刑。

三、拒传、假传军令罪

拒传、假传军令罪，是指拒不传递军令，或者伪造、篡改上级军事机关命令，并加以传递，对作战造成危害的行为。

根据我国刑法第422条之规定，犯拒传、假传军令罪的，处3年以上10年以下有期徒刑；致使战斗、战役遭受重大损失的，处10年以上有期徒刑、无期徒刑或者死刑。

四、投降罪

投降罪，是指在战场上贪生怕死，自动放下武器投降敌人的行为。

根据我国刑法第423条之规定，犯投降罪的，处3年以上10年以下有期徒刑；情节严重的，处10年以上有期徒刑或者无期徒刑；投降敌人后，为敌人效劳的，处10年以上有期徒刑、无期徒刑或者死刑。

五、战时临阵脱逃罪

战时临阵脱逃罪，是指军人在战场上或在战斗状态下贪生怕死、畏惧战斗而脱离战斗岗位，逃避战斗的行为。

根据我国刑法第424条之规定，犯临阵脱逃罪的，处3年以下有期徒刑；情节严重的，处3年以上10年以下有期徒刑；致使战斗、战役遭受重大损失的，处10年以上有期徒刑、无期徒刑或者死刑。

六、擅离、玩忽军事职守罪

擅离、玩忽军事职守罪，是指指挥人员和值班、值勤人员擅离职守或者玩忽职守，致使造成严重后果的行为。

根据我国刑法第 425 条之规定，犯擅离、玩忽军事职守罪的，处 3 年以下有期徒刑或者拘役；造成特别严重后果的，处 3 年以上 7 年以下有期徒刑。战时犯本罪的，处 5 年以上有期徒刑。

七、阻碍执行军事职务罪

阻碍执行军事职务罪，是指以暴力、威胁方法阻碍指挥人员或者值班、值勤人员执行职务的行为。

根据我国刑法第 426 条之规定，犯阻碍执行军事职务罪的，处 5 年以下有期徒刑或者拘役；情节严重的，处 5 年以上有期徒刑；致人重伤、死亡，或者有其他特别严重情节的，处无期徒刑或者死刑。

八、指使部属违反职责罪

指使部属违反职责罪，是指部队中的指挥人员滥用职权，指使部属进行违反职责的活动，并造成严重后果的行为。

根据我国刑法第 427 条之规定，犯指使部属违反职责罪的，处 5 年以下有期徒刑或者拘役；情节特别严重的，处 5 年以上 10 年以下有期徒刑。

九、违令作战消极罪

违令作战消极罪，是指军事指挥人员违抗命令，临阵畏缩、作战消极，造成严重后果的行为。

根据我国刑法第 428 条之规定，犯违令作战消极罪的，处 5 年以下有期徒刑；致使战斗、战役遭受重大损失或者有其他特别严重情节的，处 5 年以上有期徒刑。

十、拒不救援友邻部队罪

拒不救援友邻部队罪，是指在战场上明知友邻部队处境危急请求救援，能救援而不救援，致使友邻部队遭受重大损失的行为。

根据我国刑法第 429 条之规定，犯拒不救援友邻部队罪的，处 5 年以下有期徒刑。

十一、军人叛逃罪

军人叛逃罪，是指军职人员在履行公务期间，擅离岗位，叛逃境外或者在境外叛逃的，危害国家军事利益的行为。

根据我国刑法第430条之规定，犯军人叛逃罪的，处5年以下有期徒刑或者拘役；情节严重的，处5年以上有期徒刑；驾驶航空器、舰船叛逃的，或者有其他特别严重情节的，处10年以上有期徒刑、无期徒刑或者死刑。

十二、非法获取军事秘密罪

非法获取军事秘密罪，是指以窃取、刺探、收买方法，非法获取军事秘密的行为。

根据我国刑法第431条之规定，犯非法获取军事秘密罪的，处5年以下有期徒刑；情节严重的，处5年以上10年以下有期徒刑；情节特别严重的，处10年以上有期徒刑。

十三、为境外窃取、刺探、收买、非法提供军事秘密罪

为境外窃取、刺探、收买、非法提供军事秘密罪，是指为境外机构、组织、人员窃取、刺探、收买、非法提供军事秘密的行为。

根据我国刑法第431条之规定，犯为境外窃取、刺探、收买、非法提供军事秘密罪的，处10年以上有期徒刑、无期徒刑或者死刑。

十四、故意泄露军事秘密罪

故意泄露军事秘密罪，是指违反保守国家秘密法规，故意泄露国家军事秘密，情节严重的行为。

根据我国刑法第432条之规定，犯故意泄露国家军事秘密罪的，处5年以下有期徒刑或者拘役；情节特别严重的，处5年以上10年以下有期徒刑。战时犯本罪的，处5年以上10年以下有期徒刑；情节特别严重的，处10年以上有期徒刑或者无期徒刑。

十五、过失泄露军事秘密罪

过失泄露军事秘密罪，是指违反保守国家秘密法规，过失泄露国家军事秘密，情节严重的行为。

根据我国刑法第432条之规定，犯过失泄露军事秘密罪的，处5年以下有期徒刑或者拘役；情节特别严重的，处5年以上10年以下有期徒刑。战时犯本罪的，处5年以上10年以下有期徒刑；情节特别严重的，处10年以上有期徒刑或者无期徒刑。

十六、战时造谣惑众罪

战时造谣惑众罪，是指在战时造谣惑众、动摇军心的行为。

根据我国刑法第433条之规定，犯战时造谣惑众罪的，处3年以下有期徒刑；情节严重的，处3年以上10年以下有期徒刑。勾结敌人造谣惑众，动摇军心的，处10年以上有期徒刑或者无期徒刑；情节特别严重的，可以判处死刑。

十七、战时自伤罪

战时自伤罪，是指在战时自伤身体，逃避军事义务的行为。

根据我国刑法第 434 条之规定，犯战时自伤罪的，处 3 年以下有期徒刑；情节严重的，处 3 年以上 7 年以下有期徒刑。

十八、逃离部队罪

逃离部队罪，是指违反兵役法规，逃离部队，情节严重的行为。

根据我国刑法第 435 条之规定，犯逃离部队罪的，处 3 年以下有期徒刑或者拘役；战时犯本罪的，处 3 年以上 7 年以下有期徒刑。

十九、武器装备肇事罪

武器装备肇事罪，是指违反武器装备使用规定，情节严重，因而发生责任事故，致人重伤、死亡或者造成其他严重后果的行为。

根据我国刑法第 436 条之规定，犯武器装备肇事罪的，处 3 年以下有期徒刑或者拘役；后果特别严重的，处 3 年以上 7 年以下有期徒刑。

二十、擅自改变武器装备编配用途罪

擅自改变武器装备编配用途罪，是指违反武器装备管理规定，擅自改变武器装备编配用途，造成严重后果的行为。

根据我国刑法第 437 条之规定，犯擅自改变武器装备编配用途罪的，处 3 年以下有期徒刑或者拘役；造成特别严重后果的，处 3 年以上 7 年以下有期徒刑。

二十一、盗窃、抢夺武器装备、军用物资罪

盗窃、抢夺武器装备、军用物资罪，是指以非法占有为目的，秘密窃取或者公然夺取部队的武器装备、军用物资的行为。

根据我国刑法第 438 条之规定，犯盗窃、抢夺武器装备、军用物资罪的，处 5 年以下有期徒刑或者拘役；情节严重的，处 5 年以上 10 年以下有期徒刑；情节特别严重的，处 10 年以上有期徒刑、无期徒刑或者死刑。

二十二、非法出卖、转让武器装备罪

非法出卖、转让武器装备罪，是指违反武器装备管理规定，非法出卖、转让军队武器装备的行为。

根据我国刑法第 439 条之规定，犯非法出卖、转让武器装备罪的，处 3 年以上 10 年以下

有期徒刑；出卖、转让大量武器装备或者有其他特别严重情节的，处10年以上有期徒刑、无期徒刑或者死刑。

二十三、遗弃武器装备罪

遗弃武器装备罪，是指违抗命令，遗弃武器装备的行为。

根据我国刑法第440条之规定，犯遗弃武器装备罪的，处5年以下有期徒刑或者拘役；遗弃重要或者大量武器装备的，或者有其他严重情节的，处5年以上有期徒刑。

二十四、遗失武器装备罪

遗失武器装备罪，是指遗失武器装备，不及时报告或者有其他严重情节的行为。

根据我国刑法第441条之规定，犯遗失武器装备罪的，处3年以下有期徒刑或者拘役。

二十五、擅自出卖、转让军队房地产罪

擅自出卖、转让军队房地产罪，是指违反规定，擅自出卖、转让军队房地产，情节严重的行为。

根据我国刑法第442条之规定，犯擅自出卖、转让军队房地产罪的，对直接责任人员处3年以下有期徒刑或者拘役；情节特别严重的，处3年以上10年以下有期徒刑。

二十六、虐待部属罪

虐待部属罪，是指滥用职权，虐待部属，情节恶劣，致人重伤或者造成其他严重后果的行为。

根据我国刑法第443条之规定，犯虐待部属罪的，处5年以下有期徒刑或者拘役；致人死亡的，处5年以上有期徒刑。

二十七、遗弃伤病军人罪

遗弃伤病军人罪，是指在战场上故意遗弃伤病军人，情节恶劣的行为。

根据我国刑法第444条之规定，犯遗弃伤病军人罪的，对直接责任人员，处5年以下有期徒刑。

二十八、战时拒不救治伤病军人罪

战时拒不救治伤病军人罪，是指战时在救护治疗职位上的军职人员，有条件救治而拒不救治危重伤病军人的行为。

根据我国刑法第445条之规定，犯战时拒不救治伤病军人罪的，处5年以下有期徒刑或者拘役；造成伤病军人重残、死亡或者有其他严重情节的，处5年以上10年以下有期徒刑。

二十九、战时残害居民、掠夺居民财物罪

战时残害居民、掠夺居民财物罪，是指战时在军事行动地区，残害无辜居民或者掠夺无辜居民财物的行为。

根据我国刑法第 446 条之规定，犯战时残害居民、掠夺居民财物罪的，处 5 年以下有期徒刑；情节严重的，处 5 年以上 10 年以下有期徒刑；情节特别严重的，处 10 年以上有期徒刑、无期徒刑或者死刑。

三十、私放俘虏罪

私放俘虏罪，是指违反军事纪律，私自释放俘虏的行为。

根据我国刑法第 447 条之规定，犯私放俘虏罪的，处 5 年以下有期徒刑；私放重要俘虏、私放俘虏多人或者有其他严重情节的，处 5 年以上有期徒刑。

三十一、虐待俘虏罪

虐待俘虏罪，是指对战争或战斗中被我方俘虏的地方人员不给予人道主义待遇，对其进行虐待，情节恶劣的行为。

根据我国刑法第 448 条之规定，犯虐待俘虏罪的，处 3 年以下有期徒刑。

参考文献

[1] 高铭暄,马克昌.刑法学.3版.北京：北京大学出版社、高等教育出版社,2007.
[2] 刘宪权.刑法学.上海：上海人民出版社,2007.
[3] 赵秉志.新编刑法学教程.北京：中国人民大学出版社,1997.
[4] 张明楷.刑法学.3版.北京：法律出版社,2007.
[5] 王作富.刑法.北京：中国人民大学出版社,2004.
[6] 陈兴良.规范刑法学.北京：中国政法大学出版社,2003.
[7] 马克昌.犯罪通论.武汉：武汉大学出版社,2000.
[8] 马克昌.比较刑法原理.武汉：武汉大学出版社,2000.
[9] 赵秉志.外国刑法原理.北京：中国人民大学出版社,2000.
[10] 张明楷.外国刑法纲要.北京：清华大学出版社,1999.
[11] 李希慧.妨害社会管理秩序罪.武汉：武汉大学出版社,2001.
[12] 赵秉志.贪污贿赂罪.北京：中国人民公安大学出版社,2003.